现代社会政治理论译丛 | 丛书主编：吴晓明　邹诗鹏

The Sociology of
Theodor Adorno

阿多诺的社会学

[英] 马蒂亚斯·本泽尔（Matthias Benzer）　著

孙　斌　译

北京师范大学出版集团
BEIJING NORMAL UNIVERSITY PUBLISHING GROUP
北京师范大学出版社

献给尼格尔·多德(Nigel Dodd)

拒绝中有着无穷的力量，
它有时对于我来说似乎是如此之巨大
以至于一个人只靠着它便能活下去。

埃利亚斯·卡内蒂(Elias Canetti)

致　谢

本书是在几年前伦敦政治经济学院尼格尔·多德博士所指导的博士论 1
文研究的基础上形成的。它得益于与格温妮丝·霍金斯（Gwyneth Haw-
kins）的不断对话、两位匿名评审人的批判性评论以及朱利安·克劳斯（Jul-
jan Krause）的建议。我的博士论文的主审人大卫·弗里斯比（David Fris-
by）教授——非常令人遗憾已经去世了——和格雷姆·基洛赫（Graeme Gil-
loch）博士为推动这本书的出版提供了慷慨的指导。我在曼彻斯特大学 SO-
CY30011 的大学本科同学蒂勒女孩和恐怖分子帮助我明白怎样才能与一位
感兴趣的读者讨论阿多诺的社会学。詹姆斯·托马斯（James Thomas）提供
了无价的编辑支持。我要感谢伦敦政治经济学院的布里奇特·赫特（Bridg-
et Hutter）教授和曼彻斯特大学的尼克·克罗斯利（Nick Crossley）教授准
予我时间以完成手稿。我要感谢犹在面前的马克·雷迪（Mark Ready），还有
斯蒂夫·凡·里尔（Steve Van Riel）、明卫·李（Ming-Whey Lee）、阿尔·格拉
斯科特（Al Glascott）、克里斯多弗尔·纳普（Christopher Knapp）和克劳斯
·弗里克（Klaus Frick），感谢他们这些年的陪伴。衷心地感谢我的父母玛
丽安（Marianne）和维尔纳·本泽尔（Werner Benzer）以及我的姐姐朱迪思

(Judith)的支持。我对詹尼·本泽尔(Jenni Benzer)的感激是无以言表的。所有的错都是我的。

我在第三章和第四章有关概念的社会维度以及社会批判的一些思考、材料和构想已经在《总体社会化社会中的社会批判》("Social Critique in the Totally Socialised Society")这篇论文里得到发表。该论文载于《哲学和社会批判》(*Philosophy and Social Criticism*,37/5),塞奇出版有限公司出版,版权所有者为塞奇出版有限公司(SAGE Publications),2011 年,它可以在 on-line. sagepub. com/上被查到。

频繁引用文本的缩写

AE   《反对认识论》(*Against Epistemology* [Adorno   1
1982])

AP   《权威主义人格》(*The Authoritarian Personality*
[Adorno et al. 1950])

A&B   《阿多诺和本雅明通信集 1928—1940 年》(*The
Complete Correspondence* 1928 — 1940 [Adorno
and Benjamin 1994])

A&H1，A&H2，A&H4《阿多诺和霍克海默通信集 1927—1969 年》第 1、
2、4 卷(Vols. I, II and IV of *Briefwechsel*
1927—1969 [Adorno and Horkheimer 2003,
2004，2006])

A&K   "世界的里斯河也穿过我……"("*Der Riβ der
Welt geht auch durch mich ...*" [Adorno and
Kracauer 2008])

CLA   《奥斯维辛之后人们还能够活吗?》(*Can One Live*

after Auschwitz? [Adorno 2003a])

CM	《批判模式》(*Critical Models* [Adorno 1998b])
CoM	《音乐潮流》(*Current of Music* [Adorno 2009a])
DE	《启蒙辩证法》(*Dialectic of Enlightenment* [Adorno and Horkheimer 2002])
GEX	《群体实验》(*Gruppenexperiment* [Adorno and Dirks 1955])
GS1，GS2 etc.	《全集》第 1、2 卷等 (Vols. 1，2 etc. of *Gesammelte Schriften* [Adorno 2003b])
HF	《历史与自由》(*History and Freedom* [Adorno 2006a])
HTS	《黑格尔》(*Hegel* [Adorno 1993b])
INH	"自然—历史的观念"("The Idea of Natural—History" [Adorno 2006b])
IS	《社会学导论》(*Introduction to Sociology* [Adorno 2000a])
ISW	"社会学是一门人的科学吗?"("Ist Soziologie eine Wissenschaft vom Menschen?" [Adorno and Gehlen (1965)1974])
JA	《真实性的行话》(*The Jargon of Authenticity* [Adorno 1973a])
MCP	《形而上学》(*Metaphysics* [Adorno 2000b])
MM	《最低限度的道德》(*Minima Moralia* [Adorno 1978])
ND	《否定的辩证法》(*Negative Dialectics* [Adorno 2001;因为这是阿多诺 1996 年的一个未编页的在

线译本,所以页码指后者的德文版本])

NLI，NLII	《文学笔记》第 1、2 卷（Vols. I and II of *Notes to Literature*［Adorno 1991b，1992b]）
OL	《无指导原则》,在《全集》第 10 卷 1（*Ohne Leitbild*, in *Gesammelte Schriften*, vol. 10. 1［Adorno 2003b]）
P	《棱镜》（*Prisms*［Adorno 1983]）
PD	《德国社会学中的实证主义争论》（*The Positivist Dispute in German Sociology*［Adorno et al. 1976]）
PETG	《社会理论之哲学元素》（*Philosophische Elemente einer Theorie der Gesellschaft*［Adorno 2008]）
PTI，PTII	《哲学术语》第 1、2 卷（Vols. I and II of *Philosophische Terminologie*［Adorno 1973b，1974]）
S	"社会"（"Society"［Adorno 1969a]）
SDE	《坠地之星和其他关于文化中之非理性的论文》（*The Stars Down to Earth and Other Essays on the Irrational in Culture*［Adorno 2002b]）
SoI	《后期资本主义或者工业社会?》（*Spätkapitalismus oder Industriegesellschaft?*［Adorno 1969b]）
SP1，SP2	"社会学和心理学"以及"社会学和心理学 II"（"Sociology and Psychology" and "Sociology and Psychology II"［Adorno 1967，1968]）
SSI	《社会学著作》第 1 卷,在《全集》第 8 卷（Vol. I of

Soziologische Schriften，in *Gesammelte Schriften*，vol. 8［Adorno 2003b］）

VSI，VSII   《杂集》第 1、2 卷，在《全集》第 20 卷 1、第 20 卷 2（Vols. I and II of *Vermischte Schriften*，in *Gesammelte Schriften*，vols. 20. 1 and 20. 2［Adorno 2003b］）

目　录

导　论

对于一本书来说，《阿多诺的社会学》读起来像是一个落伍过时的标题。这不是因为早在 40 年前阿多诺的最后一个字迹就已经干了。许多学科，特别是哲学和美学，仍然把他的作品当作适时的原始资料来加以援引。但阿多诺的社会学看起来却远离了当代社会科学的基本潮流，以至于不再有基于正当理由的关注。阿多诺把社会学设想为一门就"存在着专门社会学的方法以及……问题"(IS 99)而言来划分的学科，并坚持认为这门学科需要一个社会的概念。这些信念似乎与下面这些当今的想法发生了正面冲突：社会学具有跨学科性或者后学科性[尤里(Urry)，2000a：199－200；2003：124]，它作为 21 世纪的历史科学与其他学科重新统一起来[沃勒斯坦(Wallerstein)，2000：33－34]并且放弃社会的概念。[①] 乍看起来，阿多诺的社会学所给出的只不过是该学科挺进新千年的反动绊脚石。

但是，问题并不这么简单。阿多诺的社会学与这些发展中的某一些不断产生共鸣。他从未把社会学考虑为一门因循守旧的学术科目。尽管社会

———————————

① 　奥斯维特(Outhwaite，2006：17－53)批评了这种潮流。

学问题和方法有特殊性，但他并没有将被规定的、正在进行规定的实质性领域归于它们(IS 102)。阿多诺甚至强烈反对把"科学的……学科"分割开来的"壕沟"，这些壕沟吞噬了它们的"本质的旨趣"(IS 140)，并认为，对有关社会"生产与再生产进程"的"经济问题"的排除尤其不可靠(SSI 504)。阿多诺的社会学研究无不是通过冲撞或者跨越社会学的界限来展开的。他拒绝依靠知识分子的这样一种才能，即仅仅凭借决心来消除或者忽视社会强制的学科区分(GS6 524，MM 21)。阿多诺的作品也不反对当前对作为社会学核心范畴的社会概念的批判，如果说所争论的是民族国家的概念[例如，贝克(Beck)，2000；尤里，2000b]的话。他的社会概念乃是资本主义交换社会的概念，甚至这个概念，在阿多诺看来，给社会学造成的主要还是麻烦。他正确地将概念问题理解为社会问题的表现，并因此把对社会概念的放弃当作一种太快的企图而加以拒斥，这个企图旨在使要进行分析的物质性困境变得沉默。

　　事情由于"落伍过时"(anachronistic)这个词而进一步复杂化了。它的词源显示的是"赶时间"。使一种思想合乎时宜的东西也许正涉及这个东西与现在的可调和性，而它的守旧性，一种不合时宜的铃声也许会道出思想对现在的拒绝，道出对使过时状况永存以及对它的改革建议的智性抵抗。本雅明1934年给阿多诺的一封信中明确表述的"更好意义上的落伍过时"的见解指引着这个方向。它的意义不是"激励过去"而是"预料一个……将来"(A&B 34)，有可能正是阿多诺社会学的那些反时代的维度向该学科逐渐不合传统的现状提出了挑战。阿多诺作品的不和谐方面今天尤为紧要，而以论及"时间推移"(阿多诺，1973c：219)来代替与这些方面的认真衔接就等于是回避紧迫的论争。1999年，贝克尔-施密特(Becker-Schmidt，1999：104)评论说，阿多诺"关于社会科学中的自我反思的教诲……有着被遗忘的危险"。10年之后，回想他的挑战的社会学意味着记住这些挑战中有许多是20世纪初以来的该学科道路上的绊脚石。然而，甚至辩证阅读也无法使"被遗忘"与"被控制"同义。在寻找进入 21 世纪道路的时候，该学科也许终究要向西奥多·阿多诺的社会学投上新的一眼了。

一、阿多诺的社会的社会学

本书的首要目标在于提供对阿多诺社会学的一种广泛的、详细的论述。它集中于他对试图考察资本主义交换社会的社会学的潜力与问题的看法。本书所讨论的是阿多诺的社会的社会学，这个方案并非产生于一种挑衅的欲求，即挑衅目前有关解除社会概念负担的社会—科学研究中的跨学科、互学科、多学科或者后学科的未来争论，它得到了阿多诺作品的两个方面的启发。

专注于阿多诺的交换社会的概念有助于尝试性地进入他的作品之中。阿多诺确信，思想只具有随其自由进行处理的概念。对一个主要概念进行探究从而构建起通向他的作品的一条战略路径。正如阿多诺的速记提示物——标题——所揭示的，"社会"正是这样一个概念，除两处充当标题的"社会"（一个不同寻常的百科全书条目以及《美学理论》中的一章）之外，阿多诺还发表了"论音乐的社会情境""论抒情诗与社会""自由与有组织的社会""意见妄想社会"以及"文化—批判和社会"，等等。阿多诺解释说，标题是"作品的缩影"（NLII 4）。所列的这些标题突出了"社会"在他包括哲学、美学和社会学在内的诸多思想领域中的重要性。它们几乎贯穿在他的整个职业生涯之中，也标示着这个概念在他著作中的重复出现。最后，这些标题强调了与阿多诺作品有着密切关联的"社会"和其他范畴之间的相互关系，暗示我们关于"社会"的讨论将无可避免地牵涉到其他关键概念。然而，与这个概念的牵涉性同样值得注意的是一些分析困难。即同阿多诺的社会概念所意指的东西联系在一起的分析困难。其中就有社会对定义的抵制，它令人沮丧地逃避概念的把握。与社会概念有关的种种困境一次又一次地引起一个问题，即社会如何才能得到研究。阿多诺把这个问题交给社会学。

阿多诺认为，社会概念对于社会学来说是"核心的"。它既不是作为所有社会生活的一种普遍的总结分类，也不是作为社会学的基本解释范畴而成为核心的(IS 26—29)。社会概念之所以在社会学意义上是核心的，是因为如果没有社会学就什么也不能研究。阿多诺论证道，"归根结底……没有任何东西"是"不被社会所中介的"(IS 64—65)；"太阳底下没有什么东西"(IS 15)之中不是社会主张或者显示自身的，没有什么东西不是由它来刻画的。这部分说明了为什么社会学缺乏一个能够用来定义该学科的专门划分的研究领域。社会的无所不在意味着，"社会"涉及"对任何给定素材范围中的社会契机的反思"(IS 102—103)——对于交换社会影响个别现象的方式的反思。因此阿多诺为他的计划提出了"社会的社会学"的方案(尽管他从未用过它)。

接下来的六章将阐明若干主题的光谱，这些主题决定性地塑造了阿多诺力图考察交换社会的社会学的问题与潜力的种种视角。章的顺序并不是遵循着由低到高的复杂程度，也不是聚集成为一种系统的、完整的社会学方法论。阿多诺激烈地否认逐步接近社会学的可能性(IS 4—7)，正如他激烈地否认最终决定该学科及其社会概念的可能性(IS 28—29，103)。他怀疑，认真考虑当前棘手的现实所做的智性努力并不能够首先处理简单的东西，然后处理复杂的东西，最后达到一种普遍的综览(NLI 14—17)，尽管本书的这些主题对于它的一般题目来说是本质性的，但是它们并没有穷尽手上的事情。章的顺序似乎有助于让各个主题彼此阐发。

第一章跟随阿多诺的天真的学生(NLI 14)并触及困难：对抗的现在本身。它讨论阿多诺的交换社会的概念，解决选择资源丰富的社会学研究现象而出现的问题，并介绍他对这些问题的解释的想法。研究现象的选择与社会学材料的问题密切相关。第二章探讨了阿多诺社会学的复合的、多面的经验维度。"阿多诺并不仅仅打算描述世界，"汤姆森(Thomson)写道(2006：3)，"他希望破开……外表并揭示事物真正是怎样的。"表面上的"历史的论证"是"思辨的而不是社会学的"。这个社会学观点是令人好奇的单色的——仿佛社会学家们并不关心现实，而只忙于描述外表。在阿多诺看来，关于事实外表的理论分析对于社会学来说确实是必需的。第三章探讨他对理论在社会的社会学考察中的不可或缺性、作用、问题以及潜力的理解。阿多诺坚持认为，这样的考察从事着一种社会批判。第四章研究他关于社会学的社会—批判维度的观点，痛苦的身体在该维度中扮演着特别重要的角色。在这个语境中产生了一个问题，即社会批判是否强迫社会学贯穿于有改造作用的实践之中。

第五章讨论阿多诺在以下两项工作的困难和可能性上的视角，一项是写作社会学文本，另一项是明确表述——而不仅仅是识别——交换社会中决定着社会生活的东西。最后一章探讨阿多诺社会学愿景所提出的两个问题：存在着已经逃脱交换社会的世界的踪迹吗？仍有可能经验它们吗？阿多诺所设计的回答涉及主体与非社会现实的要素之间的关系。他的社会学和他的形而上学思想之间的交会出现在第六章，这些交会导致了对他作品中这两个领域的新的深入了解。

二、重复出现的主旨

在1968年给大学生做的一次社会学讲座中，阿多诺看起来以几个快速有效的句子透露了他认为"社会学事实上应该是"的样子——只是请他的听众"不要把我告诉你们的东西当作社会学的定义写下来并带回家"。阿多诺解释说，他的整个思考都是对致力于"组织"现实的定义性概念的批判（IS 15）。他避免为社会学家们提供一个 Spruch——字面意思是"格言"或者"箴言"，它也被阿多诺用作"原理""教义"（NLII 143）或者"最低限度的……公理"以及"预先编造的范畴"（ND 24）——来定义他们的学科。在阿多诺的作品里面，人们既找不到一套包括他的社会学思考的概念和论证在内的普遍范畴，也找不到一条用作它们基础的基本原理。

阿多诺的社会学著作包含一个始终重复出现的主旨：社会学的双重性质。这个主旨的出现与几个对他的社会学思想产生导向作用的题目有关。阿多诺的社会学所追寻的不只是某些经验的、理论的、批判的、政治的和文本的目标。对于交换社会的考察也必须满足两个进一步的目的，它们不可彼此化约，而且有时是冲突的。鉴于这个问题的复杂性，它无法在介绍性的句子中得到概括[至于简要的评论，可参见罗斯（Rose），1978：78]。然而，有可能指出的是，固化的资本主义社会的似是而非的方面对社会学提出了一个双重要求，这是因为，尽管这个似是而非的方面的运作看起来太过深奥而不能为人们所理解，但它却正是由这些人来维持的。作为对这个要求的回应，该学科发展出了它的双重性质。既然这个要求以不同的形式出现在阿多诺的社会学思考中，既然许许多多领域被征用过来以满足它的各种各样的显现，那么社会学的双重性质就使自己在一系列主题和分主题的范围内以不同的外观被感觉到。

考虑到社会学的双重性质很难刻画阿多诺社会学思考的全部主题和分主题的范围，它不能够被看作它们的庇护范畴；考虑到这个主旨并没有为不同主题领域中的全部概念和论证提供基础，它不能够被当作它们的基本原理。阿多诺社会学的一些经验的、理论的和政治的方面与它的双重性质根本是断然无关的。然而，这个主旨的反复出现确实使得它对于理解他对该学科的愿景来说变得特别重要了。社会学的双重性质构成了本书中一条经常被打断的实质性的红线，无论何时只要该主旨现身它就会得到研究，这使得某种重复成为不可避免。它在阿多诺著作的不同维度中的各种再现表明，社会学的双重性质乃是一个变化多端的主旨，因而需要在它的多种多样的外观中得到阐明。[①]

---

① 帕迪森（Paddison，1993：20）的目的是在阿多诺诸如"主旨变奏"这样的音乐学中提出一些核心观念。

三、接近阿多诺

阿多诺作品的难懂是众所周知的。他的推论不仅不合常规而且样式繁多，他的密集写作"看起来晦涩模糊、不可理解、令人生畏"（汤姆森，2006：1）。对阿多诺社会学思想的澄清有赖于对某些概念、概念的相互关系及论证的说明性研究和分析性讨论，这些概念、概念的相互关系及论证遍及他对这六个主题的每一个的视角，遍及他对这些主题之间联系的审查视角。在格蕾丝（Grace，2000：1）对鲍德里亚（Baudrillard）的研究中，她的策略被描述为"根据概念在全部作品中的反复再现……来提炼……人们对这些概念的……理解"。正如帕迪森（2004：viii）所指出的，阿多诺的作品是"从内部"来阅读的，"在那里，观念和概念被设想成是作为文本中的合奏来运转的"。

然而，说明性分析的潜力是有限的。阿多诺在从他的学生那里收回他对社会学的临时定义时补充说道："社会学……是什么……或者必须是什么……只能因为人们从事社会学而发生。"（IS 15）"意义重大的理论"有指导社会研究的途径比它们对意图的纲领性陈述更为重要（PETG 17）。阿多诺有关社会学问题和方法的诸多观点与他对社会生活的特定方面的研究有着联系。他的大部分社会学著作都包含这两个要素（尽管它们无论在什么地方都不是均衡的）。阿多诺有关社会学的观念可用来指导具体的研究计划，但反过来，它们也由他对这些研究计划的经验而得到鼓舞，并依据其而得到修正。这就产生了一个要求，即要求阐明那些贯穿于阿多诺每个社会学主题的视角之中的概念和论证，而这个阐明是根据他对交换社会中特定社会现象的考察来展开的。

阿多诺的社会研究计划有着被误解的危险，除非它们嵌入一个更为宽广的语境之中，即有关社会学的观念。同时，他对交换社会的社会学探究所面临的问题做出的警告——由认识论批判的介入所定期促动的警告——

常常太抽象了，以至于并不能立即揭示它们对研究实践的意义。如果把注意力集中于他的研究计划中这样一些问题的显现，那么使这些含意变得清楚明白就是有可能的。同样地，如果阿多诺关于考察交换社会的社会学的潜力的视角变得完全显而易见，那么这也仅仅只是存在于他那些旨在实现这种潜力的研究之中。阿多诺的传记作者兼以前的学生克劳森（Claussen，2003b：140）记得他的教授经常向学生们发出信号："我在这里做的事情，你们也能做。"我尽力在本书中发掘和放大这样一些信号。

与普拉斯（Plass，2007）对阿多诺《文学笔记》的细述或者威特金（Witkin，2003）对他的文化工业批判的讨论相反，本书的各章并不分别集中于一个或几个核心文本。每章都从阿多诺的整个作品中收集材料，而焦点落在他更为严密构思的社会学著作上。这种目录学式的定位看起来也许有些奇怪。阿多诺在他的有生之年并未出过独立著述的关于"专门社会学内容"的书［梯德曼（Tiedemann），在 GS9.2 404］，尽管如此，阿多诺的作品包含着范围广泛的社会学著作：对社会学的经验维度、理论维度、社会—批判维度、文本维度的分析，对社会学与其他学科的关系的讨论，对社会学概念的探究，对作为对手的社会学家们的批判，关于交换社会的辩论，以及对个别社会现象的社会学研究。这些文本中有许多已经被收录到他去世后编的三卷本的《社会学著作》（*Sociological Writings*，GS9.1，GS9.2，SSI）之中。此外，阿多诺的著作集现在还包括 20 世纪 60 年代两次社会学系列讲座的记录（IS，PETG）。关于社会学的另外几个文献可以在他的文集《批判模式》（*Critical Models*，CM）、《杂集》（*Miscellanea*，VSI，VSII）、《棱镜》（*Prisms*，P）、《最低限度的道德》（*Minima Moralia*，MM）以及未收集的文本中找到。最后，阿多诺还被牵涉两个集体的社会学研究计划之中，即《权威主义人格》（*The Authoritarian Personality*，AP）和《群体实验》（*Group Experiment*，GEX），并且在艺术社会学、音乐和文化工业中广泛地展开工作（例如，CoM，NLI，NLII，SDE，1976）。这些著作中的大部分都包含体现阿多诺有关交换社会的社会学考察的愿景中的观念，因而是支持本书的阐述的。为了举例说明，我选择了主要描述有关具体社会现象的考察文本。该语境的目的不是对阿多诺社会学案例研究的一个详尽总结。我转向这些研究乃是为了阐明阿多诺对社会学的愿景。个别研究的分析着眼于它们如何被这个愿景引导，这种分析发掘出了那些如果单独阅读就不明显的方面。就这个特定的意义而言，举例说明的章节也试图澄清阿多诺的社会学案例研究，并试图帮助读者加深他们自己与它们的接触。

在谢拉特(Sherratt，2002：9)看来，阿多诺的解释者们"对于来自分离领域的观念之间的系统联系几乎没有提供什么探讨"，尽管就他的思考而言"逾越的运作"是非常基本的(普拉斯，2007：11)。[①] 有一种主张是胡说八道，即主张只有交互学科式地研究阿多诺的作品才能取得成功。然而，如果不冒险地超越于他的社会学著作，那么下面这件事情或许就难以实行了，即就他对那种考察交换社会的社会学的问题和潜力的思考给出令人满意的分析。阿多诺当然承认，社会上规定的各学科之间智性劳动的分工并不能够简单地被个体反抗所消除。因此，"把(他)对于分离的探究领域的特殊贡献孤立起来"至少是"部分地站得住脚的"(杰伊，1984a：87)。阿多诺在具体问题和方法上所做的坚持强调了对于社会学而言的这一点。不过，阿多诺试图冲击学科之间的界限，并认为自己有时候成功地跨越了它们(CM 216，ND 141－142，PTI 79－80)。这就在他的社会学和其他领域之间造成了大量的相互联系，这些其他领域——例如，哲学、心理学或者美学——对于澄清他的社会学思想来说是有帮助的，有时还是极其重要的。

8

---

① 为数众多的评论就他作品的若干个分离领域展开了探讨，尽管也许并不总是它们的"系统的"联系[伯恩斯坦(Bernstein)，2001；雅尔维斯(Jarvis)，1998；杰伊(Jay)，1984a；罗斯，1978；塔尔(Tar)，1977]。

阿多诺的作品从一系列智性资源中汲取灵感。他一方面对缺乏内容的
"不加约束的思辨"持强烈的保留态度(HTS 65，另见 AE 42－43)，另一方
面坚信智性生产会提供这样的内容，他把这两个方面加以结合：为了协调
一致、进一步发展、转化、批判或者斥退。此外，阿多诺从早年开始就与
20 世纪的其他思想家接近，他与他们中的一些——特别值得注意的是法兰克
福社会研究所的成员——合作到了最终。最后，正如尼科尔森(Nicholsen,
在 HTS xvii)所强调的，阿多诺是一个倾力"传授……思想工具"的教师，
这些思想工具使其他人"能够"去"分析……世界"。讨论阿多诺的智性资源
通常来说是必不可少的，这是为了从内部来理解他的社会学思想：为了澄
清那些塑造他在六个主题上的视角的概念、概念的相互关系及论证，也为
了加强对这些概念和论证的说明。

从阿多诺的资源中选择与本书最贴切的资源是一个过程，而引领这个
过程的目标就是澄清他的社会学思想。强调阿多诺与一种或几种智性传统
的关系并不是本项研究的特定目标。这并不否认这样工作的适切性。在有
关阿多诺的马克思解读的争论中，詹明信(Jameson，1990)对阿多诺的马
克思主义的捍卫给出了一种重要的介入[参见皮泽(Pizer)，1993]。同样
地，谢拉特(2002)有关阿多诺的弗洛伊德遗产的讨论以及奥康纳(O'Con-
nor，2004)有关阿多诺观念论批判的研究也提供了原创性的、有价值的视
角。然而，当对阿多诺概念中智性资源的沉淀的分析主要旨在强调他的概
念与一种特定的传统一致或者对立时，他的来自这种传统的资源就有可能
受到最多的关注。相反地，当对资源的追溯主要旨在阐明形成阿多诺社会
学观念的各种概念和论证时，分析的焦点就必定集中在那些概念和论证各
自最为重要的资源之上。焦点不断地发生转移，这是因为最为重要的资源
在各个具体情形中既不保持为同样也不保持为同类。

阿多诺作品的三个领域为鉴别他的资源和评价它们的影响提供了方
向。首先，阿多诺自己的著作里面有引导。这一点并非无关紧要，跟随这
些引导构建不出从参考文献到资源的一条笔直线路。阿多诺在出版商的鼓

励下成为一个文献目录的苦行者，他习惯于省略参考文献（梯德曼，GS10.2 821），许多段落只是给读者提供了一些暗示，即暗示讨论中涉及其他人的作品，而这是什么作品常常是不清楚的。其次，阿多诺的作品（oeuver）含有明确地献给其他思想家的著作：对克拉考尔（Kracauer）、本雅明（Benjamin）和霍克海默（Horkheimer）的评价；对胡塞尔（Husserl）和黑格尔（Hegel）的内在批判；与涂尔干（Durkheim）、卢卡奇（Lukács）、维布伦（Veblen）、曼海姆（Mannheim）以及"实证主义"社会学的交战，等等。在有些情形中，例如，在阿多诺对本雅明的解读中，研究阿多诺的资源所引发的问题与它回答的一样多。在对这些问题的延伸回答超出下面各章范围的地方，问题会刺激进一步的探讨。最后，既然像阿多诺以及他的对话者这样的知识分子由于流亡而分开并因此断绝了面对面的讨论，那么这样一件事情就是有教益的，即查阅这些知识分子的团体的特色文本：所写的通信。这些"思想……的研讨会"（克劳森，2003a：22）不仅提供了对阿多诺某些观念和论证的具体化的显著洞见，而且还有助于组织、确定和评价他的智性资源。

　　黑尔德（Held，1980：14）的著名的法兰克福学派研究把"重点置于……对观念的……解释和阐述之上"。黑尔德发现主题处理比对时间顺序的说明或对智性—历史的说明更有助于达成这个目标。出于同样的理由，我对阿多诺社会学的探究也是通过主题组织起来的。不过，黑尔德同时承认，站得住脚的观念解释"并不能够从智性历史或者编年文件中完全彻底地摆脱出来"。尽管本书中任何一章都不是按照时间顺序来组织的，但是有所选择的一些节会以松散年表的方式来讨论某些问题，特别是在追踪阿多诺思想中的时间变化对于澄清某个主题来说至关重要的地方（有关阿多诺社会学作品的年表概览，可参见附录）。

　　我对阿多诺思想的历史语境——它的传记的、政治的以及社会的背景——所采取的进路是同样务实的。这可以借助大量的相关记述来部分地加以证明，这些记述包括阿多诺的生平以及法兰克福学派活动的社会—政治背景，它们几乎没有留下未被探讨的阿多诺作品的历史语境。① 此外，在主要目标已经历史语境化的地方，阿多诺观念的解释有时是受损的。詹明信(1990：4)评论道，"以各种恰如其分的好莱坞和电视文献片风格对阿多诺各个阶段的职业生涯所做的说明，包括作为其必要背景的战时刺激的穿越欧洲和北美的飞行之旅，以及战后回到一个残垣断壁的德国(随后发生的便是 20 世纪 60 年代的学生运动)……一般来说都忽视了哲学的或者美学的"——我还要赶快加上社会学的——"成分"。② 詹明信有些夸张，但并不是没有凸显一种两难困境，即定位在传记和历史上的记述几乎不可避免地缺乏对阿多诺的概念和论证的详细讨论。

　　然而，阿多诺思想的某些方面是如此深刻地受到了他对具体的传记事件、政治事件、历史事件和社会事件的经验的影响，以至于忽视他对这些事件的看法将会使概念的澄清变得无效。奥斯维辛强加在阿多诺作品的多个领域之上；战后德国的政治发展促成了他对集体行动主义的批判；而他的游记——即使是由于仅仅被读作传记片段而遭到误解——则明显带有一种独具特色的个人维度。阿多诺自己的作品，他的智性资源、通信以及现存的传记文献和历史文献提供了一种指导，即为评价具体事例中历史语境的影响提供指导。

---

　　① 参见布伦克霍斯特(Brunkhorst)，1999：11－68；布克-莫尔斯(Buck-Morss)，1977：1－23；克劳森，2008；黑尔德，1980：29－39；叶戈尔(Jäger)，2004；杰伊，1984a：24－55，996；缪勒-多姆(Müller-Doohm)，2009；帕布斯特(Pabst)，2003；鲁宾(Rubin)，2002；许特(Schütte)，2003；斯莱特(Slater)，1977；斯坦纳特(Steinert)，2003；威格斯豪斯(Wiggershaus)，1987，1994；威尔科克(Wilcock)，1996，1997。

　　② 通常涵盖三个阶段：直到 1933 年的魏玛共和国和两次战争之间的奥地利，英国和美国的流亡(1934－1951 年)，以及阿多诺在年轻的德意志联邦共和国(西德)的生活(1951－1969 年)。

四、阿多诺评论

在 21 世纪的英语世界中，阿多诺仍然是争论最广的 20 世纪欧洲思想家之一。这可以由以下两点得到例证：一个是对阿多诺作品的介绍性说明和多学科说明的增长数目①，另一个是关于法兰克福学派和欧洲马克思主义的一系列广泛综述和智性历史②。然而，在过去的 20 年里，英语世界的学者们倾向于更多地关注阿多诺对特定学科的贡献。若干高深的研究献给了阿多诺的美学[胡洛特-肯托尔（Hullot-Kentor），2006；尼科尔森，1997；祖德瓦尔特（Zuidervaart），1991]，有些则集中于音乐学（帕迪森，1993；威特金，1998)和文学[坎宁安（Cunningham）和马普（Mapp），2006；普拉斯，2007]。对阿多诺著作的深究详查也着眼于哲学问题[希尔菲尔德（Hearfield），2004；詹明信，1990]。专家评论涉及认识论（奥康纳，2004；谢拉特，2002)、形而上学[彭斯基（Pensky），1997；罗谢克（Rosiek），2000；韦尔默（Wellmer），2000：183 － 202]、社会哲学[库克（Cook），2004a；祖德瓦尔特，2007]、伦理学（伯恩斯坦，2001)、生命概念[摩根（Morgan），2007]、存在主义[谢尔曼（Sherman），2007]以及模仿观[舒尔茨（Schultz），1990]。最后，文学现在包括了关于阿多诺对女性主义理论的意义[黑贝尔（Heberle），2006；李（Lee），2005；奥尼尔（O'Neill），1999]以及对政治思想的意义[哈默尔（Hammer），2006；奥菲（Offe），2005]的讨论。

阿多诺有关社会学研究及其方法论的观念得到的持久关注很少。库克

①　布伦克霍斯特，1999；布克-莫尔斯，1977；霍亨达尔（Hohendahl），1995；雅尔维斯，1998；杰伊，1984a；罗斯，1978；汤姆森，2006；威尔逊（Wilson），2007。

②　黑尔德，1980；杰伊，1996；凯尔纳（Kellner），1989；伦恩（Lunn），1982；斯莱特，1977；塔尔，1977；威格斯豪斯，1994。

论文化工业(1996)以及阿多诺和哈贝马斯社会哲学(2004a)的出色作品部分地建基于对阿多诺某些关键社会学著作的细读。卡瓦雷托(Cavalletto，2007：127－171)提供了一项有关阿多诺对法西斯主义修辞学的探究的研究，它处理方法论的、认识论的和实质性的问题。杰内曼(Jenemann，2007)就阿多诺在其流亡岁月中与美国文化的遭遇写了一本书，这本书探讨了他的文化工业的社会学在其智性—历史语境中所引发的某些问题。英语世界其他有关阿多诺社会学观点的讨论可见于多学科描述中的章节(黑尔德，1980：163－174；杰伊，1984a：82－110；罗斯，1978：77－108)以及期刊论文和读本①。

研究阿多诺哲学和美学的学者们为探讨他在这些领域中的思考给出了非常好的理由，他们的作品有益、迷人且具有挑战性。尽管近年来英语阿多诺文献一派"繁荣"[吉布森(Gibson)和鲁宾，2002：1－2]，但仍然可以做出进一步的研究。汤姆森(2006：2)直言，"阿多诺常常呈现……为某一种类的社会学家"，这个直言没有捕获大多数阿多诺评论的主题焦点，而是有力地表达出了一个要求，即要求准确澄清阿多诺对该学科的挑战。下面的六章试图从三个方面为英语阿多诺文献做出贡献：实质性的方面，在这一点上，它们的目标是对阿多诺在社会学上的见解和工作进行持久的分析；目录学的方面，在这一点上，它们集中于他的社会学著作；关于阿多诺智性资源的方面，在这一点上，他的社会学思想和其他社会学家的著作

---

① 有些阿多诺读本不包括那些集中于社会学方法论的文章[伯克(Burke)等人，2007；黑贝尔，2006；休恩(Huhn)和祖德瓦尔特，1997；彭斯基，1997]。关于阿多诺对该学科挑战的具体方面的热烈讨论可见于《剑桥阿多诺研究指南》(*The Cambridge Companion to Adorno*)(缪勒-多姆，2004)、德兰蒂(Delanty，2004a)的早先发表期刊论文汇编第一卷[德雷克(Drake)，2004；弗里斯比(Frisby)，2004]、雅尔维斯(2007)的再版文集(参见贝克尔-施密特，1999；库克，2001)以及《批判读本》[特纳(Turner)，2002]。

之间的关系将会得到考察。①

　　值得强调的是，将要讨论的东西乃是阿多诺的社会的社会学。对阿多　　12
诺所着力研究的一个特定领域或现象的说明不大可能等于成功地论述了他
的社会学本身。阿多诺关于具体社会学方法和问题的想法证明我们对他的
社会学的仔细查看是正当的。他断言现在"归根结底没有任何东西"不是社
会化的，这个断言暗含两个意思。第一，社会学缺乏一个可以划分其学科
界限的特定领域：通过集中梳理阿多诺在一个领域或子领域中的工作来阐
释他的社会学思想将会是限制性的。第二，社会学必须处理这样一个任
务，即考察交换社会是如何刻画任一既有现象的特征的。这表明，阿多诺
的社会学能够并且应当被理解为一种社会的社会学——或者被理解为一种
研究交换社会的社会学，如果前一个表述读起来太过别扭的话。

　　但是，阿多诺的警告——社会学是什么只有与人们做什么相比照才变
得清楚——难道不意味着他的社会学构想必须根据他在特定领域中的著作
来加以确定吗？事实上，他在特定领域中的工作对于说明性分析来说是重
要的，对于本书的阐发来说尤为重要。然而，它对该项工作透露出的有关
阿多诺社会学的东西所做的探究是由一个更为确切的问题来指导的，这个
更为确切的问题涉及该项工作透露出的有关交换社会的社会学的东西。两
个问题可能具有可以比较的答案，但这个可能性并没有使它们彼此可换。
第二个问题为研究阿多诺社会学给出了必需的方向和重点。此外，同现在

---

　　①　已经强调的一点是，同他的哲学与美学比较起来，阿多诺的社会学在德语文献中很少得
到详细的探讨[内格特（Negt），1995：3；参见贝克尔-施密特，1999：104；霍耐特（Honneth），
2005b：165－166]。不过一般来说，德语阿多诺学者们比他们的英语同行更重视阿多诺的社会学
思想，参见缪勒-多姆（1996）按时间顺序的《导论》《阿多诺—研讨会1983》的社会学稿件[尤其是
邦斯（Bonß），1983；里策特（Ritsert），1983]、《阿多诺—研讨会2003》的社会—理论文章[尤其是
霍耐特，2005b；内克尔（Ncckcl），2005]，以及其他读本[奥尔（Auer）等人，1998；施魏本霍伊泽
（Schweppenhäuser），1995]。着眼于社会学对阿多诺社会理论所做的最著名德语批判之一——尽
管主要是在《启蒙辩证法》的背景下——是霍耐特的，1991。对阿多诺社会理论中解放观念的挑衅
性解读可见贝克尔（Becker）和布拉克迈尔（Brakemeier）2004年编的文集。

"归根到底没有任何东西"不是社会化的这个想法相一致，阿多诺的社会学专注于并且受影响于他对无数各不相同的研究现象的经验。研究他的社会学要求注意到他在几个具体子领域中的工作。尽管本书中的讨论因此也贯穿着阿多诺论音乐社会学和文化工业的著作，但是这些著作并不比他在其他领域中的作品更为重要。阿多诺的音乐社会学在威特金（1998）那里得到了专题研究，而且也是帕迪森（1993）的全面诠释的三个维度之一。阿多诺文化工业的论题已经得到了大量论述。[①] 本书无法提供对这些论题以及它们所引批评的总括性讨论。与具体论证密切相关的批判性介入将会得到提及。霍耐特对阿多诺的抨击（1991：77—81）在这些众多介入中是具有代表性的，他抨击阿多诺无望地将文化工业看作总体控制的一种工具，抨击他把无力的个人设想为具有资本主义和统治的功能，抨击他忽视另外一些文化和社会领域中的操控限度，并由库克（1996：65—75，152n1）做了详细讨论。

五、今日之阿多诺社会学

本书的重点在于澄清和讨论阿多诺的社会学思想本身，对他在社会学关键方面上的视角的详细理解构成了一种先决条件，即就它们在当代的相关性做出的明达评估。综合评价是超出本书范围的，这种综合评价针对像21世纪社会科学那样广泛的努力，而它的确切本质还继续处在来自许多不同观点的争论之中。不过，本书的诠释焦点既没有妨碍也没有免除一项工作，这就是指出评估阿多诺社会学的作品对于当前该学科的深远意义。通过尽我所能地将阿多诺的社会的社会学清楚而丰富地呈现出来，并且通过

---

　　① 参见阿珀斯托利迪斯（Apostolidis），2000：31—56；库克，1996；哈默尔，2006：72—83；黑尔德，1980：77—109；霍亨达尔，1995：119—148；詹明信，1990：103—108，139—154；雅尔维斯，1998：72—89；杰内曼，2007；凯尔纳，2002；缪勒-多姆，1996：199—217；奥菲，2005：69—92；帕迪森，2004：91—105；威特金，2003，以及德兰蒂，2004b 和 2004c 第三部分中的文章。

对它和当代社会科学所关注的东西之间所选出的交集进行精确定位，我的目的在于，指明阿多诺的社会学工作在同当今的社会学进行对话，并引发那些无论如何不可能在这里得到处理的有关其当前意义的争论。

我的探讨不同于德诺拉（DeNora）和阿珀斯托利迪斯的工作。德诺拉（2003）从阿多诺的音乐社会学中发展出了经验研究的提议。阿珀斯托利迪斯（2000）的基督教右翼文化分析强烈地体现着阿多诺对文化工业和基要主义广播宣传的批判。这些著作或许揭示了阿多诺社会学工作的某种潜力，亦即为当代社会学提供研究工具的潜力。但是问题在于，它们揭示了多少，也就是说，人们究竟在何种程度上可以谈论阿多诺的社会学。就两位学者的研究目的而言，他们在把阿多诺的观念应用到当前社会学问题中之前对它们做了完全正当合法的批判性修订。下面各章的目标不是要去修订阿多诺的观念，而是要去澄清它们，以便有可能对它们鼓舞当今社会研究的潜力进行评价。

阿多诺的社会学对一些今天在社会科学中仍然争论的问题给出了挑战性和非常规的观点，这些问题有，例如，互学科性、社会的概念化、经验研究、社会学的理论化以及社会科学的社会—批判维度和政治维度。此外，阿多诺提高了对那些重要但是很少讨论的社会—科学课题的认识，并提供了看待它们的有趣视角，这些课题所涉及的问题有，例如，社会学著作——大多数社会学家所从事却几乎没有专注的一项活动——以及社会学与非社会的现实的关系。直至最后，阿多诺的社会学著作包含了大量用于考察交换社会的经验研究策略和分析研究策略。通过把对阿多诺社会学观念的阐述同这些观念在他的具体文化及社会现象分析中的应用实例结合起来，我试图突出这些观念是如何鼓舞具体社会研究的实施的。这或许可以帮助读者们为他们自己的目的就阿多诺社会学的重要意义做出有见识的判断。

阿多诺对社会学的反思有着异乎寻常的并且令人不安的敏锐，这些反思是一种被其所研究的社会现实中介的努力。阿多诺坚定地拒绝掩盖他的反思所揭露出来的那些障碍，即对考察社会生活的社会学努力的障碍。全面致力于他的工作必定会彰显它所遇到和造成的两难困境，并且必定会进一步使这些两难困境成为亟须解决的问题。就当前社会科学所关注的一些东西而言，阿多诺的社会学思想也许成为一种服务于同情的和适时的观念的资源。不管怎样，他对社会学的限度的反思严格来说可能是落伍过时的，它们磨碎了那些在社会学上被认为是先进的东西。这也许会引诱人们把他的社会学工作当作一种阻挠来加以摒除，因为这种智性上有缺陷的阻挠正针对着社会科学的进步。然而，阿多诺一再地向社会学家们提醒社会分析困境的社会偶然性。从这个角度看到的先进的东西大概就是对阿多诺社会学所遭遇的问题的批判意识，以及对为这些问题提供条件的社会的一种更好把握。

第一章

太阳底下没有什么东西

阿多诺和他那个时代的同时也是我们时代的许多社会学家之间的关键区别在于，他毫不犹豫地拒绝把社会的概念"当作一种哲学的遗迹"来加以"禁止"(S 145)。阿多诺承认，社会不是某种在人类之外或者之上的东西。社会由社会关系组成，而社会关系正是由个人生产并在个人之间运作的。然而，组成社会的社会关系乃是个人之间的，这些关系发展出来的特性无法被化约为那些深陷于其中的个人总和的属性。因此，既然不可能通过转向社会的孤立成分来理解社会，那么社会的概念作为一种指涉人与人之间关系的关系范畴在社会学上就是必需的(IS 33—34，38—39)。以下阿多诺社会概念的概述勾勒了他对社会的社会学考察的看法，这涉及社会学的"双重性质"。在这些考虑的基础上，阿多诺对社会学的看法可以在选择恰当社会学研究现象的问题上得到更深的探讨，其途径就是首先澄清对这些现象的解释。

一、作为一个社会学问题的社会

　　阿多诺对当代社会的概念化着眼于组成它的社会关系。他也强调了社会的三个关键方面——社会异化、社会依赖和社会整合——以及它们的相互联系。"相互联系"在这里是确确实实的：在阿多诺那里，社会科学不再能够建立起因果等级，而必须研究社会的各个不同方面如何彼此影响。这样的研究揭示了"社会化……的展开……所导致的复杂性和矛盾性"（IS 34）。面对这些复杂性，阿多诺被迫一次又一次地去探究一种正视考察社会的任务、社会学的问题和潜力。他认为这种社会学努力具有一种"双重性质"，该性质使得社会学就像它打算考察的东西那样成为问题。社会无所不在但又难以捉摸，它对研究来说必不可少但又令人沮丧地难以把握。在阿多诺看来，这个窘境突出了下面这个问题的紧迫性，即如何去分析当代社会以及对当代社会的社会学回应的需要。

16

（一）商品交换关系

　　阿多诺不相信社会的命运最终是被政治体系或者生产力的发展所决定的。[①] 政治（CM 281）以及工业社会的生产力受到生产组织或生产关系的限制，它们才是社会现实的真正决定因素（CLA 117－121，IS 96，ISW 229，237－238）。[②] 目前主宰社会的社会关系是商品交换关系（IS 31－33，PD 68）。社会由商品交换的"原则"（1993c：24）所组织并且服从于"交换关系"（CLA 120）。阿多诺把当代社会刻画为资本主义社会、"商品社会"（SDE 158）或者"交换社会"（IS 43，PETG 49，195）。阿多诺偶尔也指出，商品交

---

　　① 　分别参见库克（2004a：11－16，另见 1998）以及雅尔维斯（1998：59－61）对这几点的论述。
　　② 　就那些认为社会关系不会帮助建筑工程师懂得如何建造稳固房子的看法而言，技术是相对自主的。但是，技术是由社会主宰的，因为对于这样一所房子的要求以及满足它的手段的产生恰恰都是由社会决定的（VSI 311－312）。

换的优势表明资本主义起源于 16 世纪后期的"制造业时代"（A&B 108），并与古希腊资产阶级城市的形成有着密切关系（VSI 253；另见 A&K 516—517）。可是阿多诺很少把 19 世纪之前的社会状况提出来加以讨论。事实上，他的社会学工作绝大多数集中于 20 世纪资本主义的交换关系。

严格遵从"（商品）交换的普遍原则"（PETG 95）的社会关系是保守的，而资本主义正是将其"当作它自己的东西来加以珍视"的。"交换是神话相似物的理性形式。在每一交换行为的同比对等中，一个行为取消另一个行为；账户余额为零。如果交换是公平的，那么没有任何东西会……发生，……一切都保持原样"（CM 159）；"人们抵消清账，所有事情恰如它们以前那样"（HF 170）。在公平和平等的交换中，一方将具有某种价值的商品转让给另一方，这种重新分配改变了包围着双方的社会—经济条件。不过，接受又返还正好相同的价值以作为支付，支付取消了由起初的转让所引起的社会转化，并且重新设置了原来的社会—经济条件。商品交换关系建基于一种公平的"没有余数的计算的同比对等"之上，这些交换关系蕴含着社会转化的行为及其因而阻碍社会变化的"撤销"（1961：41—42，另见 1971：13）。

然而，交换原则"在各种不同的地方被打上孔"（PETG 95）。阿多诺尤其认为——应和着马克思（1976：320—329）的剥削理论——工人和资本之间的社会关系不服从公平的商品交换的命令，这种社会关系包含"活劳动对工资的交换"（PETG 97）并支持资本主义的阶级划分（S 149）。出卖劳动力的劳动者放弃了被他的劳动力生产所消耗的价值，而额外的价值劳动则在雇佣期间创造这种价值。无论如何，资本所支付的工资只补偿劳动力的再生产。工人受到剥削，资本家从交易中掠夺剩余价值。劳动力的转让改变了包围着双方的社会—经济条件。但是，工资支付非但没有取消这种转化并恢复原来的条件，反而构成了一种更深程度上的价值的重新分配。既然"劳动力商品为它的再生产费用所进行的交换"与资本主义的"平等的……谎言"相矛盾，那么社会转化的"行为……就没有……""通过这种不

17

公正，某种新的东西在交换中出现了"(CM 159)。

　　阿多诺有关阶级对抗的分析将在下面得到更为详细的探讨。把所有商品交换的社会关系统一在一起的乃是等价物交换。阿多诺遵循了马克思(1976：125－177，另见 IS 31－32)《资本论》中的商品分析。就能够运转的商品交换而言，性质明确的产品必定是可以比较的。阿多诺(PETG 177，另见 SoI 188)相应地陈述道，"资产阶级社会的基本原则"乃是"从特定的使用价值、特定的性质而来的抽象，而物正是在它们自身之中并通过人对它们的处理发展出了这些价值和性质，以支持它们的普遍等价形式"。不同产品的比较要求它们化约到一个公共的特性：它们是人类劳动的产品。然而，既然不同的产品是由性质上不同的人类劳动形式来精工制作的，那么使那些产品成为可比较的就要求这些——"人对物的处理"的——不同的劳动形式成为可通约的。为了这个目的，不同的劳动方式就被化约到它们的公共属性：纯粹的力量耗费。"普遍的交换原则"，阿多诺断言，"切除了有待交换的货品的性质和特性"以及"生产者的具体劳动形式"的性质(ISW 236)。商品由以得到比较的交换价值是作为一种平均数来加以度量的，即作为商品制造所消耗的抽象社会劳动时间的平均数。组成资本主义的商品交换关系包含一种等价物交换，这种等价物交换的基础是把性质上不同的产品和人类劳动方式化约到它们的最低公分母。

18

　　阿多诺强调，资本主义交换关系要求交换的各方采取一种特定的思考方式：同一化或者同一性思维的原则。交换和同一性原则据说是同族的，彼此在起源上是相近的。同一化是"在交换中得到教导的"(JA 107)，而且，如果交易者不采纳同一化原则，那么"交换就不存在"。同一性思维有两个显著的特征：第一，它构成了分级或分类的智性行为，借此，不同的、特定的客体就转变为一个一般的类或种里面的样本并因而变得彼此等价了；第二，同一化把人类在社会中生产出来的范畴当作对客体的内在天然特性的描述(ND 149，另见 CM 252－253，HF 119；1991a：110－111)。

阿多诺的论证继续得到了马克思商品研究的鼓舞，该研究证明资本主义的交换实现了同一性思维的两个方面。商品交换需要将不同的产品转变为具有交换价值的实体以使它们成为等价的，借此，性质上不同的劳动形式通过转变为抽象劳动的样本而变得等价了。此外，马克思表明，在资本主义中，交换价值——一个由人类在其生产活动中创造并表现人类在其生产活动中关系的范畴——被认可为是对客体天然特性的描述。在阿多诺看来，除非交换的代理人实施同一化的这种双重智性运作，否则资本主义交换关系就不能够维持下去——等价商品的交换就不能够运行。

(二)社会异化

卢卡奇(1949：42－43，57－58)批判了海德格尔的方法论等级制度，宣称海德格尔是从痛苦的主体开始的并因而妨碍了对社会现实的洞察。尽管阿多诺受惠于卢卡奇[1]而与海德格尔严格对立，但是他摒弃了卢卡奇的批判。阿多诺当然承认社会关系主宰社会生活。但是，卢卡奇这种以"客观否定性"的经验为条件的对"主观痛苦"的漠视是无法被证明为正当的。阿多诺坚持认为，"恐惧在主体中"的"沉淀"对于批判的社会分析来说乃是至关重要的(VSI 254)。这种恐惧的主要症候就是异化。[2] 的确，阿多诺小心谨慎地提防滥用异化概念，尽管它在他的几部著作中自始至终地一再出现。就异化是一种"意识的状态"(ND 191)而言，阿多诺担心异化概念会把注意力从产生异化的社会条件转向它在主观经验中的显现(IS 3)。阿多诺对这个概念的谨慎使用或许已经导致一些解释者低估异化问题对他的社会理论的重要性。[3] 但是，正如第五章将要表明的，阿多诺是在寻求准确表

19

---

① 布克-莫尔斯，1977：25－8；霍尔(Hall)，2006；哈默尔，2006：27－37；奥康纳，2004：8－13；谢拉特，2002：38－41。

② 异化在《权威主义人格》中扮演着主要角色，阿多诺在该书中认为"科学地理解社会需要……包括理解它对人们做什么"(AP 975)。

③ 参见库克，2004a，2004b；詹明信，1969；雅尔维斯，1998：59；杰伊，1984b：267n92。阿多诺1968年把"物化概念"描述为"陈腐的"(CM 223)，这也并不意味着物化问题对于他的社会思想是无关紧要的。

达异化的另外一些途径，因为异化有着持续的重要性。异化的主观状态是
以当代社会生活为条件的，因此它反映并且反过来深深地影响了当代社会
生活。

1. 异化和社会学的双重性质

涂尔干(1982：50－83)要求社会学把社会当作社会事实来加以考察，
即一些外在于、强制于并且独立于个人的社会事实，它们必须被视为好像
就是物。在阿多诺看来，社会事实的想法有益地提出了社会异化的问题，
"人类无法在社会中认出他们自身……因为他们既彼此异化也与整体异化。
他们物化的社会关系必然使他们自身向他们呈现为一种自在的存在。"(SPI
69)在其作为"异化的客体性"的"不透明性"(SPI 76)中，资本主义社会隐瞒
了它的特定人类关系(ND 299)以及它的历史的可变性(SSI 445)。取而代
之的是，社会作为一种陌生的、自主的客体与个人相对抗：它难以捉摸而
又气势汹汹，晦涩模糊而又不可抗拒，因而无法被他们的理解和行动所穿
透(SSI 238－240，VSII 674－677)。通过捕捉社会异化如何作为一种不变
的东西降临到人类头上，涂尔干的社会事实的概念强烈地突出了当代社会
中的社会异化。

不过，涂尔干(1982：69)对"社会现象就是物"的确信却错误地把人的
被异化的、受误导的视角完全与社会现实一致起来了。阿多诺宣称涂尔干
有隐瞒这样一个事实的危险，即社会关系完完全全是由人组成的，哪怕这
些关系具有表面上的客体性。尽管社会具有不变的外表，但是它也已经在
历史上获得了发展，并且现在由个人自己来加以维持(IS 37，43，145－
147，S 151－152)。目前，"人类……并不认为(社会的)趋向就是他们自己
的趋向"(SP1 76)，但是，"总体性却通过社会生活的细节最终通过个人反
复地再生产出它自己"(SSI 586)。资本主义条件下仿佛命运的东西最终"重
新回到人类、人类社会，并且可以由人类来使之转向"(SSI 452，另见 CM
156)。

阿多诺承认前资本主义异化形式的可能性（IS 81—82），但是他的工作常常致力于以当代交换社会为条件的异化。而且，阿多诺把异化严格地理解为社会的异化，理解为与社会异化。"在物性（属物的以及像物的）之中，"他强调说，"有两样东西是彼此交错的，一样是客体的非同一的方面，另一样是人对主导性生产关系、对他们无法认识的他们自己的功能语境的屈从。"（ND 192）世界显得好像是客观的，这部分是因为它是客观的（属物的）而不是人类所创造的；部分是因为人类所生产的社会现实现在好像是客观的（是像物的）。在后者中，即在把人、历史现实当作物来经验的社会意识中，将世界经验为客体只不过是靠不住的臆断。对像是其所是的物那般真正客观的现实要素的经验位于阿多诺所设想的异化领域之外。① 这一道明是同他对劳动的宽泛设想相一致的。劳动涵盖所有对现实的忙碌，所有的生活行动，包括思想。就此而言，劳动乃是再生产出种的生活的行动（HTS 19—23）。现在，这个"劳动……生产和生活……的进程"包含了再生产出社会的行动（IS 38）。相应地，当阿多诺谈及人们对难以捉摸的"凝固劳动之墙"（SP2 93）的经验时，他所意味的乃是社会异化："活人与……社会力量的异化。"（VSII 676）②

异化所产生的对社会的困惑提出了一个对于阿多诺的智性方案来说本质性的问题：交换社会究竟如何才能够得到考察？阿多诺把社会学描述为"人们希望由以对付异化的智性媒介"（IS 3），这个描述透露了他的问题的主要接受者。他对涂尔干的批判强烈地表明，他要求一种来自社会学的答复——即使是一个比最终没有解开社会之谜的涂尔干的物化主义

21

① 阿多诺拒绝所有关于人的真正存在的"自我异化"的"讨论"，因为这错误地暗示，人类曾经是他们可能所是的一切（ND 274）。

② 阿多诺全面地关注着异化，而不仅仅是无产阶级的异化。他很少明确提及工人"与他们不再能够埋解的机械劳动进程的日益增长的异化"（CLA 107，另见 VSII 674—675）。另外，作为异化社会力量的异化劳动观，尽管与早期马克思的异化理论相一致，但却表明了一种重点上的不同。关于马克思（1975：270—282）1844 年论异化劳动的文本对阿多诺社会思想的确切意义的详细研究，将会是一个值得做的项目并会促进他们的异化概念之间的比较。

(*chosisme*/ thing-ism)更充分的答复(IS 37，SSI 240)。阿多诺认为，考察交换社会的社会学必须彻底承认异化，但与此同时也必须抵制把扭曲异化的社会经验看作社会的真实结构的揭示，这两个要求并不容易协调。事实上，阿多诺并不主张协调，反而要揭示冲突。社会学家们被赋予了双重任务并被鼓励培养社会学的相应的"双重性质"(PD 33)。社会学必定来自相同的社会生活进程，"正是这两个……在社会性质上相冲突的契机，……一方面它是不可理解、晦涩难懂的，另一方面它最终可以被还原到人的因素，就此而言它又是可以理解的"(IS 82—83)。社会学必须注意这种两难，即社会是作为客观的、不变的物出现在个人面前的。因为这样的"错误意识同时又是正确意识"："内在生活和外在生活被拆开了。"(SPI 69—70)社会是"客观的……因为……它自己的主观性对它来说并不是透明的"。与此同时，社会学无法把一种客观总体性的视角当作关于社会的真相来加以接受。异化被表述为对作为无变化客体的不透明社会的误认。最后，"社会是主观的，因为它重新回到组成它的人类"(PD 33)。因此，社会学家们也必须努力把社会解释为它所是的人类的、历史的现实。并不令人吃惊的是，由于社会学被迫同时应对这两项任务，所以从概念上来确定社会是不可能实现的。社会异化的问题成为显著的焦点，但是交换社会仍然是概念难以把握的。阿多诺对于社会学如何能够考察交换社会的问题的最初答复几乎就是直接重申该问题。

2. 异化和自然历史

阿多诺从 20 世纪 30 年代开始的那些论社会的著作澄清了他对社会异化的切入进路，也道明了这一问题在他社会思想中的重要地位。异化显现为个人与一种作为自然的历史社会的对抗。阿多诺在 1932 年的一个论自然历史的观念[①]的演讲中认为，人类创造的世界在他们看来好像是第二自然

---

① 关于这个复合观念，可参见布克-莫尔斯，1977：52—62；胡洛特-肯托尔，2006：234—251；帕迪森，1993：29—35；彭斯基，2004。我在这里只能讨论阿多诺演讲的一个层面。

(INH 260－261)。阿多诺通过卢卡奇(1971b：62－64)的早期作品挪用了
黑格尔的第二自然的概念，这个概念在卢卡奇的早期作品中指一个已经变
得僵化和异化的常规世界。早期卢卡奇的这个概念还尚未置于马克思主义
的理论之中，但是阿多诺是在这个意义上来使用它的。[①]"商品的世界"是
一个"异化的世界"(INH 260)：一个"异化的物"和"人类关系"的世界
(1989：40，另见27)。第二自然的概念在后来数十年里继续鼓舞阿多诺注
意社会异化的努力。在他后期的著作中，"第二自然"仍然暗示，作为一种
"功能语境"而由人类活动所"生产出来的东西"持有了"自然的徽章"(ND
351)。阿多诺解释说，涂尔干的客观的、不变的社会事实就是第二自然：
凝固的社会与活的东西相对峙(IS 81，S 147)。

不过，与他后来的涂尔干批判相似，阿多诺的早期著作强调，第二自
然的概念并没有忠实地表现它于其中得以产生的当前社会条件。第二自然
是"历史性地生产出来的……副本"，即一个已经变得"异质"的常规世界的
副本。"我们相信，我们能够有意义地理解(现实)"，但是"我们已经失去
了现实"(INH 267－8)。相应地，阿多诺对资本主义社会的最早分析就已
经明确提出了一个问题，即"如何可能去了解，解释这个异化的、像物的
(dinghafte)、死亡的世界"(INH 261)。

20 世纪 30 年代初，本雅明论德国悲悼剧(Trauerspiel，巴洛克悲悼
剧)的书(1995)是阿多诺最重要的智性资源之一。[②] 本雅明(1998：166)写
道，在巴洛克讽喻中，"历史的希波克拉底式面容，作为僵化的原始大地
景象，躺在观察者的眼前"。把历史当作原始大地景象的想法与卢卡奇的

---

① 参见布克-莫尔斯，1977：55。到 1932 年，卢卡奇已经在《历史与阶级意识》的马克思主义
语境中长期地使用"第二自然"："人在资本主义社会中面对着一种他自己所'制造'的现实……它看
起来……好像是一种与他自己相异的自然现象。"(1971a：135)尽管这本书的影响无可否认(霍耐特，
2005b：168－176)，但另一桩事情却不够明显，即阿多诺发现卢卡奇更早的《小说理论》并不那么
讨人喜欢(A&K 798, 121, 208)。

② 本雅明写这本书时正在使自己熟悉卢卡奇的马克思主义，但是看起来几乎没有对它产生
影响(1991a：878－879)。

一个概念相呼应，这个概念就是一个有着严格的、僵化的形式的常规世界。① 不过，阿多诺（GS1 357）指出，本雅明添加了"某种……不同的东西"："易逝性（Vergänglichkeit）……这个词。"本雅明（1998：179）认为，巴洛克作家们只看到了自然的"过于成熟以及它的创造物的衰落。他们在自然中看到永恒的易逝性，并且只有在这里……这一代人才能认出历史"。因此，在卢卡奇看到历史转变的地方，"曾经存在的一切转变为自然"的地方，本雅明看到了"自然……作为易逝的……作为历史"（INH 262）。在本雅明（1998：177）的术语中，"'历史'以易逝的性质书写在自然的面容之上"。阿多诺重新引入卢卡奇的术语论述道，"无论什么时候，只要当'第二自然'出现，当常规的世界临近，它都能够得到译解，因为它的意义被证明是它的易逝性"（INH 264）。阿多诺似乎认为，对历史即第二自然进行编码加密的易逝性必须被译解为历史的东西。阿多诺强调说，实际上对于卢卡奇而言，"僵化的自然生活只不过是历史发展的一种产物"（INH 262）。30 多年之后，阿多诺重提这种历史哲学，即解释意味着"梳理现象，梳理第二自然，梳理……我们周遭这个已经被历史和社会、它们已生成的存在（Gewordensein）所中介的世界"（HF 134）。

本雅明让阿多诺把这种历史生活刻画得更为分明了。本雅明（1998：179）写道，在巴洛克，只有在"衰落的进程"之中，"历史事件才会枯萎"。"无论何时，只要有某种历史性的东西出现"，阿多诺陈述道（INH 264），"它就回溯在它之中消逝的自然要素"。本雅明（1998：166）明确指出，在巴洛克，历史的表达在于"骷髅头"：人类"向自然屈服"的"形象"。巴洛克悲悼剧所描绘的历史乃是世俗的造物、有限的人类的历史。本雅明继续说道，骷髅头所"表达"的东西乃是"关于历史的一切，这一切从一开始就不合时宜地充满痛苦（Leidvolles）和失败"。巴洛克提供了一种"世俗的解释，

---

① "毕竟"，阿多诺写信给本雅明说，"巴洛克了解异化"（A&B 108）。

即把历史解释为世界的苦难历史（Leidengeschichte）"。对于阿多诺来说非常重要的是，本雅明强调了一种发生以下转变的历史，即"转变成……死亡和垂死的自然……废墟、崩溃、徒劳的希望、失败的计划，以及对奄奄一息的造物的反复描绘"（彭斯基，2004：233）。

社会异化的问题成为阿多诺一个从不松懈的关注点。在他 20 世纪 30 年代的历史哲学中以及他后来的社会学中，主体与社会的异化都激起了一个问题，即如何可能获得对社会现实的洞见。阿多诺答复说，社会分析必须注意社会如何作为客观不变的自然降临到个人身上，并且必须不去掩盖社会的历史特性以及它是由人所创造的这个事实。阿多诺早期的"自然历史"预示着他后来会对涂尔干的解读的某些方面。涂尔干有益地注意到了"社会的固化性质"，但却以对它的"辩护"而告终，辩护的方法就是"把社会异化等同于社会化本身，而不是把它当作某种起源的东西（Entsprungenes），也不是根据它的可能性把它当作某种易逝的东西（Vergängliches）"（SSI 251）。阿多诺坚持交换社会的社会学考察的双重性质，与此同时，他又必须承认社会在继续逃避社会学的概念框架。社会学家总是以对社会现实持冲突视角而告终，并且被迫重新提出分析社会的问题。

(三)社会依赖

阿多诺（HTS 18）援引马克思（1975：332—333）把黑格尔含义丰富的精神（Geist）解读为人类的作为其劳动结果的机敏表达。阿多诺澄清道，现在人们对维持生命的行动的依赖意味着他们的存活取决于有偿工作。既然工作只是在它看起来满足某个目的时才是有偿的，那么"每个个人为了勉强糊口就必须主动承担某种功能，并且只要他具有这样一种功能他就受命于心怀感激"（S 145）。通过把精神设想为一种无法被化约到孤立个人的力量，黑格尔非常关键地指出，劳动发生在一种社会的"功能调整"之中（HTS 18）。现在，阿多诺具体地说道，如果工作满足一种社会承认合法的功能，那么它就可以算作是目的性的并且是值得给付报酬的。在一个生产主要按照抽象交换法则为营业收益服务的社会里(S 148，SoI 188)，目的性行动的主导标准就是盈利能力。在他们对有偿劳动的依赖中，个人取决于履行"巨大的社会机器里面的(各项)功能"[阿多诺，霍克海默等人(1950)，1989a：122—123]。资本主义是一种社会依赖的语境，每个个人的生活都完全受制于交换社会的"制度"：首先是它的"经济"，其次是它的"管理"(ISW 242)。

阿多诺的依赖概念在他对资产阶级对抗的分析中扮演着重要角色。阶级划分是由为工资而进行的劳动交换所再生产出来的，这种劳动交换发生在遭到剥削的工人和获取盈余的资本家之间。这就提出了一个问题，即为什么劳动者进入剥削他们的商品交换关系之中，阿多诺的答复是多种多样的。首先，工人越来越少地意识到他们作为被剥削阶级的地位。阿多诺强调，无产阶级的阶级意识不足并没有证明阶级社会的消亡(CLA 112—114，PETG 57—58)①，但是它恰恰能够根据资本主义的永存来得到解释(IS 22—24)：社会关系日益为密集资本无所不在的统治所遮蔽；资产阶级缺乏内部的一致意见，如工人般服从相同的警察控制(CLA 98—100；另见库克，2004b：301)，而且不再到场于工作场所(PETG 76—77，SSI 187)，他们几乎无法被辨认为是工人的对手；"传统的"物质劳动的人数减少了(IS 24)；从工人中招募来的技术管理员取代业主成为工人可见的上司，这就造成了"机会平等的假象"(MM 194)。由于"大企业"越来越强地控制遍布的那种看起来自然而不变的社会现实，所以工人政治成功的前景变得渺茫了，这种渺茫进一步削弱了他们对剥削系统的反抗(CLA 96—97，PETG 91)。

其次，无产阶级被整合进了资产阶级社会，而且这种整合的推进大大超出了马克思的设想。部分由于工会谈判的缘故，工人获得了比以前更多的社会产品，享有了更高的生活水平——"较之他们的锁链即……他们的小汽车或者……摩托车而言，他们失去的东西更多"(PETG 65)——并且

---

① 阿多诺强调，马克思的"阶级"范畴不在于捕捉一种意识状态，而在于捕捉它的成员与生产资料的关系(参见 SSI 519—520)。

受到了更好的公共经济保护，例如凭借失业方案。① 工人的整合导致了一个问题，即"无产阶级不再知道他是谁"（A&K 602，另见 CLA 114－115），这使得他们越来越不愿意质疑资本主义的社会关系，尽管这些关系是剥削性的。阿多诺断然否认整合意味着对于工人而言的经济平等，并强调垄断维系了阶级鸿沟（PETG 51，87，93）。甚至贫困化——也可作"日益增长的无力"，就像库克（2004b：302）所表示的那样——也仍然是资本主义经济的一种固有趋向。工人们分享着使他们免受贫困化的最坏经济影响的社会产品，但这种分享只不过是组成资产阶级使系统免遭革命的政治策略的一部分（CLA 102－107；另见库克 2004a：15－16）："被侵吞的剩余价值经由工会部分地回流给人们……作为一种救济金"，否则的话"社会就将爆裂"（PETG 196）。

最后，使无产阶级愿意进入资本主义剥削性社会关系之中去的最强大力量似乎就是他们的社会依赖。阿多诺强调，"从形式上来说"，工人和资本家之间的交换是一种"自由的合约关系"：任何一方都不得借助暴力进入这种关系（PETG 96）。事实上，既然归根到底资本对劳动的需要与劳动者对工资的需要是程度相当的，那么人们也许会期望无产阶级能够坚决要求非剥削性的安排。然而，这两个阶级就生产资料而言的不同地位（HF 51，MM 193，PETG 57－58）把从属和力量的不平衡引入他们的交换关系之中，这就使之成为老鼠和狮子之间的一个自由协定。劳动者没有任何别的东西而只有他的劳动力，因此必须立即把它出卖给资本，否则就要"挨饿"。相反地，"企业主"则控制着生产资料并且通常能够依靠剩余劳动。如果劳动者耽搁交易"直到（他）……清醒过来"并纯粹为了生存而以他的劳动换取工资，那么资本就将仍然远离毁灭。这只允许资本提出对它有利的交换合约，并"等"（PETG 96 97，另见 97－99，196）到最初可能拒绝的工人明白

26

----

① CLA 102－104，IS 24，PETG 51－55，83，SSI 183－184.

他必须马上出卖劳动以获取工资否则就要死，然后接受提出的合约，同意他自己被剥削。因为工人们在生产资料方面处于不利地位，所以他们更为直接地依赖于以劳动换取工资，并且甚至没有力量去拒绝与剥削他们的资本所签下的那些交换合约。

阿多诺常常强调社会依赖所造成的心理窘困，尤其是在社会异化方面。人们对客观不变的社会的异化经验蕴含着这样一种情况，即在他们的社会依赖中，他们的生活任由他们无法理解并觉得不能介入的制度所摆布。阿多诺论战性地写道，在交换社会中，甚至领薪水的工作也仿佛是"伪装的失业补助"，由一个随时可能将其撤回的遥远权威任意授予（JA 34），这个情境是可怕的，"一个人与他自己的命运所依赖的人们相异化的经验是痛苦的……因为有一种恐惧得到了加强，即这个人被移交给各种匿名的权力与进程，他对它们没有直觉，因而不理解它们，这样他就以一种加倍无助的方式来面对它们"（VSII 678）。尽管这段话是专门讨论工人的，但是阿多诺似乎认为它所描述的问题可作更为一般的应用：那些"被套进……社会之中"的人感到了它的"不断……威胁"（JA 34—35）。

对于社会学如何能够考察每个人所依赖的社会整体的问题，阿多诺的回答采用了一种更为小心谨慎的口吻。阿多诺强调，在交换社会中，人们把他们的生活归功于一种结构，这种结构作为难以了解和不能穿透的东西与他们相对峙。"社会的功能语境具有……对每个个人的压倒性优势。"（VSI 328）社会学家们会欠考虑地轻视异化和依赖给人们带来的恐惧和焦虑。然而，社会学也不能够简单地把人们的可怕经验当作对于问题的现实的表达来加以接受。阿多诺宣称，黑格尔所说的劳动升华为一种形而上学的精神行动，不经意地把劳动的社会条件曲解为抽象的，并把剥削尊崇为正确的（HTS 22—25）。① 阿多诺反击道，组织维持生命的行动的总体性并

---

① 就像本雅明（2006：393—394）抨击魏玛共和国社会民主党对劳动的赞颂那样，阿多诺采用了马克思（1996）的《哥达纲领批判》。

非像它看起来那样不屈不挠，人类最终依赖于他们自己使之永存的历史条件。当阿多诺强调以工作来满足他们需求的"个人"不"能够"独立于"他们在其中生活的社会"而"存在"时，他立即补充说"（社会）由以得到维持的进程乃是……生命、劳动、生产和再生产的进程……由个人……来保持运转"（IS 38，另见 P 77）。社会依赖是"全部个人对他们所形成的总体性的依赖"（S 145，着重号为作者所加）——他们因而能够将这个总体性连同系统化的剥削一起废除。阿多诺对社会依赖的分析为他的社会学的双重性质提供了支持，尽管社会本身继续逃避概念的规定。如何可能考察交换社会的问题得到了进一步的回答，但是这个回答也重申了该问题。

（四）社会整合

1964 年的一次演讲之后，阿多诺的社会学学生请他详细说明他的社会整合概念，他回答说："社会的整合是在日益社会化的意义上生发出来的，社会网络编织得越是紧密，就越是没有……不被……社会或多或少把捉住的领域。"（PETG 106）对于阿多诺而言，社会整合是交换社会的又一个关键方面。它构建起了一个主题语境，在其中，到目前为止所概述的那些考察开始更为紧密地相互连接起来。

1. 整合的衍生物

资本主义是被商品交换关系所统治的。那种确立并维持社会各组成部分之间联系的"普遍性的媒介"就是交换（SoI 188）。通过社会整合的进程，越来越多的社会生活领域特别是个人适应了资本主义社会。最后，集体存在和个人存在的每一个维度都卷入商品交换关系并逐渐遵从它们的原则。[①]

社会整合允许交换原则主宰所有的生产活动（HTS 20，27—28）。生产只是次要地满足需求，它的主要目的是产生利润（CLA 117，HF 50—51）。在阿多诺看来，生产包括一切生活行动。人的存在很大程度上致力于经由

28

---

① 阿多诺这个想法的资格证明在第六章将会成为一个问题。

工作而来的"自我保存"(ND 169，S 147)，甚至业余时间的活动也主要是为生产再创造出劳动力(SDE 101，1941：38)，就拿体育运动来说，体育运动所起的作用在于为工作而强身健体(CM 173－174)。相应地，生产的社会化要求几乎所有的人类活动都必须为了商品交换而调动。通过操纵人们的消费行为和需求，娱乐和广告业促使这个进程服务于可获取利润的贸易(SP1 77－78，另见库克 2004a：26，46)。工业控制着现存的需求，其例证就是野营业务成功地把对逃避家庭约束的普遍欲求转变为对帐篷和野营车的渴求(CM 170)，而且它们"生产出"对消费品的新的渴求(DE 115)。社会整合确保整个人类都被卷入交换关系之中。人们的工作、创造活动、消费、欲求和"最私密的冲动"都根据这个大机器中的作用来得到展开(CLA 117，S 152)。社会化"把人类……化约为商品交换的代理人和承担者"(S 148－149，另见 PD 14)，直到他们完全彻底地("mit Haut und Haar"，字面意思为："以皮肤和毛发")顺从(PETG 112)。阿多诺坚持认为，一种关注"交换原则的主导地位"的社会学超出了"宏观社会学的概念"(SoI 188)。社会整合不让"天地之间的任何东西"逃脱(IS 64)。交换关系结果不仅统治了制度和结构，而且统治了个人的存在，包括其最微小的方面。

　　阿多诺对社会调整的分析从里斯曼(Riesman)的《孤独的人群》中汲取了灵感。里斯曼(1953：17，23)论证说，20 世纪的美国正在见证一种替代，即听命于内心的人被听命于他人的类型替代。听命于内心的人对于世界的应对由一套内在的目标来定位，而这些目标是在家庭权威的影响之下发展出来的。人保持在一种相对稳定的路线上。选择是由一种高度个别化然而又顾及灵活性的性质所引导的(1953：28－32，59－62)。相反地，听命于他人的类型的指导则来源于整个人生中所遭遇到的同时代的一群群他人，而大众媒介正是借此来扮演核心角色的。① 因此，听命于他人的定位

---

　　① 杰内曼(2007：158－161)提到了里斯曼的大众文化解读与阿多诺的文化工业分析的相关性。

容易被社会环境不断重构以确保高度的行为齐一性(1953：32—40，120—　　29
128)。对于阿多诺来说，里斯曼所描述的转变说明，在资本主义社会对个
人"不停地提出要求"的"适应进程"中，"不再有什么所谓的个人……保留
下来……而只有它的意识形态"(PETG 107)。

　　阿多诺继续说道，社会整合让社会对资质进行"冲洗"(ISW 236)。有
一个观念是非常清楚的，这就是，适应于相同社会的不同个人变成了"整
体的微观复制品"(IS 41)。不过，阿多诺的观点要更为具体，他认为，人
们对于交换社会的适应牵涉到一种特别彻底的均质化进程。① 商品交换有
赖于使不同的产品和不同的劳动形式相等价，而等价的方式就是把它们化
约到一个公分母中。社会化允许交换关系把捉住所有的作为生活行动的生
产、所有的消费、个人的需求以及最为私人的冲动。与之相应，当代交换
社会的社会整合蕴含人类生活每个细节的取消、化约以及均质化。在"普
遍的交换关系"中，"一切存在的东西"都只是"为着其他的东西而存在"；
一切东西都必须是等价的和可替代的(HTS 28)。总体交换的理想就是，
"一切为着一切以及……一切存在的东西都只是为他的而不是自在的"。
"压力……发展……与所有的他者相似，而且，一直到最为内在的行为模
式都没有不同，也不显眼"(2009b：153，另见 PETG 111—112)。通过"交
换"，"个人的存在"连同它们的产品和"性能"一起简单地变得"可通约"
(ND 149)了，"生产者和消费者的定性特征"被"漠视"了，甚至人们的欲求
也被夷平为可计算的商业存在物，"他们的社会劳动的抽象可比性"在"他
们的身份的擦除"中达到顶点(S 148)。

　　阿多诺强调了与资本主义社会中不断增长的分工相关涉的社会化的
均质化倾向。根据斯宾塞(1885，1896)的社会结构理论，先进的社会整
合——例如一个个较小的社团在政治上结合成复合物，或者有着相互依

---

　　① 至于根据其他的特别是哈贝马斯的观念来对阿多诺所设想的交换原则的"夷平""物化"效
果的批判讨论，可参见库克，2004a：26—27，44—49 和 2004b。

赖的组成部分的工业社会滚雪球似的向前推进——包含工业分工，这些工业分工对社会生活进行区分以便使之成为一个复杂的有机体，即诸多更不相像的部分的复杂有机体。与之相反，阿多诺坚持认为，"整合的量……抑制了……区分"(SSI 181)。他承认社会整合包含一种严格的分工，也承认斯宾塞的理论可能是适用于 19 世纪社会的。但是，与此同时，工作过程得到了如此精细的划分，它的个别任务得到了如此专门的细化，以至于各项任务被化约到几乎没有区别的脑力及体力的消耗："最后……任何人都能够照料一切。"分工已经造成了社会的"去差别化"(IS 42，另见 CLA 108)。

不过，阿多诺告诫说(PETG 108)，斯宾塞关于整合性区分的想法有益地指出整合并不与社会矛盾的调和同义。整合包含个人对相同的对抗性社会整体的调整适应，个人适应这种支持阶级划分的社会，即将所有个人卷入其中的商品交换关系形成一个整体，工人在这个整体中被系统化地加以剥削。此外，人类乃是向着一种矛盾的社会现实进行调整适应的，其原因在于：一方面这个社会现实由历史中的个人来维系，另一方面它又作为不变的客观性降临到他们头上。整合通过加强物化而加强了这后一种对抗。"物化"这个术语在阿多诺的作品里有多重意思。在这里，这两点尤其重要。

通过整合，所有的产品、它们的生产者以及消费者都被卷入交换关系之中，他们的社会和人的资质遭到漠视，而且就交换价值而言他们变得可通约了。① 阿多诺强调，在资本主义交换中，交换价值被"当作一种自在之物，当作'本性'"(ND 348)。"商品的物神性质"反映了"客观化的劳动"；"人类生产(冻结成产品的世界)这个事实"被"遗忘了"(SDE 173)。相应地，"凌驾于人类之上的交换价值的普遍统治……将主体性贬低为……仅仅是

---

① "交换价值"甚至"统治了人类需求并代替了它们"(PD 80)，参见库克，2004a：44—49，论人际生活的这些物化方面的衍生物。

一种客体"(ND 180)。无论商品还是人类都不仅仅是客体。然而，在交换法则"为所有本质性的社会事件提供客观有效的模型"的地方(PD 80)，人类实际上就把他们的产品推己及人地当作物。"管理人员，"阿多诺举例说道，"把人……看作他根据可用或不可用来评价的客体。"[阿多诺、霍克海默等人(1950)，1989a：137]就像"劳动已经变成一种商品并且……物化了"(CM 169)那样，"人类的物化……客观地发生在社会境况之中"(CM 249)。结果，人类所生活的社会关系就仿佛是物之间的关系，他们"与商品世界联盟……并使他们与其他个人的关系发生物化"(SSI 191)。"由抽象的交换原则所统治的"社会被"剥夺了人类关系的直接性"并"物化了"(CM 120)，这使得下面这种情况得到了加强，即社会生活呈现为客观的而不是靠人来维系的，"社会生活的物化……在一个由交换价值所统治的社会中"致使"人类与一种仅仅作为商品而逐渐凸显出来的现实相异化"(1989：39，另见 SDE 173)。

进一步地，随着社会化把捉住了生活的每一个方面，"人性……在对分别在场的东西的适应中筋疲力尽了"(1961：42，另见 1993c：27)。生活的方面不再反对也不再背离社会规范，人的"能量"全部集中到现存秩序的再生产中(CLA 109)。作为结果，社会尽管只是个人再生产出来的，但是却自动地运转，就仿佛是一种独立于人的客观机制(ND 309－310)。资本主义根据准自然的"社会和经济规律"来发展(SSI 36)，它好像非历史和无变化似的运作。由于人们的总体适应，他们的社会关系变得自主、僵硬、固化、物化。① 因此，对于作为其组成部分的主体来说，社会就好像真的是客观的，并且天生是不变的(参见 GEX 16)。一旦现实的每个方面都"完全为社会的和理性的机制所困"，而且这些机制变成存在着的"唯一现实"，那么社会就发展出了"自然的东西"的"外貌"(IIF 120－121，另见 SSI 443－444)。

① CM 155－156, IS 29－30, 151, ISW 225, P 77, PD 74, SSI 89.

常规的世界是僵化了的历史(INH 261—262)。而更为困难的是认识到，它作为一种历史地生产出来的现状，乃是由集体的人类行动来维系的，并且可能也是由集体的人类行动来改变的。"物化的"制度是"异化的"，它们"作为一种陌生的和威胁的力量"与人对峙(ISW 242—243)，作为一种"异化的社会必要性"的聚集与人对峙(SP 286)。

最后，社会整合强化了社会依赖。随着社会把捉住了个人和社会生活的更多方面——无产阶级和资产阶级——不参与交换社会的功能语境而存活的机会就微乎其微了，"人类于其中可以过一种独立于社会机制的生活的地带变得越来越小了"[阿多诺、霍克海默等人（1950），1989a：124]；"卑微者不再有保持尊严的贫困，甚至也不再有可能退出被管理的世界来越冬"(阿多诺，1991a：119)。在赫胥黎(Huxley)的怪异小说中，一个反乌托邦的"美丽新世界"以"共同体、同一性、稳定性"这些陈旧行话来加以崇拜。阿多诺援引了它(P 99)，但不是为了对未来做出警告，而是为了把社会整合的衍生物烘托出来：在越来越固化的社会中，人们倾向于完全适应由以均质化的交换社会，完全适应社会异化和对依赖的加强。

32　　**2. 整合的进程**

整合的旺盛发展部分地依靠人们的存活对社会的依赖。在"总体性的语境中……一切都必须屈从于交换法则，如果它们不想毁灭的话"(S 149)。这个论证是对霍克海默作品(2004：95—96)中一个类似想法的应和。"调整"，阿多诺指出，"乃是对应于'太少'情境的行为模式"(P 93)。人类同化于社会并拥抱它的技术机构，因为他们"把他们的生活归功于为他们所做的东西"(S 152)。但是，依赖本身并不能够使适应得到理解，"社会所包含的"人们"……依赖人为的条件"(SDE 154)。因此，在社会上有所依赖的个人可以改变，但不会盲目地接受那些决定他们存活的社会条件。可是，在当前的社会中：

　　　　关系……被经验……为自主化的并强迫（个人）去适应。（GEX 23）

　　　　人类不再在那像是靠着秘密裁决而强加（Verhängt）于他们的东西
上认出自身，所以他们准备接受那厄运（Verhängnis）。（SSI 448）

　　　　宿命……落到这样一个事实，即人的状况以及人与人之间的关系
对于他们来说不仅变得晦涩难懂了，而且呈现出这种与人相对的压倒
一切的性质，这是由于他们不再了解他们自己，不再了解人与人之间
的关系。（ISW 243）

　　在异化的条件下，个人认为他们自己依赖于一个超出他们改造能力的
不可避免的社会，所以，他们看不到除适应之外的选择。对“异化的……
制度”的害怕导致“与它们相同一”[CoM 104，另见阿多诺、霍克海默等人
（1953），1989b：151]。社会化的条件是这样两个因素：人们对社会的依赖
以及他们的异化经验，即把这个社会经验为不可改变的。① 这样一来，交
换社会关键方面之间的上述相互联系就变得更为清晰了。当社会依赖和异
化促使整合时，人们对交换原则的调整适应以及他们对资本主义的坚定不
移的再生产，不仅巩固了社会，而且加强了社会异化和依赖。

　　里斯曼（1953：74）注意到，在听命于他人的人的形成中，“父母的角色
在重要性上降低了”。按照阿多诺的看法，从前“在个人和社会之间……进
行中介”的家庭关系正在瓦解；直接把捉“个人”的社会力量正在增长（CoM
464，另见 PETG 106）。阿多诺论证说，由于自主化的社会对个人的统治，
因此社会学在分析社会现象时对心理学有优先权（CM 230－231，270，
CoM 462，SSI 86）。不过，他的整合理论的心理学维度对社会学成分进行
了补充。阿多诺接受了弗洛伊德的（1961：25）命题，“自我设法使外部世界
的影响施加到本我之上……以便用现实原则代替快乐原则”。自我对社会

33

————————————

　　① 　因此，阿多诺对于整合的解释一般来说是与上述他对工人服从剥削交换的解释相一致的，
而工人之所以服从剥削交换，乃是因为他们依赖于而又未察觉资本主义的社会关系。

现实做出反应，检查个人的本能生活并控制个人的社会适应（PETG 147，SP2 86）：“因为……社会化……我们被迫放弃我们的本能——每时每刻。”（HF 75）但是，资本主义社会不再允许强大的自我在这个过程中形成。“个人……要存活下来就只能靠放弃他的个体性，模糊自身与其环境之间的界线……众多的社会部门中都不再存在传统意义上的‘自我’。”（CoM 462）对于阿多诺来说，超我的概念在这里扮演着一个重要的角色。弗洛伊德认为（1961：26—59），自我服从超我的绝对命令，超我充当着一种潜在无意识的力量。阿多诺强调，超我包含被个人“内化”的“社会的……戒律”和禁令，它们为“‘社会化’……的机制”供给燃料（IS 114—115）。① 既然内化为超我的社会约束是无意识的，是逃避主体的批判性分析的，那么它就能够固化为一种几乎无法抵抗的要求。这促进了社会的整合以及社会角色的接受。②

　　这些考察激发了阿多诺对帕森斯（Parsons）的批判。帕森斯（1964：337—338）在社会结构中识别出一个“行为……的定型期望的系统”，它允许行动按照社会的“功能要求”来得到调整。这些“被制度化的角色……构建起”个人的“超我内容”。帕森斯认为，社会系统的“整合”的一个“尺度”就是“内投在平均超我之中的……范型符合于”系统的“功能需求”。阿多诺攻击帕森斯的定理无批判地接受甚至欢迎社会化，并反驳道：“压迫的条件也能够在这样一种超我中合乎规范地沉积下来……平均超我与社会系统的功能需求的符合，即与社会系统自己永存的那些功能需求的符合，在赫胥黎的《美丽新世界》中得到了成功的完成。”（SP1 70）

3. 整合与社会学的双重性质

　　在等量齐观的社会化状态中，如何考察将现实的每个要素都加以概括

---

① 参见库克（1996：51—75）和卡瓦雷托（2007：138—143）分别联系文化工业和法西斯主义对这些观念所做的讨论，以及他们对杰西卡·本雅明（Jessica Benjamin，1977）的早期解释的反驳。

② ND 267—270，279，另见 PETG 150，SP1 79—80，SP2 79—88。

的整合性的社会整体，这对于阿多诺来说是一个有着巨大社会学分量的问题。他仍然赞成描述人们对客观不变的社会的经验。第一，人们与涂尔干所提出的作为压制的总体性的社会相对峙，这种对峙是他们的社会化的一个必不可少的条件。阿多诺把交换社会描写成一种准独立的权威——"渗透"所有的个人——它强行索要均质化，"强迫一种……普遍与特殊的否定性同一"（SSI 186）。第二，整合促进社会的物化并因而加剧了异化。对于把异化以及社会的潜在僵化捕捉为社会整合的主要后果来说，把社会的外表捕捉为一种不变的客体在社会学上是有成效的。涂尔干的社会事实理论以扭曲社会条件而告终，而社会条件实际上只是"变成为"。不过，该理论还是有启发意义的，因为它表达了，在"社会的制度化和物化"的进程中，这些条件已经作为"第二自然"而变成为"压倒性的"了（SSI 250）。阿多诺认为，马克思的"自然规律"是"所谓"，因为它们"仅仅"适用于"资本主义社会"的历史条件（ND 347）。但是，只要"主导性生产关系"被无意识地、坚定不移地再生产出来，并且就像一种自然机制那样运转，那么各种社会成分据以运作的规律就将保持"不可避免……的性质"。此外，自然这个词批判性地道出，甚至凝固为第二自然的作为"推进自然统治"的"人类历史"的最近阶段，也"使得吞食和被吞食的（第一）自然的无意识（历史）永远延续下去"：暴力和苦难（ND 348—349）。

可是，那种将社会视作客观不变的力量的想法也会使人误入歧途。它遮蔽了这样一桩事情，即社会机制是由个人来执行的。阿多诺警告说，在"社会化的形式"被想象为"不可避免"的地方，"人们很容易忘记什么东西是决定性的"：这样的形式是"被人类为人类而创造出来的"（SSI 445）。商品世界——《美丽新世界》的非人性"——"是……没有自觉意识的人类和社会劳动之间的关系"（P 113）。人们意识的缺乏部分地为他们的灾难性整合创造了条件。因此，阿多诺要求社会学把甚至是整合性的整体认作一种由个人——不管有多盲目——生产和维系的历史语境。根据韦伯（1978：4）

35 的看法，社会学的目的不仅在于"对社会行动进行解释性理解并因而……对它的过程和结果进行因果性阐释"，而且在于把社会的星座化约到个体的人的行动中(1978：13)。阿多诺从韦伯的"主观主义的……制度化约"中提炼出了一种含蓄的"真理契机"。韦伯提醒社会学时说，甚至"那些与人相对的冻结了的、客观化的自主条件也是……人与人……之间的关系"(IS 82)，是"人的产品"(S 146)。阿多诺继续说道，马克思努力剥除社会表面上自然的存在：

> 批评所保证的是，已经生成的东西不仅丧失它的自在存在(Ansich-seins)的外表，而且作为历史的产物而公然显露。这本质上就是马克思主义批判的程序……(它)在于表明，每种可以想到的仿佛是自然一部分的社会和经济因素，实际上都是历史地演化出来的东西。(HF 135—136)

相应地，"辩证的社会理论"所考察的"结构规律"——包括马克思的价值、积累和社会崩溃的规律——就是"一些或多或少严格地从整个系统的历史成分中产生出来的倾向"(CLA 112)。既然这个系统是历史的并且是可以被改变的，那么阿多诺告诫道，马克思的"自然规律的假设"不能够"从字面上"来理解。马克思称这些规律是故弄玄虚，它们可以被废除，就像它们应用于其中的社会那样(ND 348，另见马克思，1976：771)。阿多诺同意："通过它们自己的历史性的形式……社会如规律般的规则性在构成上不同于自然科学的规则性。"(IS 147)

阿多诺以在涂尔干和韦伯之间中介而告终(另见杰伊，1984a：101—104；罗斯，1978：82—83)，并且坚决主张交换社会的社会学考察的双重性质。阿多诺坚持认为，韦伯的进路在富于洞见和缺乏远见上程度相当。阿多诺所拒绝的，不仅仅是人与人之间的社会关系能够被详尽地化约到个人的属性中。在当前，社会关系彻头彻尾地掩盖了它们的人和历史的现实。韦伯在社会与同一化和知性相反的地方片面地忽视了社会（S 147），一个异化的社会星座，而使之僵死的就是那种无尽的遵循交换原则的社会再生产出行动。阿多诺认为，涂尔干的社会事实和限制理论的"巧妙"方面在于，它是在这样一个地方说明社会的，即社会"作为某种陌生的、客观化的、物化的东西与我们对峙……明确与理解社会动机的观念相反"（PETG 151）。社会学不能够忽视"人们无法直接将其变成行动"的资本主义的"如同物那般客观化的形式""冻结行动"的自主化"制度"（IS 105）。这些形式也限制社会学把社会译解为一种人的、历史的语境。这样的一种译解要得以成为可能，只有通过相当大的解释努力——而目前一再地不成功。① 可是，与涂尔干相反，社会学对这些限制的承认肯定不会导致它放弃译解社会的尝试。社会学必须保持这两个契机。它必须考虑到在表述异化的努力中出现的一种不变的客观性，以及非常重要的在它如同物那般的运作中的潜在整体。与此同时，它必须设法把这种僵化的整体理解为是由能够改变它的个人的集体历史性地生产出来并维持下去的。这个无所不在的交换社会对概念的逃避正在变得日益明显。

（五）被整合的意识

韦伯（1978：4—24）把社会行动定义为这样一种行为：一方面行动者将意义系于该行为，另一方面该行为由他者的行为所定位。行动者在实施一个行动时越是理性，社会学家们就越是有机会能够凭借他们自己的理性能力去理解行动者系于行动的意义并说明它的过程。阿多诺同意，一个主体能够与另一个主体行动的内部领域产生共鸣。然而，这主要是因为社会化进程已经使得每个代理人的主观思想适应了同样在社会上建立起来的思想范型。它在韦伯方法论中的特权角色突出了下面这一点，即合理性已经变

———————

① 第三章和第五章将会回到这一点。

成了人们进行社会调整的主要"器官"（PETG 16，153－154）。个人意识的
社会整合在阿多诺的资本主义社会考察中是一个至关重要的维度，应该得
到专门的关注。

1. 延伸的同一性思维

社会化涉及个人的全部"生活行动"对主宰资本主义生产关系的交换原
则的适应。阿多诺推测，身心的行动只在历史上分离（CM 262）。两者都是
人类介入物质现实的模式的起源，"甚至在其智性形式中，劳动也是一种
用以提供生活资料的延长手臂"（HTS 22），劳动"和它的材料的……关系"
仍然是思维的"原始意象"（ND 30）。相应地，对于阿多诺来说，劳动和生
活的整合轨迹也追溯到了人类思想的调整。

所以，涂尔干正确地断言，社会的思考是"通过个体的心灵"（1953：25－
26），通过神话、理性和真理（1983：67－68，87－88，97－98），通过主观知
性的范畴（1995：8－18）形成的。阿多诺认为，智力是适应于社会流行的推理
模式的："（意识的承担者）借以被明确地构建为一个认知主体的所有一
切……主宰他的思维的逻辑普遍性，在涂尔干学派看来，都……表明……在
本质上是社会性的。"（HTS 63）就黑格尔的哲学而言，如果历史的驱动力即理
性构建起了个体意识实体，如果历史追求实现特殊意志和普遍意志的统一，
那么作为黑格尔历史哲学框架的世界精神（Weltgeist）就揭示了资本主义中关
于意识的否定性真理。由于社会整合，个体意识当然反映了普遍性。但是，
意识不是协调于而是完全适应于"总体社会化的社会"（ND 309，另见 295）的。
特殊和普遍的联盟已经实现，但却与"哲学的希望"相反（S 152）。社会对思想
进行调整，正如它对全部的生活进行调整："个人盲目地屈从于普遍性。"（PD
78）因此，主观思想也被均质化了。社会调整侵蚀了从事思考的个人之间的
差异，"意识……被抹平了"（阿多诺，1991a：121）。主体"……就像原子那
样……呈现相对的平等、赋有同样的理性……丧失资质"（IS 30）。一切个体
意识都被同化为在社会上得到认可的相同的思想原则。

阿多诺社会学著作的相当一部分集中于主体通过社会化所接受的思维模式。在异化意识的社会起源上面已经讨论过了。我还提及了阿多诺的这个论证，即商品交换要求交换的各方采用同一性思维，使不同的劳动产品和劳动形式成为等价的，并且把交换价值的概念——"一种精神构造"（PD 80）——当作与现实的全等来加以接受。阿多诺在他的论证上迈出了比马克思更远的决定性一步。对于阿多诺而言，社会整合确保所有的人类生活和思想都卷入交换网络之中。结果就是，个人的全部思维始终如一地遵守同一化原则。在当代资本主义中，同一性思维不是单单指导人们对产品的设想，而是指导他们对所有客体和生物的设想。同一化从基础上支持任何这样的思维形式，即使得客观现实的不同要素就单一范畴而言成为等价的。种族分类按照群体的概念界定以及普遍的人类平等观将个人呈现为同一的，这样的种族分类证明了当前流行的同一性原则（MM 102－103）。交换社会"被等价支配……"，"通过将不同的东西化约为抽象的量而使之成为可比较的"（DE 4）。进一步地，同一化原则刻画了任何这样的思维，即把起源于社会主体的智性行动的范畴当作与现实的同一来加以接受。交换价值就是那些范畴中的一个。如果承认特定群体的人们天然分享某些在概念上得到界定的特征，那么这就意味着在精神上执行同一性思维的原则。社会化进程导致主体把同一化当作其唯一的思维模式来加以采纳。

38

2. 智性整合和社会学的双重性质

在阿多诺看来，同一性思维的传播构成了"遍及生活全部的交换关系的延伸"的一个主要成分（1991a：110）。这就使下面这个问题成为合法的了，即社会学如何能够把交换社会当作一种智性社会化的制度来加以考察。个人对于作为一种客观不变的力量的社会的异化经验在社会整合中扮演一个至关重要的角色。相应地，阿多诺认为，个人确乎依赖于一个社会，它对他们显现为绝对的权威，在这个社会的压力之下，个人"弯腰低头地踽踽前行"（PETG 70），不能以别的视角来替换社会所准许的视角。

涂尔干(1995：400)的禳解仪式研究不把哀悼解释为"个人情感的自发表现"，而是解释为"由群体所强加的一种义务"，他的这项研究已经暗示了某种力量，借着这股力量，一种如同物般的整体能够强迫心灵适应(ND 320n)而做出哀悼。涂尔干下面的这个观点也是同样有启发意义的，即认为"逻辑命题"反映了"世代和财产关系的秩序"，而这种秩序正是作为"义务""异化""自身有效"以及"强制胁迫"与个人对峙的(AE 76)。涂尔干的社会学概念"社会事实"以及——尤其是在这个语境中——"集体意识"①描述了一个不断将其"不能穿透的……规范"(SSI 240)强加给个人思想的资本主义社会。社会的意象就是一种强加在心灵之上的客观性，它不仅是一种异化意识的假象，而且指明了一种实际上免除个人抵抗的物化的、固化的、整合的社会。

然而，阿多诺立即批判了作为客观性的社会意象，他强调，吞没意识的条件和关系是由人类自身加以维系的，而且也可能是由人类自身来加以改变的(ND 191)。涂尔干由于阻碍这个分析步骤而遭到批评：

> 在社会习俗所运用的限制之中，甚至涂尔干有关明显使智性现象物化的集体意识的概念也具有它的真理内容，这恰恰在于这种限制反过来不得不来自真实生活进程中的统治关系，而不在于它被承认为是某种最终存在的东西、被承认为是一种物。(PD 63—64)

这段话重复了阿多诺早期对涂尔干的干涉，不过，在思想社会化的语境中，他的干涉也揭示了一种更深的特别是智性的维度。阿多诺不仅强调社会的永存完全是以人类的行动为转移的，而且强调人们依附于社会准许的思维，对于交换关系的再生产而言这是一个至关重要的要求。首先，只

---

① 相关的批判性讨论，可参见哈根斯(Hagens)，2006；罗斯，1978：84—86。

要人们继续把社会考虑为一种他们必须适应的自然事实，而不是考虑为一种可改变的语境，那么他们就不会去改变它。其次，性质不同的产品和个人的成就被同一化为一般的类的样本，这对维持商品交换关系来说是必要的。阿多诺强调说，交换社会需要被简单地理解为包括社会化思考在内的社会化生活行动的产品。意识形态"不再位于基础建筑之上"，它"支撑着整个机制"（HF 119，另见 ND 149，348）。这部分说明了为什么智性社会化在阿多诺的社会学工作中成为如此突出的一个主题。

阿多诺社会学的双重性质出现在他对异化、依赖、生活和思想的整合的分析之中。与交换社会的所有三个主要方面相关，阿多诺强调它表现为一种客观不变的权威，以便突出社会在整合中的物化和僵化。与此同时，他始终坚持，交换社会是由人类的行动和思想再生产出来的：辩证社会学的"工作""恰恰在于，不是把社会的概念确定为一个不变量，而是确定为某种本身动态的东西"（SoI 184）。尽管对阿多诺社会学的更深理解是以掌握它的双重性质为转移的，但是也不能否认，从这种社会学的双重视角出发，社会学家们应该考察的社会条件避开了他们从概念上说清它的努力。

二、本质和副现象

为什么社会分析的问题在阿多诺的作品尤其是他的社会学中如此经久不息？社会的无所不在和持续的难以捉摸无疑是理由之一。这有助于解释为什么他对交换社会之社会学考察的问题和对潜力的探究是如此彻底。阿多诺的探究需要追溯到他 20 世纪 30 年代的现象学批判，在那里，他首次前后一贯地在社会分析中使用了"本质"（Wesen）这个术语。阿多诺对该术语的使用阐明了他的一个观点，即社会学家们应当转向交换社会中的社会生活的细节，并提供有关如何可能译解这些细节的决定性线索。

（一）社会思想中的本质

40

胡塞尔（1983）指派给现象学的任务是：描述纯粹的意识，描述意识对于设定现实而言的各种绝对的、本质的可能性。现实严格地依赖于由意识而来的建构。阿多诺强调说(1940：12)，胡塞尔的进路取决于胡塞尔(1970a，1970b)早期工作中发展出来的"范畴直观"的方法。在那里，胡塞尔打算把握知识的本质原理——普遍的特别是逻辑的真实性——而无须求助于经验心理学。就像对应于语句名义术语的客体被给予知觉那样，形式术语（"并且""或者""如果"等）的理想关联物应当被给予一种非感官的直观行为。阿多诺坚持认为，胡塞尔范畴直观的行为并不能够言之成理。现象学必须预先设定范畴直观应当表明的逻辑原理的真理性(VSI 76－82；1940：15－16)。阿多诺将此认作现象学的典型问题(VSI 70)。有关一种独立于世界的——它反而被认为是依赖于意识的——绝对意识的想法也站不住脚(VSI 64－65，100－108)。这里无法详细说明阿多诺的哲学论证和霍克海默对它的批判中的逻辑步骤(A&H1 423－431)，不过，要紧的是，阿多诺认为，尽管现象学是失败的，但是它的概念无意中提供了对资本主义社会的一种诊断。

胡塞尔的术语"本质"尤其具有启发意义。尽管有关对主观思想进行调整的绝对本质的想法是站不住脚的，但是它道明，甚至所谓"自由思考"也"依赖于情况，这种情况被胡塞尔绝对化，但是却会作为社会的情况而向进一步的分析显露出来"(VSI 90)。阿多诺补充说，后者作为"（个人被）交付于的一种不透明的、无秩序的社会进程"(VSI 112)与个人对峙。同样地，尽管胡塞尔有关一切现实都和观念本质相关的论点是难以置信的，但是资本主义的整合性社会"'系统'如此完全地决定了一切假定个别的客体"——正如现象学的相应进路所认为的那样——"以至于系统确乎能够将每个独一无二的特征读作它的'本质'"(VSI 81)。被动登记的模式（参看VSI 58)道明了一种状态，在这种状态中，完全被改写为"社会产品"的个人只不过是接受"一个毫无遗漏地对他进行统治的世界"(VSI 64)。最后，现象学道说了一种僵化的社会，它看起来好像是一种绝对的、永恒的情

况，它的基本原则所表达的是"人……在其非人性中……完完全全地与人
类生疏了，他无法在其中认出他自己"(VSI 98)。

　　然而，阿多诺忠实于他在社会现实上的双重视角，所以他立即修订了
他的评论。考虑到绝对原理对思维的主宰，胡塞尔"使主观劳动……物化"
(VSI 58)并"使暂时……永恒"(VSI 96)。① 仅仅登记假定本质的方法从一
开始就抛弃了"对(世界的)主张的一种理论批判，即主张成为本质的"(VSI
188)。虽然这对于个人来说并不明显，但是决定思想的权威并不是绝对的
社会，而是当下的社会，因为它是由人类来维系的。它也不是不变的：
"所有意义的可能性条件……甚至形式逻辑意义的可能性条件，都在于社
会的……真正历史。"(VSI 92—93)从这个视角出发，社会也被证明是无所
不在和难以捉摸的。社会分析必须考虑到一种整合的语境，该语境物化到
作为绝对的、没有终止的本质降临于异化的个人的地步。可是——阿多诺
采用了早期马克思(1970：134)的一个公式——思想必须能够"在这些僵化
的条件面前演奏它自己的旋律，以便使它们跳起舞来"(VSI 93)。

(二)最小之物中的社会

　　社会学家们也许会发现阿多诺的一个批判是有问题的，即他批判现象
学使社会生活物化。阿多诺提及(IS 52)但没有讨论像许茨(Schütz，1967)
这样的当代学者的社会学框架，这些框架虽然是由现象学定位的，但它们
更多的是对物化管理的抵制。许茨的另一个关键来源是韦伯，阿多诺被证
明是利用韦伯来反对对社会思想进行物化。阿多诺对现象学的社会学的忽
视令人感到特别迷惑，因为他20世纪30年代对胡塞尔的批判回荡在他20
世纪50年代和60年代的社会学研究实践的考察之中。在阿多诺那里，"本
质"这个术语的使用澄清了他在两个方面所做的思考，一个方面是为了研
究而对社会现象所做的选择，另一个方面是社会学家为了解释它们而采取

---

　　① 阿多诺把思想设想为劳动，这个设想来自霍克海默(1995：28—29，211—213)和松-勒泰尔
(Sohn-Rethel)，阿多诺和松-勒泰尔(1991：13—14)。

的最初策略。

阿多诺认为，无所不在的社会的结构无法被直接把握为一个整体，但必定可以通过社会的特定经验表现来得到考察(SSI 185)。可是，既然整合使得"太阳底下没有什么东西不是社会的"，那么"'天地之间没有什么东西'……不能够从社会学上得到考虑"(IS 102)。"社会学……延伸到每个……可能的素材"(1972：127)，而不是由一种得到划分的研究对象所限定。社会学家们必须不断地搞清楚哪些现象是"在社会上"以及在社会学上"意义重大的"(IS 16)。但是社会学家们无须也不应(IS 19)把社会学的常规重大事项当作它的明显旨趣来加以接受。阿多诺警告说，现存社会秩序所认可的科学重要性的再生产图式也许会妨碍它的批评性审查(MM 125)。此外，对一般认为在社会学上有重要意义的东西的顽固扫视会无视一些社会生活的情况，这些情况看起来好像是琐碎的，但实际上透露了有潜在危险的社会倾向。维布伦——阿多诺在这里的主要参考——有意识地挑出由于其"家庭般"亲密而通常"得到保护……免于……经济讨论"的日常实践(1994b：v)。他指出，表面上微不足道的闲暇阶级的习惯，比如穿着紧身胸衣或者携带步行手杖(1994b：111，164)，表达了一种性别歧视的、分阶层的文化，这种文化是令人反感的金钱上的差别的制度化。阿多诺强调(P 80，另见 76)，维布伦(1994b：155—160)证明，像体育运动这样假定的副现象构成了"暴力(和)压迫的迸发"。

因此，阿多诺提议社会学注意力应进行一种转移，即转移到"社会细节"(PD 110)中那些"显然不合常规的……现象"(IS 17)。阿多诺知道，他之前的一些思想家已经为获取更广泛方面的洞见而处理了短暂的细节，尽管他们这么做的理由也许是不同的。例如，齐美尔(1999：68—70)要求社会学不仅讨论"大器官"(国家、阶级、教会、行会)，而且讨论"组织"，即人与人之间看起来太不重要(Geringfügige)的——无关紧要的、琐碎细小的、微不足道的——相互关系的形式和模式：一个短暂的眼神交流，请求指导，等等。同样地，克拉考尔将社会学和社会批判指向文化的"难以觉

察的表面层次的表达"以及"不被注意的冲动"(1995：75)，指向日常生活的
"异国情调"(1998：29)以及"难以觉察的糟糕"(1998：101)。克拉考尔对阿
多诺的影响将在下一章得到阐明。阿多诺(PD 47)继续说道，弗洛伊德的
"沉浸在细节中"已经获得了"大量新的社会知识"。弗洛伊德(1991：52)强
调，心理分析学家的兴趣在于"现象世界的……渣滓"，在于那些"不值得
考虑的事件"——从口误到错置某物。这些东西被"其他科学当作太不重要
的东西(geringfügig)而撇在了一边"①。最后，阿多诺的"侏儒们的王子"
(VSI 171)就是本雅明。在本雅明的"最小之物中的插值②"里，例如，在
《单行道》(1996：444—488)中，"所直觉到的现实的一个细胞与……其余的
整个世界是一样重的"(NLII 222—223)。③

　　阿多诺要求社会学的注意力转移到副现象之上，但是该要求没有完全
说明为什么这种转移有助于考察社会整体。他对"本质"这个术语的使用给
出了澄清："今天……一件事物本质上(wesentlich)就只是它在显著的胡作
非为(Unwesen④)之下所是的东西；本质是某种否定的东西"(JA 130)；
"本质总已经是胡作非为，是世界的安排"(ND 169)。阿多诺的这几段话说
明，在社会整合的条件下，现实的每个细节都是如此地关涉一个权威，以
至于它看起来好像是被一种绝对本质决定的。阿多诺告诉他的社会学学
生，这就是现象学的"真理要素"(IS 22)。然而，与现象学相反，作为本质
出现的东西实际上是"胡作为非"：不是观念的基础，而是交换社会及其统
治原则的强行安排。它已经决定性地同化了现实的一切方面，以至于它
"在细节上死气沉沉地返回了"。这就是为什么阿多诺认为，"对普遍之物

43

---

　　①　阿多诺(1977：128)把弗洛伊德朝现象渣滓的"转向"视作"正当的，而且这种正当超出
了……心理分析"，例如，适于社会学(IS 17)、乌托邦思想(1960：15)以及艺术(P 251)。
　　②　"值的计算在于一个函数的各已知值之间"(杜登词典，1990，参见"插值"词条)。
　　③　弗里斯比(1985)详细说明了社会现实的断片对于齐美尔、克拉考尔以及本雅明的现代性
考察的方法论意义。
　　④　我用了皮克福德(Pickford)对 Unwesen 的翻译，这个词的字面意思是"反—本质"，并可作
"令人讨厌的东西"或者"害虫"。关于"本质"/"非—本质"，另见罗斯，1978：101—102。

具有决定意味的东西屡屡出现于细节之上"。既然每个"个别现象都在自身之中包含着整个社会"(PD 39—40),那么社会学就能够使那些假定最微不足道的情境和现象与对社会整体的考察相关。阿多诺对个别现象的社会内容进行译解的策略,正如马上就要说明的那样,乃是体现在前面所讨论的他的交换社会理论之中的概念和观念。

因此,阿多诺认为,研究社会细节的社会学家们应当讨论"本质性的东西"(IS 16)。他甚至提出了一种"被管理的世界"的"现象学"(ISW 239)。不过,他的意思是说,"把社会现象解释为对社会的一种表达,就如同人们把脸解释为出现于其中的心理情况的一种表达"(IS 146)。对于社会细节的本质方面的社会学研究有利于进行这样一种辨别,即从这些细节中辨别出一个以依赖和异化为条件的物化的、固化的社会。资本主义无所不包的"生产关系"结果就像"第二自然"那样运作并且"看来像是本质",阿多诺对两种意象都做了阐述(CLA 121)。然而,"社会现象的本质……很大程度上只不过是储存在现象中的历史"(IS 146)。从一个副现象中辨别出"本质性的东西"会把人引入歧途,除非它最终意识到"现象由以形成的各种历史条件,而它……是以许许多多的方式来表达和道明这些历史条件的"(IS 22)。这样一来,为了考察交换社会而对社会细处所进行的解释就只能支持社会学成问题的双重视角了:"总体性……内在于一切之中而无须在通常意义上被拘押(dingfest machen)。"(SoI 192)

(三)最小之物的社会学

战后阿多诺的许多交换社会的考察都遵循了这些社会学研究的建议。它们说明了他选择和解释社会现象的进路,也演示了这种进路在社会学中的多样运用。《最低限度的道德》收录了阿多诺 20 世纪 40 年代的大约 150 篇短文和格言,该书的灵感来自他在流亡中所记录的对日常生活的微小细节的观察。每项研究的顶峰都是对"更宽广的社会视野和人类学视野的考察"。阿多诺解释说,这个过程之所以可能,乃是因为今天"社会本质上是个人的实体"（MM 17）。"想要直接经验生活的真相的人必须仔细查看它的异化形式，那些甚至在个人存在的最为隐蔽的深处也对其加以决定的客观力量。"（MM 15）就这个方面而言，尽管《最低限度的道德》通常被认为是贡献给了阿多诺的哲学尤其是伦理学（例如，伯恩斯坦，2001：40—74；汤姆森，2006：87—93），但是它也可以被合法地解读为社会学。终究而言，阿多诺向他的父母指出，他的书主要是探讨"在垄断资本主义的条件下……'生活'已经变成了什么样子"（2006c：236；另见霍耐特，2005b：178）。

　　阿多诺对步行的观察构成了恰当的例子。资产阶级的个人，"封建时代的散步"的继承者，以一种镇定的步行节奏而著称。闲逛是个人从仪式限制和自然限制中解放出来的信号，这些限制使"合乎礼仪的踱步、无家可归的漫游、屏住呼吸的逃跑"成为必需。今天，奔跑代替了步行。"人们必须朝前看，几乎不能够向后瞥而不绊倒，仿佛是踩着敌人的影子。"阿多诺认为，奔跑的姿势是那些被"得到释放的生命力量"吓坏的人们的标记，他们的恐惧产生于一个与他们对峙的社会，这种与他们的对峙曾经只有"野兽"做过。人们"追赶公交车"就好像他们的生活是以赶上它为转移的，这道出了依赖着看似自主、冷漠的制度的人类的紧张不安（MM 162）。同时，这条断片也强调了随着时间的推移而在姿势上发生的转化，这些转化表明，被经验为威胁性自然的步行的社会条件是历史性的。[①]

　　《杂集》中一篇由类似进路所引导的短文试图道明，社会的依赖和异化如何将个人置于整合的强大压力之下。大约在1951年新年前夜，一份通俗的德国报纸开玩笑地问它的读者，他们愿意生活在什么时候。这个笑话被证明是"几乎太过严肃了"。[②] 阿多诺说道，应答者们非但没有让他们的幻想自由徜徉，反而破坏了这个游戏并宣布——奥斯维辛仍然笼罩着他们——"他们的愿望是保持是其所是"（VSII 567）。尽管在统计上不具有代

45

---

① 参见休伊特（Hewitt），2001：80—82，论这条断片的身体方面。
② 《最低限度的道德》出版后不久，阿多诺的文章出现在了这份报纸上。

表性，就像阿多诺所强调的那样，但回答却是一个有效的整合证明："对
以打压手段给定的东西的强制适应已经发展到了这样一种程度……即使欲求
仍然出现，它现在也几乎不可能克服永远相同东西的重复。"（VSII 568－
569）同化的压力已经粉碎了人们在行动、心灵和精神上的抵抗。不过，知
识分子的宿命论也将强制的整体置于一个模棱两可的视角之中。他们羞于
表达对一种更幸福的条件的欲求，因为他们觉得只有人类才对促成它负有
责任（VSII 570）。

　　社会整合要求个人为了获利而卷入商品交换之中。《最低限度的道德》
试图根据一系列世俗的细节来阐明这一点。一旦一种充满激情的禁欲主义
形式，例如贪婪，被化约为"以等价物来思考"，那么尽管"给予的困扰要
少于人们收受的困扰……但却足以保证人们收受某物"（MM 35）。礼物和
捐赠过去常常涉及旨在别人幸福的努力。今天，给予者仔细核对他的预算
和支出，把自己和别人都看作可计算的价值，并把他们的彼此关系看作物
与物之间的关系（MM 42－43）。计算和直接互换之间的冲突已经得到了解
决：互换现在只是为了防止"弥补花费的交换行为的链条"发生断裂（MM
38）。阿多诺观察到，孩子们是如此地谙熟这些习惯，以至于当他们收受
礼物时，他们的面容表达了他们对"交换原则"的一种"荒谬"破坏的怀疑，
表达了他们对被"哄骗"去买某样东西的预料（MM 42）。

　　茅斯（Mauss）并不怀疑当前商品交换关系的主导地位。但是，除了争
论礼物从来都是自愿和无私的之外，茅斯还坚持认为［1990；另见卡里尔
（Carrier），1995：19－38］，现代社会仍然懂得不可化约为资本主义原则的
礼物习惯。这些习惯起源于一种古老的社会关系系统，在那里，大量举行
的荣誉授予和礼物交换建立起了持久的社会纽带。《最低限度的道德》的写
作比茅斯富有影响的"礼物论"晚 20 年，比阿多诺（A&B 197，212）熟悉的
受茅斯鼓舞的凯卢瓦（Caillois）和巴塔耶（Bataille）的作品晚 10 年，而和他
与霍克海默向茅斯的巫术及魔力理论的请教则是同时发生的（DE 11，17）。

对茅斯的批评性研究加强了阿多诺有关当代交换关系的论证，也让他可以证明他对整合性资本主义中礼物馈赠的诊断不像它听起来那样笼统。

阿多诺继续说，在美国，商品原则已经抓住了最为隐蔽的"人类关系"（2009b：151）。尽管在欧洲还存在着对"是否人类只是被迫进行交换"的怀疑，但在美国现金毫无疑问出于个人爱好而得到了普遍的接受，甚至有钱的父母也毫不内疚他们的孩子们打一份送报的工。所有的"服务"都被当作"交换价值"（MM 195），不过，移民们很快就适应了。阿多诺确信，他在地铁上遇到的女孩之所以冷落他轻佻的微笑，乃是因为她看到他并不拥有自己的小汽车。她拒绝进入看不出有某种潜力的关系之中，这种潜力就是有利可图的交换。"她的美貌"已经变成一个为交易而保留的客体，交易的另一方就是"财力雄厚的老板、忙碌的救济组织、没有耐性的亲戚"："我们不得不为生活支付的代价是，我们必须不再生活、不为一个没有交换和不欺诈的瞬间而迷失自己。"（VSII 586）[①]

《最低限度的道德》见证了一个一切方面都由交换原则所决定的世界。阿多诺强烈地谴责这种情况，但也视之为创造了一种社会学研究的战略优势。在社会整合中，社会的关键方面不再仅仅出现在社会学家们"常规"研究的现象中，也可以从日常生活的甚至最为微小、不合常规的细节中辨别出来。1951 年的某个夜晚，小说家托马斯·曼［收于伯纳德（Bernard）和劳尔夫（Raulff），2003：127］记录下了他对阿多诺的沉思的反应："四处弥漫并且极度紧张。感到囚禁在一个谁也逃脱不了的害人世界之中。"这是对《最低限度的道德》的一种可以理解的反应，这种反应也预示着阿多诺社会研究的一个有问题的方面。根据阿多诺的方法论标准，社会分析应该"把握这样一些事物，它们作为在那里存在（being-there）而在场并且……是在它们的已经生成（having-become）中被自然地给出的"（IS 146）。阿多诺的

---

① 阿多诺写于 1940 年并于去世后出版的《禁止冒险》的梗概属于《最低限度的道德》的语境。

断片经常提到，那些被观察到的习惯已经在当代资本主义中发展起来了。他也频繁地强调，人类自身再生产出了社会关系。但是，他屡屡未能表明，他们可以采取不同的行动，并且可以历史地改变僵死的资本主义条件。这个困境更多地搅扰着阿多诺实质性的社会学工作，而不是他可能引起人们期待的方法论著作。①

47   **（四）物化意识**

"如果……在错误的生活中不存在正确的生活"，正如阿多诺在《最低限度的道德》中所认为的，"那么"，他在 16 年之后强调说，"也就不可能……在错误的生活中存在正确的意识"（CM 120，另见 MM 39）。这个公式是社会学家对社会化思考的特殊兴趣的回响。阿多诺 20 世纪 60 年代的《批判的模式》——标题为《介入》和《标题词》的两本论文及演讲集——处于他最为彻底的社会学探究之中，这些探究针对他称作"物化意识"②的东西。物化意识属于一个面对明显客观的社会世界的主体，它的思想遵从资本主义社会的智性常规，特别是同一化原则。物化意识无法为了事实真相来自主地经验什么，因为它承认生硬化约的分类是自然有效的、适于现实的。它的智性运作仿佛客观机制那样运转，它倾向于将世界视为许多可分类的事物。③

在阿多诺看来，对于智性现象的探究是一种社会学的努力，而不是纯粹哲学的或者心理学的努力。首先，异化和同一的思维模式构成了再生产资本主义社会的力量。其次，阿多诺给出了他的意象的另一种变体，"太阳底下没有什么东西……由人的智力和思想所中介……却没有……在社会上得到中介"（IS 15－16）。物化意识与主导性生产关系联盟（VSI 253），思想"满怀着……社会整体"（IS 16）。因此，对智性现象的社会学考察可以同

---

①   参见第三、四章以及结论。

②   该术语起初是卢卡奇的，1971a：93。

③   CM 25，32－33，108，119－120，222－223，252－253，IS 149，PETG 212－213。

时支持对交换社会的考察。

与阿多诺选择社会学研究现象的策略相一致，许多批判的模式集中于微小的智性副现象。阿多诺的资源包括日常学术生活的评论、飞快声明的态度、大众文化的摘录、他在报纸和谈话中碰巧发现的单个概念和词汇——一系列"转瞬即逝的场合"（CM 3）以及"多少有些随意选择的标题词"（CM 126）。通过仔细查看它们的社会维度，阿多诺努力发掘"一种相同的胡作非为，它是每个特定之物所依赖的"（CM 3），因而能够"每天都被粗鲁地经验到"（ND 295）。

在一个现象学的讨论中，阿多诺提到了"对智性的事情或事实的相面术扫视"（ND 89）。阿多诺也在他的社会学著作中使用"相面术"这个术语，在那里，相面术意味着，分析看似孤立的各个现象的轮廓以及它们之间的隐蔽关系，以便研究决定它们以及它们彼此联系的潜在情况。相面术是对作为"社会结构的表达或表现"（1938：17—18，另见 CoM 60—74）的表面现象的研究。胡塞尔关于一种投入思想的"本质"的概念强调，智性现象充满固化了的力量，思想主体将这种力量经验为绝对的，而社会学家们能够从那些现象中提炼出这种力量。不过，阿多诺的智性副现象的社会学相面术却拒绝将它们归因于不变的力量（CoM 82—83，P 63）。"社会学相面术"意味着"在呈现为单纯存在者（ein bloß Seiendes）的东西中知觉已经生成的东西（das Gewordensein）"（IS 146）。阿多诺对社会的僵化保持警惕，尽管如此，他关于智性副现象的研究仍然旨在把物化意识当作一种集体的思维形式来加以发掘，这种集体的思维形式属于人类所维系的资本主义社会条件。

"哲学和教师"阐明了这种程序模式。这篇文章记述了阿多诺对他的一些哲学应试者们的观察，即观察他们对他们的课程和考试的智性反应：他们竭力打听考试程序和规则；一位抱负不凡者错误地在活力论和表现主义艺术之间进行联想，她不能够从事超越于最低要求之上的哲学；倾向于随意地运用时髦的存在主义概念来逃避各种难题；频繁地重复询问学生们是否可以、应当、必须使用二手文献(CM 25—28，32—33)。这些例子所具有的共同点是，应考者们不加批判地信赖着常规范畴——"覆盖、规定、轨道"——这些是物化意识所特有的(CM 25)。学生们的心态见证了人们对一种压倒性的"结构"的依赖，这种结构"把自由的可能性化约到最低限度"，使他们"感到……无能为力"(CM 34)，并且促使他们放弃他们的自主意识并把它同化于整体。不过，阿多诺补充说，社会的结构性成长恰恰是由个人生产出来的，这些个人根据"强迫性的墨守成规"来思考，普遍地接受现成可用的"分类"而不考虑具体问题，并且没有对如其所是的现实提出挑战(CM 27)。

为了"无须……笨重的哲学思虑"而进一步"说明……物化意识"，阿多诺讲述了他在与他的一位研究同事交谈期间所做的观察："她……以一种十分迷人的方式问道，'阿多诺博士……您是一个性格外向的人还是一个性格内向的人？'好像她……正在……根据来自问卷调查表的多选问题的模式来进行思考。她可能将自己归入这样一些严格而且限定的范畴之下了。"不经意的问题揭示了同一化的轮廓。阿多诺的同事能够严格遵照流行的范畴把人类看作等价的东西。既然同一性思维是"被总的社会倾向培养出来"(CM 222)的，那么它的出现反过来突出了智性社会化。与齐美尔和弗洛伊德相应和，阿多诺的方法论著作重申了不经意陈述的态度、短暂的姿势和非正式交谈的社会学潜力。对 *verschwindend Geringfügige*——即看起来如此无关紧要以至于即将从视野里消失的东西(SSI 194)——的译解允许社会学取得看待潜在社会整体的有益视角。

阿多诺以同等的决心追踪他"随意选择"的"标题词"。在这些标题词中就有"积极接受的公众意见的概念"。阿多诺说道，意见是具有物化意识症候的同一化：声称主体客观真实的习惯想法(CM 105—106)。意见的增殖和顽固透露了一个异化的、日益难懂的社会，这个社会使得个人不顾一切地渴望智性定位。"(意见)欺骗性地移除……主体和从它身边溜走的现实……之间的陌生。"(CM 110)个人"与事情没有真正的关系"，"畏怯于它的陌生和冷漠"而满足于再生产出社会的"冻结的"意见(CM 120)。阿多诺承认个人对客观的、自主的、压倒一切的社会的经验,但是他也设法去挑战它。在拷问主导性社会秩序的诸智性形式上的无能为力,恰好促进了它的永存和固化:"任这个人们于其中寻找他们地点的世界如其所是的人肯定世界是真正的存在。"(CM 121)

阿多诺1967年就他在一则讣告中碰巧发现的乌若咪(Uromi)①——对曾祖母的一种常见的德语称呼——做了概述,这个概述表明,看起来最为纯洁清白的标题词能够产生出最为令人不安的洞悉。乌若咪这个"适用于爱的公式"不单单令逝者蒙羞。这个让人想起一个"公司首字母缩写词"的概念已经把活的女人当作是死的物了。治丧亲属们怀着最为良好的意图来使用乌若咪,但这个事实仅仅证明,智性现象背后的社会力量已经变得何等得坚不可摧、难以辨认和无法抗拒(VSII 571)。

阿多诺的批判模式进一步强调,交换社会的特征可以从社会生活的每个细节中辨别出来。阿多诺对智性副现象进行了仔细查看,这个查看既注意到了物化意识也考虑到了潜在的社会语境。与他的社会学的双重性质相一致,阿多诺的文本强调了一种固化的社会,该社会把个人经验异化为客观的、不变的、自然的。但是,阿多诺也再三试图强调:一方面,个人本身在其所行所思中无论如何自动地再生产出了社会整体;另一方面,社会乃是一个历史的产物。社会学继续面临着一种进退两难,这就是,它主要关注的交换社会虽然是无所不在的,但却是抵制概念化的。对于阿多诺在这个问题上的进路的理解取决于一种更加深入的探究,即探究他对社会生活所做的理论分析。第三章和第四章的目标就是这样一种探究。不过,首先需要更加密切注意的是通过直接观察来获取社会学材料的问题。

50

---

① 收于《杂集》。

第二章

社会学的材料

有一种人们熟悉的看法，阿多诺的思想是在理论上得到驱动的，而
"直观(Anschauung)扮演了相对次要的角色"[戈伊斯(Geuss)，2005：50]。
从诸如《启蒙辩证法》《否定的辩证法》和《美学理论》这样的著作来判断，这
一点也是明显的。把注意力转向阿多诺的社会学作品并不会彻底驳倒这个
判断，不过，它激起了对问题更仔细的观察。阿多诺有关对交换社会的社
会学考察的问题和潜力的作品，既讨论了它们的理论维度也讨论了它们的
经验维度。到前一章末尾，这两个维度都出现了。下一章将转向理论的解
释，而在此之前，有必要勘探一种粗糙崎岖的地形，这就是阿多诺社会学
的经验领域。

一、饱和的社会学

阿多诺坚决主张，交换社会的社会学研究需要取自经验观察的事实材
料。那种认为他"不是经验研究的拥护者"(哈根斯，2006：228)的论点是有问
题的。的确，正如第三章将要阐述的，阿多诺认为由对社会生活的观察所建

立起来的见识是不值得信赖的。他将与经验世界的直接遭遇称作原初的——基本的、起始的——反应(CM 221，SDE 52—53)，而把经验观察的产品称作"原材料"(SSI 511)或者"简单的社会材料"(IS 85)。尽管如此，阿多诺 20 世纪五六十年代的社会学—方法论工作提出了对社会学材料的一种明确要求。使阿多诺社会学的经验领域难以捕获的东西乃是他的一个偶尔失衡、有时模糊的忠告，即关于社会学观察如何能够最好地安置经验材料的忠告。

(一)对材料的要求

阿多诺警告说，经验观察不能够产生对现实的值得信赖的表达，不过他的这个警告并没有压制他对经验材料的要求。不"对"事实内容进行反思的社会学"反思"(IS 109)是"空洞的"(PETG 25)。事实也许是"外表"，但是社会只能通过它的特定显现来得到考察，而"普遍的东西并不能显现自身……除非是通过事实"(SoI 184，另见 PETG 84)。因此，社会学不能够单单依靠理论的构想，而是必须处理"具体契机"(IS 17)以便"使自身被材料饱和"(PD 76)。"辩证社会学"不是一个"自我满足的思想系统"(SoI 184)。对社会现象的原初知觉，保证经验内容的"原初获得"的直接观察(IS 109)，乃是社会学必不可少的。

盘旋在"质料之上"的纯粹理论的社会分析，阿多诺解释说，"预先提供了人们由于材料而面对的任何问题的答案"(IS 109)。预定的答案通常不能说明对社会生活的观察所确立的材料的种类和细节。一种"逃避事实"或者"使它们……满足某个预先构想的论题"的社会学将会"陷入独断论之中"(CLA 113)。因此，"通向本质的脚步"不应当"踏……在那些从外部带给现象的固定概念的基础上，而是从现象本身之中"(SSI 485)。社会学必须使自己沉浸于事实材料之中，保持与事实材料的"最紧密接触"(IS 51)，并且经历对照事实材料的"不断的自我反省"(PETG 179)。

阿多诺的认识论沉思简单地肯定了经验资料对于认知的重要意义。与他的智性"行动"的设想相一致，阿多诺断言思想正在某物上劳作(ND 178，

52

201)。这使康德的(1999：193)一条格言变得更加重要了，即"思想没有内容就是空洞的"。阿多诺认为，消除事实材料的反思实际上是空虚的(ND 214)，它们蜷曲在冥思苦想之中(CM 130)。涉及经验内容的思想是有成果的思想，尽管这些涉及有待拷问，"主体的内部深度只在于外部知觉世界的精致和丰富"(DE 155－156)。

"无论何时，只要(哲学)能控制住自己，"阿多诺接着说，"那么它就要把历史地存在着的东西当作它的客体来加以处理。"(ND 141)哲学也必须"使自己沉浸于……材料内容"中(CM 134)。由于贬低知觉的材料"契机"，现象学成为独断地不愿意处理内容的典型，后退到思想之中去的典型，"无风险"而"非强制"的智性练习行为的典型(AE 149－151)。这并不意味着哲学家必须查阅档案或者从事人种学、调查和实验。脱离"原初"历史遭遇的历史哲学当然是"愚蠢的"(HF 21)，并且可能得益于对社会学"材料"(1977：130)的考察。但是，哲学中存在着满足这个要求的具体方式，因为概念本身就是材料。通过密切结合概念和文本，哲学能够在材料上使自身饱和，这部分地说明了为什么阿多诺的哲学如此坚定地集中于克尔凯郭尔、胡塞尔、黑格尔或者海德格尔的著作。甚至《否定的辩证法》的有些部分，主要是对阿多诺的哲学"程序模式"(阿多诺等人，2003：555)的"辩护"，也旨在以这种方式获取内容。

知觉的"纯粹直接性"在美学上也是必不可少的(阿多诺，1999：69)——尽管它并不满足审美经验，并且若无随后的反思便可能是没有批判的、令人误解的(参见 1976：50－51)。真正的音乐经验要求一种突然被征服的契机，如果解释把这个契机清除掉，那么就得为个体作品本身辩解了(GS 15－192)。为了阐明知觉的身体成分的审美意义，阿多诺写道：

> 只有当声音"大过"……个人以致他能够随着进入大教堂之门而"进入"声音之门时，他才能……意识到与总体融合的可能性……"进

入"一首交响乐意味着……把它当作围绕着人们的某样东西来加以聆听。(1979：118－119)①

同样地，在"槌子键琴奏鸣曲的第一乐章，B 调片段之后，当主旋律以低音升 f 调爆发时"，出现了"贝多芬的最伟大片段之一。它具有某种特大的东西……通过这种东西，与个体身体的比例被完全废除了"(1998a：65)。

阿多诺得出结论说，社会学有着一个重要的经验维度(SSI 538－539)。交换社会的社会学考察当然依赖于一种社会理论，但是它们也要求——事实上必须使自身沉浸于——有由社会生活的观察所获取的社会学材料。通过跨越理论研究和经验研究之间的界线，阿多诺的社会学对社会科学中的分工采取了一种不妥协的立场。阿多诺明白社会守卫着这样一些边界，但是社会学家们不能够简单地服从它们。

(二)获取材料

这些考察提出了一个问题：对社会现象的经验观察应当如何来获取经验材料。阿多诺就这个问题提出了讨论，但是却没有提供许多确定的指导方针。从他以后这个论证开始是有用的，即经验研究不必与方法指导的研究同义，因为使用经验方法的观察对于确立社会学材料来说并不必然是最为合适的观察。② 然后就有可能详细地说明他对由现象定位的一种观察模式的论辩，并有可能勾画他对收集资料的其他方式的建议。

阿多诺对非常经验的社会研究的主要批评在于，它使自己与理论分析隔绝开来，因而无法处理那些不能在经验上被决定的社会条件。这也许会

54

---

① 尽管"吸收"的概念在阿多诺的工作中有着广泛的意义范围(参见谢拉特，2002：165－168，194－225)，不过在这里，"交响乐的吸收"意味着被身体感觉所征服的直接知觉。审美接受的"最原始事实"就是艺术作品"与人的身体的比例"(1979：117－118)。

② 阿多诺(AE 154)看起来是在"经验的"这个词的康德式(1999：155)意义上来使用它的：它描述了一种"直观……这种直观通过感觉与对象相关"。德语的形容词 empirisch 仅仅意味着"(产生)于经验，观察"[杜登(Duden)，1990 s. v.]。

使人忽视他对某种经验研究的怀疑，即怀疑这种研究在满足社会学的经验任务上的可能性。阿多诺的后期作品尤其包含了若干批评性的段落，这些段落批评某些经验方法被严格地运用于潜在的限制与社会现象的遭遇，而方法按照道理应该是帮助社会现象获得社会学的材料的。尽管"经验主义者……对经验资源的强调"的目标乃是一些不被智性的先入之见所直接耗尽的洞见（MCP 141），但是阿多诺认为，"最谦卑的理性"能够预期材料的结果，在那里，观察贯彻经验的"控制措施"（GS4 297）。

首先，方法的运用有把观察的视域化约为它们预定的范围的危险，而把超出其外的现象的材料元素弃在一边。阿多诺宣称，在访谈、调查以及问卷中，问题经常是十分严格地规定的，它们所证实的仅仅是，"贫民区患结核病的百分比高于派克大街"（GS4 297）。一个较少论战性的段落说道，很大程度上允许受访者决定谈话过程的"自由访谈""问题图式""根据指定的回答类型而完全图式化的问卷"这三者形成了一个连续体，这个连续体朝向一种更加狭窄的经验范围，并且最终使观察不能够注意应答者的任何"自发的反应"（GS9.2 334－335）。《群体实验》的作者们指出，甚至资本主义被同化的、均质化的个人在某些问题上也仍然有"含糊的""分化的""波动的""摇摆的"和"矛盾的"意见。如果研究者们严格运用被规定的访谈图式、"调查程序"或者"多选"式样的问卷，那么这些意见就有被无意中听到的危险（GEX 27－28）。依靠"清晰明了且毫不含糊的"范畴的僵硬的工具运用冒着一个风险，这就是，允许方法"通过它自己的规划"去"决定客体是什么"（PD 73）。事实上，在许多经验的社会学研究中，"经验""与这个概念曾经意味的那种开放的丰富性相比是如此地受到限制，以至于最终只有方法论所修剪的东西，适应于它的东西，才能得到表述"（SSI 185）。阿多诺抨击说，"对更加狡猾的方法的……专注""古怪抛光的……讲究方法的器具"以及"最先进的数学设备"，这三者与"结果的彻底缺乏以及无关紧要"相一致（PETG 175）。一些社会学家据说"服从方法的首要地位而不是质料的首要地位"，而且这种服从达到了这样的地步，即现存的方法不能够处理的现象统统被排除在了考察之外（PD 109，另见 GS9.2 358）。其他一些社会学家则让"对于证实或者证伪一种可用方法的兴趣"来决定他们研究什么，而不是让确立对社会生活的全新见识的目标来决定（PETG 167）。阿多诺的社会学焦点向"不合常规的"现象的转移也许刺激了他对这样一些方法论限制的担心。

其次，对于阿多诺来说，就"把现象化约为……一个个单位"而言的"自然科学（的）……胜利"（PETG 28）恐怕不是社会科学中的胜利。阿多诺设法应对社会生活的细节。由于种种原因，他批评"有些研究一再简单地运用……既存的研究工具，或者……把相同的工具运用到素材的不同问题或区域上"（IS 20）。其中一个原因看起来就是，在几个不同经验现象的观察中所使用的相同方法也许会降低这些观察的能力，即注意现象的各种材料的能力（参见 A&K 411－412）。"甚至在电视荧屏前"，阿多诺评论说，"个人"和他们在观察下的反应也不等价于"原子"和它们的行为。毋宁说，在相同工具运用于不同情境的地方，对意见和反应中细微差别的观察灵敏度是受到限制的。因此，正是指向不同"个人"的问题的"普遍性"和"有限范围""预先准备了要被查明的东西——要被研究的意见，而这种查明所借助的方式就是，它变成了一个原子"（PD 78）。比如，"图式化的问卷"所确立的"材料"是"可量化的"，但是它也被限制为"从个人的东西那里抽象出来的资料"（GS9.2 334－335）。相应地，阿多诺拷问了一种优先权，即将"量的知识"凌驾于"经过提炼的、差别对待的"定性进路之上：量的知识满足"数学的严格性"、"可靠性"和"普遍化"的标准，而定性进路的目标则是单个案例上的"大量特定的、具体的见识"以及"详细的信息"（IS 74）。① 有时候，"落于经验社会研究中的材料"②是"抵制根据……

56

---

① 这一点体现了阿多诺对音乐学的要求："任何做出判断的人都必须直接面对个人作品结构的不可替代的问题和对抗，对于这些东西，一般的音乐理论没有教，音乐史也没有教。"（1973c：8）

② "落于（Fall to）"是对 zufallen 的翻译。而 Zufällig 的意思是"偶然的"。在阿多诺那里，概念上不可耗尽的见识乃是偶然的见识，这样的见识最使他感兴趣（MCP 141，参见 SSI 496）。

已制定的方法对它们所做的准备和评价"的。这是由于"社会学问题的特定的质",阿多诺推测说,"这些问题没有不间断地适应数学的、自然科学的程序模式,就像假定在那里人们坚持社会学方法论的严格发展那样"(GS9.2 395)。阿多诺关于经验研究方法的许多评论都发展了他对社会分析的更为一般的批判,在这些社会分析中,"严格的规定"优先于实质内容(SSI 263)。

我得赶紧补充说明,阿多诺对研究方法的评价是很难从总体上来把握的。正如我马上就要详细说明的,他常常赞同地评论某种由方法所引导的研究,并且自己偶尔也使用权威认可的策略。无论如何,上面的批评所揭示的乃是阿多诺在其职业生涯中自始至终保持的一种确信:经验社会研究不会被由方法所指导的研究所耗尽。阿多诺用以下这个论证为经验研究做了部分的辩护,该论证就是,高于事实的社会学将独断地略过事实的多种多样和细微的差别。类似地,他担心,由预先确定的方法所驱动的经验研究会以内容为代价而屈服于方法的限制。方法潜在地缩小了观察的视域以及——尤其是当它被运用于不同的现象时——它对经验的细枝末节的灵敏度,并且限制了社会学材料在细节上的宽广性和丰富性。

阿多诺对经验社会研究的进路始终如一地贯彻着一种确信,即只有一种途径可以避免方法上的这种双重问题。阿多诺特别不相信抽象的方法,这些方法是独立于个别社会现象的模型,并且又在后来被运用于个别社会现象(1976:vii,IS 84):"一种真正的方法……毫不松懈地……通过它与质料的关系来反思自身。"(PETG 175)要获取完整的社会学材料,包括现象的具体经验细节,社会学家们就必须根据得到审查的现象来不断地检查并调整他们的观察程序以及资料收集过程(IS 69,73)。阿多诺强调说,克拉考尔有一点是正确的,即他通过"与(现象)的最为紧密的接触"来知觉当代文化,而不是通过"给它们贴上社会标签"来自上而下地迅速处理它们(VSI 195)。阿多诺在德国社会学学会的同事,埃尔温·朔伊希(Erwin Scheuch,

1969：154)认为，社会学研究应该严格地待在它的工具的界限之内。阿多诺反击说（IS 72，另见 20），不管社会学家们如何忙于经验材料的确立，"方法"都"必须处于与素材的活的关系之中"，并且"必须……从素材中发展出来"。

相应地，阿多诺没有概括地论述一套套普遍可用的研究方法，他对于观察社会生活的积极建议读起来甚至可能多少有些含糊。不过，在两个分开的语境中变得明朗的一点是值得强调的，而且也可以根据阿多诺的思想资源而得到提高：个人与社会现实的私人遭遇有潜力去加强社会学获取社会学材料的努力。

阿多诺认为，从事研究的技师们仅仅通过"先已存在的方法"（IS 21）来知觉社会现象。他们代表着一种惊人的趋向：

> 生产系统已经……使身体习惯于社会、经济、科学的机构的运作，这样的机构越是复杂和灵敏，身体所能得到的直接经验（Erlebnisse）就越是贫乏……大众的退步……在于没有能力用他们自己的耳朵去听那些还未被听到的东西，用他们的手去摸那些先前未被把握的东西。（DE 28）

相反地，"自主的"研究者们一直在通过他们自己对特定社会现象的见解而发展他们自己的"问题（、）……技术和方法"（IS 21）。观察程序的这种不断再调整所创造出来的机会，较之任何预先给定的、严格运用的方法所能做的而言，可以记录社会学材料的更多"开放的丰富性"——涉及广度和细节。

阿多诺的主要参考又是克拉考尔。阿多诺写道，克拉考尔不是把"经验"发展成一种"方法"，而是"决心仅仅思考他可以用实质内容来填充的东西，思考对于他来说已经在人和物中变得具体的东西"（NLII 60－61）。阿

多诺(NLII 60—61)强调说，克拉考尔(1998)1930 年有关白领工人的研究
"试图……以一种有计划但是非体系的方式来平衡两样东西，一样是对经
验的要求，另一样是对有意义的结果的要求"。克拉考尔"使用……访谈
(Interviews)，但没有将访谈图式(Befragungsschemata)标准化；他灵活地
贴紧谈话的情境"，调整他对现象的进路。阿多诺把克拉考尔的"程序"和
当时在美国出现的"参与观察者的"程序联系在了一起。弗里斯比(1985：
161—162)反驳说，克拉考尔在方法论上非传统地研究甚至抵制这种比较。

58　　事实上，在阿多诺的相识者中，参与研究的先锋是维也纳社会学家保罗·
拉扎斯菲尔德(Paul Lazarsfeld)。拉扎斯菲尔德 1933 年的马林塔尔(Mari-
enthal)研究所涉及的一种"社会地理的实验"具有定量和定性的方法，尤其
是参与观察和访谈，它们用于收集一个低等奥地利村庄中有关长期失业的
经验资料。拉扎斯菲尔德[雅霍达(Jahoda)等人，1975：11]把他的更讲究
方法的实验从"日常生活的偶然观察"中划分出来，而日常生活的偶然观察
在此之前大量地充斥于德国社会学。拉扎斯菲尔德大概已经把克拉考尔的
工作看作与社会学密切相关了。克拉考尔的小册子——这部分地说明了为
什么它对阿多诺具有影响(参见 A&K 207，218—219)——主要通过个案研
究确立了它的各种各样的经验细节，这些个案研究的基础是作者自己与人
际及语言行为、社会材料环境、谈话还有文本的直接遭遇。

　　阿多诺还强调了本雅明作品在经验上的丰富性，并把他比作"一种将
给养聚集于其面颊上的动物"(VSI 176)。本雅明坚持认为，尽管被直觉到
的现实与真相并不一致并且要接受审查，但是解释必须从内部来破译经验
现象，而不是以外部的手段来接近它们。[①] 思想不能够简单地遵循一条演

---

　　① 例如，本雅明拒绝把预先给定的范畴运用到艺术作品上去，因此，他避开了卢卡奇
(1971b：13)所说的 20 世纪初美学中的一种趋向："在仅有几个特点……一个学派、一个时期等的
基础上形成普遍综合的概念，然后借助从这些普遍化到个别现象的分析的演绎来继续前进。"这种
程序有逼迫艺术作品"进入概念的紧身衣之中"和"歪曲它们"的危险。

绎之链，而是必须反复地打断自身并回到现象的甚至最轻微之处（1998：28，32—34，44—45；另见阿多诺1995：65—71）。阿多诺说，本雅明并没有通过纯粹的思想来构建一个体系，而是连续不断地根据材料来形成他的观念，"毫无保留地……服从"不同历史现象和文学现象的"材料层次"，以便从它们内部把握它们的真理内容（NLII 225，另见 VSI 169）。本雅明思想的丰富材料源于主体自己的观察，这些观察保持着对经验细节的高度灵敏性，并保持着一个宽广的视域。根据阿多诺的看法，本雅明追求与材料的紧密接触，简直就是"与材料的身体接触"（NLII 221）。他赞同本雅明对细枝末节的关注，这种赞同已经有所提及。例如，本雅明的关注明显地体现在《单行道》（1996：444—448）中。在悲悼剧研究中，本雅明（1998：57）认为，"素材的整个范围都应当得到公平的观察"。"整个世界，"阿多诺评论说，"对于本雅明来说变成了一个文本，这个文本必须得到译解，尽管那密码是未知的。"（NLII 225）本雅明"毫无保留地沉浸于这林林总总之中"（P 241）。

个人与社会现实的私人遭遇的经验潜力可以从另外一个角度来突出。在阿多诺看来，知觉既包含现实的概念重构——这在下一章将变得更加清楚——也包含感觉。在感觉中，知觉保留着一种"身体的感受"（ND 193—194）。这种"身体的"契机作为认知的"焦虑"回荡在认知之中（ND 203）。感官资料刺激认知并为思想的生产力提供养料，认知需要一个顷刻，在这个顷刻中，"思想毫无保留地向压倒性的印象放弃自身"（DE 156），知觉的身体契机的加强就是身体的疼痛（AE 155）。

阿多诺警告说，"没有人们可以指着并说'瞧——那就是社会'的孤立的感官资料"（IS 35—36）。不过，他否认知觉根本不能够捕获社会的一点儿东西。阿多诺承认以前曾经忽视了某些契机，在这些契机中，"个别现象"使得初步的、贫乏的但在社会学上相关的对整体的知觉成为可能（IS 49）。这些具体的例子也许可用作"社会……的直接索引"。更为特别的是，存在着这样的情境，在其中，人们可以"在他们的皮肤上……感觉到社会"，[1] "在他们自己的身体上"，直接地"观察"和"感觉"社会。另外更为特别的是，社会使得它自己在个体痛苦的情境中被感觉到。"在社会产生伤害的地方，社会是直接可知觉的。"（IS 36—37）在"抵抗"的情境中，社会作为特别冷酷的东西与人对峙，人们"陷入黏性的团块中"（IS 50）或者"撞在砖石的围墙上"——比如想要借钱，却"在一种明确、自动的方式中十次或者二十次地遭遇到一个'不'"（IS 36）；求职者"咬在花岗岩上"并"最终不得不做某些根本不合（其）意的事情"。或者，更为严重地，经验到歧视和"破产"的威胁——人们开始感觉到凝固的社会整体。在被"客观趋向所控制"的那些痛苦情境中，个人能够拥有与社会现实的社会学相关的"直接"知觉（HF 17—18）。对于那些必须做他们不想做的事情的求职者来说，被迫适应全能的交换原则以及"在市场上""出卖"自己乃是直接可以注意到的（PETG 98）。当然，与资本主义社会的基本对抗并不能够使它的关键方面变得显而易见，更别提完全透彻了。不过，直接的遭遇构成了社会学的一个有益的经验资源，而这些遭遇的身体契机正是被社会现实痛苦地加强的。阿多诺为了强调这一点，考虑到了个人自己的、私人的知觉。[2] 在克拉考尔的经验丰富的社会学中，痛苦——"固体物"的"碰撞"——"进入思想里面……以未被歪曲的、不加减缓的形式……克拉考尔看起来……是一个没有皮肤的人"（NLII 59—60）。

在克拉考尔的白领工人研究的 27 年之后，阿多诺在他的著作中承认，由于他们的方法论构造，许多研究要求团队合作（统计员、采访者，等等）。然而，阿多诺——他自己一度卷入合作研究之中，正如将要说明的那样——

---

[1]　这段话中所说的身体的独特作用使得官方的翻译，"关于社会的接收端"，变得有问题了（IS 36）。

[2]　通过提及威胁性的歧视经验，阿多诺意指他自己 20 世纪 30 年代初与盖世太保的对峙（ND 296，另见缪勒-多姆，2009：178）。

并不确信团队合作的价值。它的分工、研究步骤的相互控制以及团体调整，据说使研究"成为流线型的"。团队合作"磨掉"了具体见解的"边缘"，它摈除了个人已经知觉到而又并未在概念上预期的任何东西(SSI 494－496)。这与阿多诺坚持的以下这点相一致，即他坚持认为，他们的优点使得与社会现实的个人的、私人的遭遇对于获取社会学材料来说成为有所裨益的，甚至是必不可少的，"正如与普遍中介的社会面对面那样，关于后者的仅仅基于个人直接经验——直接的，正是在当前科学理论的记录语句①的意义上而言的——之上的论题也许变得有问题了：没有最初的社会学经验的契机，见识就根本形成不了"(SSI 185)。

二、寻找材料

在阿多诺最早的学术作品中，他20世纪20年代(GS1 7－322)对事实材料的认识论研究并没有扮演重要的角色。阿多诺早期的美学思想的确关注了经验现象，即音乐和文学，但——正如他在回顾中所诊断的那样——他反复说的是艺术中表现的心理学方面[阿多诺和贝尔格(Berg)，2005：59]。与此同时，阿多诺开始接触几位社会思想家——齐美尔②、布洛赫、卢卡奇、本雅明。阿多诺回忆说，这些非常不同的思想家都决心要处理经验现实的问题。他们"这一代人……的工作摆脱了当时占主导地位的……形式的观念论……并承认……所谓基本哲学问题……只有连同材料内容一起……来加以

61

---

① 记录语句的定义和认识论地位已经成为复杂争论的话题。看起来与这里相关的一个定义可见卡尔纳普(1931：438)："记录语言的最简单命题指被给定的东西，它们描述经验或者现象的直接内容，也就是说，最简单的认知事实。"阿多诺对私人遭遇的强调反过来使人想起诺伊拉特(Neurath，1932－1933：207－208)的插话，即完整的记录语句包含从事观察的人的名字。逻辑实证主义们关于记录语句的确定性争论对于阿多诺的社会学来说意义尤其重大。不幸的是，他有关这些讨论的评论是不连贯的。

② 1961年，阿多诺(PD 110)仍然强调，齐美尔"作为陌生者沉浸……在这样的社会细微问题之中"(齐美尔，1950：402－409)。

处理"(VSI 195—196，另见 175；NLII 213)。克拉考尔(1998：32)把观察描述为一种"对观念论的合法反击"，因为观念论已经看不见"生活"了。阿多诺确信，对社会现实的分析也是他自己最为紧迫的任务之一，这种分析将处理由经验观察所提供的事实资料。尽管阿多诺从 20 世纪 20 年代末直到他生命的结束一直都确信这一点，但是他关于观察应当如何获取经验材料的看法在那些岁月里还是有着重大意义的波动的。

(一)听诊社会生活

阿多诺 20 世纪 30 年代初的几次公开讲座描述了哲学和经验科学之间的联系，这种联系被逻辑实证主义确立为近期以来"最为幸运的"智性发展之一。只有面对经验世界才能为哲学对现状的探究提供"材料内容和具体问题"(1977：126)。"自然—历史的问题"，例如，"不可能作为一般的结构"(INH 262)，"自然和……历史的(诸)观念……聚集在具体的历史真实性的周围"(INH 264)。

那时候，阿多诺的社会研究依靠两种经验资源，这两种资源以不同的方式决定了他随后的社会学工作。阿多诺的"音乐内容分析"(CM 220)把音乐当作社会学材料来做实验。非常著名的就是他 1936 年的"爵士乐的社会学解释"(CM 217)，它的经验维度鼓舞了克拉考尔的热情(A&K 319)。①阿多诺评论说(2002a：470—471，477—481，483—484)，尽管爵士乐看起来结合了反抗的和常规的音乐成分，但是它只允许浅薄的、图式的离经叛道，这些离经叛道并没有触及常规的整体：切分音通常遵守基本节奏；像振动音这样的表现元素动摇了但从未打破呆板的声音；和声的离题(例如，"蓝调")是无害的和公式化的；即兴创作只构成点缀，这些点缀遵循被限定的样式；甚至名家的表演也不能改变作品。阿多诺得出结论说，爵士乐作品是为了交换而严格标准化的商品，它们假定的变化只不过是掩盖了它

① 有关阿多诺论爵士乐的作品的讨论，可参见缪勒-多姆，2009：199—203，威特金，1998：160—180 以及德朗蒂(Delanty)，2004b 第三部分中的文章。

们与市场性的一致(2002a：471—473，477—479)；爵士乐是典型的资本主义社会的文化，它在发展生产力的同时束缚生产力并迫使——在社会上被生产出来的——个性同化(2002a：478—479，484—486，491)。

容易忽略的是，20 世纪 30 年代初，阿多诺偶尔也利用与日常生活的私人遭遇来获取经验的社会学材料。1931 年的一条断片讲述了他对一位男士的观察，这位男士"失去"了他的"精神错乱"的爱人，在惋惜她并在她的信件中搜索疾病的迹象之后，这位男士被另一个女人缠住了。这不是因为他已经忘记了他的"真诚而唯一的爱"、需要消遣或者变得冷漠了，只是说，这个由逐利的交换所主宰的世界不允许他浪费机会。另一条断片的灵感来自阿多诺对咳嗽的观察。如果咳嗽听起来很重要，仿佛它在准备一次演讲而不是表明身体欠佳，那么它很可能是上层阶级成员的咳嗽。精心发出的咳嗽是一种修复健康和秩序的自我检查的形式，具有小资产阶级的特点。无产阶级的咳嗽既没有任何特别的意义也不联系到未来，只是一种非反思的"清除肺部灰尘"的手段，"甚至我们生命的动物表达也是社会差别的痕迹"(VSII 538—539)。阿多诺认为这几条对于他当时的工作来说很重要，并寻求克拉考尔的赞同(A&K 284—285)。克拉考尔《魏玛随笔》(*Weimar Essays*)(1995；另见 A&K 223，236，286)的一系列案例研究的影响事实上是无可置疑的，这些案例研究的灵感来自对公共环境、城市内部和大众文化的细微方面的短暂观察。本雅明的影响在这里也是可以注意到的，这位"顺便的相面术士""沉浸在……每日的经验之中"并且以"触觉上的接近"在城市中"摸索而行"(基洛赫，2002：93)。最后，阿多诺的断片反映了齐美尔"对客体的明显直觉的进路"，该进路避免了"对(方法论)的任何过多关注"(费里斯比，1981：68—69)。

(二)无线电广播计划

确实来说，对于交换社会考察中日益增长的事实材料的重要性而言，阿多诺变得越发赞同经验社会学对"自由盘旋的反思"的反对了。不过，20

世纪 30 年代末，他在获取材料上的观点发生了改变。阿多诺开始拥护收集
资料的经验方法，希望它们可以丰富他对经验的思考（A&H2 427，CM
219）。①阿多诺第一次试图实施方法指导的研究是他刚刚到达美国之时。
1938 年到 1940 年，他与 1933 年离开奥地利的拉扎斯菲尔德在普林斯顿无
线电广播研究计划上展开合作。阿多诺拷问无线电广播怎样改变了音乐的
性质和接收（1979：110－111，A&H2 503－520）。他的目标是，借助已经
确立起来的研究策略，对无线电广播的内容和听众的反应进行一种私人经
验研究。

　　阿多诺持续使用这些策略的初步计划一直没有得到实现。在考察无线
电广播的内容时，他专注于事实材料，例如，交响乐（1979）和流行音乐
（1941）。但是阿多诺并没有运用权威认可的——尤其没有运用量的——社
会研究方法。他的进路类似于他早期对爵士乐的内容分析。比如，"论流
行音乐"这篇文章既考察了那些热门乐曲的和声、节奏和歌词，也考察了
无线电广播广告宣传的附加因素，如"伪专家的术语"。就像阿多诺所诊断
的那样，流行的无线电广播音乐是"标准化的"。它的个性特征，例如"急
剧变调"或者"脏调"，只不过是浅薄的、图式的离经叛道，这样的离经叛
道与严格的广告宣传机构一起保证了商业的生机（1941：17－32）。②霍亨达
尔（1995：139－142）认为，这样的一些陈述表明，甚至阿多诺对流行音乐
的内容研究也充满着不充分的经验宽度和深度以避免解释的呆板性，这不
同于他对自主的艺术或者瓦格纳的作品的探究。然而，到那时为止，阿多
诺"对概述方法的……厌恶"看起来还没有"完全形成"（威特金，2003：
117）。他对使用权威认可的方法的兴趣渐增可以由他关于获取附加材料的
提议来获得文件支持，这种文件支持是通过系统的节目分类（1938：18－

────────────

①　与阿多诺不同，研究所在第二次世界大战之前就已经用经验方法来工作了（参见杰伊，
1996：113－142；缪勒-多姆，1996：39－44）。

②　阿多诺接下来对交换社会的考察将在第三章得到讨论。

22)、对电台选为内容的东西的数字研究(A&H2 515)、对不同的无线电收音机(1938：31)和专利列表的检验，以及针对物理学家、音控工程师、技师学校、无线电广播音乐专家及音乐家的问卷和访谈(1938：22－43，A&H2 506)达到的。

阿多诺有关对听众进行方法指导的观察计划也没有实现(CM 223，227)。除了一些小型实验(CoM 399－412)之外，他只完成了文件的分析——例如，无线电广播电台的热情听众来信(1938：16，A&H2 524－528，CoM 105－110)，这些信件"他非常仔细地……阅读了"(1945：214)，但并没有使用任何特定的方法。总的说来，阿多诺的无线电广播研究使得广播内容所提供的材料优先于对听众的探究，因为据说广播决定了它的接收(A&H2 428－430)。不过，阿多诺"并没有自满于"方法，问题在于，他"发现……经验方法是令人厌恶和有所限制的"，并且在"民调收听习惯"中"看不出什么价值"(吉布森和鲁宾，2002：8)。阿多诺警告说，无线电广播计划的节目分析仪装置要求主体在听音乐的时候按下按钮以表明他们的偏爱、讨厌，等等，这些装置太过简单化，以至于无法解析广播消费的现象(CM 220)。但是，尽管批判现存的进路，阿多诺还是考虑采用一些方法来收集有关听众的材料。他的不精确的指令建议进行有所控制的观察和实验(一旦充足的方法得到发展)(CoM 413－450)、详尽的访谈——部分地在主体收听无线电广播时——以及问卷(CoM 456－460)。他的目标乃是对以下这些东西进行测定：生活经历，个人的特性和态度，倾听、选择和关闭固定节目的自觉理由，注意力的持久度，情感反应，对无线电广播特定音质的意识，以及主体是否在收听广播时吃喝、抽烟或谈话(1938：5－21，28－32，A&H2 506－511，520－524)。阿多诺在无线电广播研究中从未成功地使用过经验方法，该研究提出了对他的方法论提议的潜力的怀疑。但是，他对于使用获取社会学材料的方法的兴趣似乎是确实的。为适应美国学术常规而进行方法论的妥协或许是必要的(CM 223)，但是阿多诺并不认为这样的

64

妥协是无意义的。

(三)F 级别

阿多诺没有实现方法指导的研究，但这并未使得他在收集资料的方法上有所放弃。恰恰相反，阿多诺 20 世纪 40 年代末与人合著的《权威主义人格》①(The Authoritarian Personality)正是依赖于一些研究策略。这项研究调查了"容易受到反民主宣传影响的……潜在法西斯主义的个人"(AP 1)。该作品强化了阿多诺的以下观点，即"由上而下的……严格思考"(CM 231)需要由"最密切接触"社会学"材料"的研究来抵消(CM 242)，以及经验方法可以帮助取得这样的材料。

阿多诺和他的合作者们需要诸如意见和信念来陈述这样的资料，这些陈述将揭示偏见的模式并有助于理解它们与人格的联系。阿多诺声称(CM 235，另见 SSI 543)，使得《权威主义人格》在材料上获得丰富支撑的，乃是它对那些彼此依赖的研究方法的结合：各式各样的问卷、临床心理学的访谈和测试。为了拓宽材料的范围，问卷除级别项目和事实问题之外还包括投射性问题，采访者被要求使他们的详细访谈适应各自的情境并允许回答者自发地展开主题，测试则采用各种刺激以鼓励主体进行详尽的阐述(AP 13－19，303－304)。

阿多诺直接参与应对的也许是材料范围的最严格限制。20 世纪 40 年代，美国的回答者几乎不能够被期望自由地谈论他们的反民主信念或者种族主义信念。他们需要采用一种手段，这种手段"对偏见进行度量，但看起来又没有这个目的"(AP 279)。主体被要求评价一系列"泄密"的陈述：著名的"F 级别"。尽管这些"项目"并不包含明显的法西斯主义的或者反犹主义的观念，但是回答者的评价应该能暴露态度的向上的模式②，而这些

---

①　研究所和它的成员对于偏见的多卷本探究中的一部分。参见黑尔德，1980：138－147；杰伊，1996：219－252；缪勒-多姆，1996：78－94；威格斯豪斯，1994：408－430。

②　关于阿多诺在"自觉的意见"和"沉淀的"态度之间所做的区分，可参见 GS9.2 332。

模式——借助访谈和测试——接下来又能够被联系到潜在法西斯主义人格的九种"趋势"：因袭主义、权威主义服从、权威主义侵犯、反自省性、迷信/刻板、力量/坚韧、破坏毁灭/愤世嫉俗、投射倾向以及对性的过分担心（AP 15—16，224—242）。例如，主体被要求评价这样一个陈述："熟悉滋生轻视。"同意该陈述就表明，"敌意是如此地普遍，如此地不指向任何特定的客体，以至于个人无须感到对它负有责任"。这被归结为一种破坏毁灭/愤世嫉俗的性格（AP 238—239）。类似地，同意"对我们荣誉的侮辱不会不受惩罚"这个陈述则可能表明权威主义的侵犯和力量/坚韧（AP 232，237）。阿多诺论证说，研究者们因而让质料决定方法，而不是任方法支配研究（PETG 167—168）。

《权威主义人格》引起了严厉的方法论批评。海曼（Hyman）和希茨利（Sheatsley，1954）宣称，作者们一方面把关于态度组织及其与人格联系的调查结果普遍化了，即从非代表性的样本推到其他的人口段，另一方面又没有控制教育对意见陈述的影响。此外，一些工具决定了结果：既然某些练习需要回答者同意或者反对一些"项目"，那么怀有偏见的主体必然在表面上没有"保留意见"；度量种族中心主义、政治保守主义和权威主义的级别交错重叠，导致研究者们夸大了这些意识形态模式之间的相互关系，而采访者对受访者问卷得分的了解则把偏见引入回答材料中来。另外阿多诺还承认了一种进退两难，即研究的"调查工具"事实上"预设"了它们本打算"验证"的"理论"（CM 236，另见 SSI 542）。这些缺点同时使得《权威主义人格》倾向于上述的阿多诺后期批判，即批判方法指导的研究把观察的视域以及材料化约为一种预先确定的范围。"一朝被蛇咬，十年怕井绳"，阿多诺最后质问了其他社会学家反复运用 F 级别的徒劳无果（IS 20）。那些年阿多诺在研究方法上的观点的波动，没有哪个地方比这里更加明显。

（四）群体实验

阿多诺1945 年就已经鼓励流亡的同伴向美国科学学习如何与德国思想

中的"妄想契机"作战（VSI 358）。"妄想"刻画了德国反经验的社会学传统，拉扎斯菲尔德（1968：270－271，另见 1972：172－173）也已经注意到了这一点。威格斯豪斯（1994：451）称这种传统为 *Weltfremd*，即非世俗的（又可作异于世界的，或者缺席于世界的）——附带提及，这个词被韦伯更为乐观地用来强调理想类型的价值（1972：10；1978：21）。"德国精神科学的（geisteswissenschaftliche）社会学的残余，"阿多诺 1952 年阐明道，"迫切需要经验的方法来纠正。"20 世纪 50 年代的大约整个前半部分，已经回到德国的阿多诺是该国以下主张的主要拥护者之一，即主张通过方法指导的研究来"取消……独断的和任意的论题"（SSI 481－482，另见 GEX v）。他所赞同的对社会分析中定性工具和定量工具的角色评论（VSII 625）以及他对公众意见研究的认可，尤其是通过重点群体（VSI 293－299），反映出他继续确信经验的方法在满足社会学的材料要求上支持观察。

20 世纪 50 年代初，阿多诺参与了研究所的群体实验，该实验调查了关于占领者、反犹主义、纳粹主义和相关问题的公众和非公众（GEX xi）意见——左右个人信念的社会流行观点（GEX 24）。正如阿多诺的一个存档笔记所揭示的，这个实验的目标在于"材料在质上的丰富性，这与化约到尽可能少的范畴正好相反"，并且在于比传统方法所能实现的更加宽广的材料范围，这些传统方法包括预先设计好问题的问卷（A&H4 880）。该研究使用了重点群体（GEX 32－41）以便"创造出一种摆脱问卷限制的……情境"（A&H4 880）。大约 1800 名参与者被集合在熟悉的环境的小圈子里，围绕一个批判德国人口的刺激性文本展开辩论。对刺激性问题的节制是有限的（GEX 41－53，501－514）。群体讨论本打算克服对以社会为条件的个人信念的自发表达的限制，并揭示只有相互作用才能被刺激或澄清的观点。辩论被期望确立态度上的微小变化并鼓励联想上的自由，以便捕获各主题的多方面和领域（GEX 32－38，另见 GS9.2 338）。阿多诺特别提到（A&H4 880）"没有主题限制的讨论，自由联想的可能性、要讨论的主题的广度"。

他认为，群体实验的研究者们设法使观察模式适应于现象的特定材料属性，他们这么做考虑到了他们自己对它的经验（GS9.2 382，388）。

　　阿多诺对回答的解释考察了跨主体[①]可用的范畴和论证储备（GEX 20－25，60－62），该储备决定了个人对以下问责的防御性反应，这些问责包括集中营、犹太人的灭绝、战争和纳粹的恐怖。阿多诺后来把这些"集体意见"描述为"涂尔干意义上的社会事实"，描述为强加在个人身上的"自主化的"力量（GS9.2 397）。阿多诺发现，可用的模式为人们提供了逃避责任的方法，这就是否认知道恐怖（GEX 285－300）、否定有罪（GEX 300－320）、使自己免罪或者为自己开脱（GEX 320－338），以及指控其他国家（GEX 350－370）。尽管《群体实验》（*Group Experiment*）没有深入地探究交换社会及其智性社会化，但是它却展示了阿多诺直到 20 世纪 50 年代中期止对由方法所驱动的经验社会学的持续认可和实施。

（五）定性内容分析

　　阿多诺 20 世纪 30 年代后期到 50 年代中期的著作提供了一个有关如何获得资料的视角，较之他后来对由方法所驱动的经验观察的怀疑态度来说，这是一个非常不同的视角。这就是说，即便在那些年里，他对社会学中经验研究的要求也从来不是一道命令，即命令使用权威认可的策略。无线电广播计划的经验登记包括音乐的内容分析，这与阿多诺先前的研究相似。20 世纪 40 年代和 50 年代，他继续从事社会学计划的工作，与《权威主义人格》和《群体实验》不同，这些计划运用"精神产品"——音乐、电视，以及包括从艺术作品到期刊在内的各种文本——的内容分析来为社会学提供经验资料，并从它们中间"得出社会的结论"。阿多诺把这条进路看作与他对物化意识的兴趣相一致。既然意识形态是那些产品的"影响的作用"而不是源于"运载者"，那么就社会化思考的社

68

----

　　① 阿多诺作品中很罕见的这个概念再次出现在了《否定的辩证法》中，意指围绕着主体思维的社会智性条件："个人的意识……被……缠绕于……跨主体的客体性之中。"（ND 275）

会学探究的经验成分而言，更好地满足其需要的就是内容分析，而不是内容消费者的纵览。他认为，他那个时代的意识形态对致力于个人民意调查来说目光短浅，而不是对检查"刺激物"来说目光短浅(IS 84—85，另见 GS9.2 355—356)。

20 世纪中期，对于由追随拉斯韦尔(Lasswell)的美国社会学家们所发展的文件来说，内容分析通常标明的乃是一种定量的进路。它包括通过一套明确的文本元素(编码)的类别来阅读文本，目的是对不同的文本主旨进行分类，并用数据来对它们的相对重要性进行评估。相比之下，阿多诺追求定性的内容分析(IS 86—87)，这种程序据说由克拉考尔所"开创"以反对"精确定位的、确定数量的方法"(NLII 67，另见 A&K 465，VSI 195)。克拉考尔(1952—3：631—635)警告说，为了计算主题而对主题进行孤立和分类，会导致研究者们忽视文本的那些依赖主题原初结构的特征。此外，借助有限数目的基本类别对不同文本主题进行编码相当于将主题强行置于规格一致的封面之下：一种对详细的变化不敏感的简化操作。对于将"分类的图式"(IS 84)运用到智性现象中去，阿多诺也表示怀疑。他不是专门根据预先设想的科学兴趣的类别来阅读文件，也不是为了数字处理而把文本的不同方面化约到公分母，而是提议一种"沉浸于材料的特性之中的分析"(IS 88)。他拒绝"把(他)自己先天地束缚于对窄范围显变量的数学构造分析"，而是打算保持"对解释经验的完整范围的开放……以及……对蕴含、悖论和双重意义的细微差别的高度敏感"(卡瓦雷托，2007：155)。对于阿多诺而言，定性的内容分析意味着把一个文件分解到它的独特项目并处理它的整个范围，包括这些项目的构造和细节。

20 世纪 40 年代和 50 年代，阿多诺屡次尝试用定性内容分析的潜力来满足社会学对材料的要求，而无须运用限定的方法框架。对这些研究的经验维度的一个简要概观可以说明他的进路。1943 年，阿多诺完成了对"法西斯主义"修辞学的一个"批判的、定性的内容分析"。他对美国基要主义传教士马丁·路德·托马斯(Martin Luther Thomas)的无线电广播演说的文稿做了一个深入的个案研究。阿多诺将这些文本条分缕析到它们"差不多标准化的……刺激"上(CM 237)——大约三组修辞策略和宣传伎俩——包括作为"独狼"(GS9.1 14－16)或"信使"(GS9.1 25－28)的煽动者自画像，"运动"(GS9.1 41－42)和"统一"(GS9.1 57－60)的观念，或者对共产主义者、银行家(GS9.1 115－123)和犹太人(GS9.1 130－140)的"警告"。然后，他继续详细探讨每种刺激，接着就它们在垄断资本主义中被听众消费时的功能提出心理学和社会学的问题。9 年之后，阿多诺做了一个对"高度具体的……实实在在的材料"(GS9.2 12)的个案研究，它来自占星术杂志和 4 个月的《洛杉矶时报》(Los Angeles Times)占星术专栏。就像托马斯的文稿那样，这些文本被拆分到占星术咨询的各种修辞学"伎俩"上(CM 238)——例如，与家庭、邻居、朋友、专家和上司的关系的标准画像(SDE 133－152)，以及它们的组合上——例如，白天分成"上午／下午"(SED 89－105)。阿多诺避免了对"个体主题及规划的频率"的"定量"检查(GS9.2 12)，他对每个文本项目本身的处理考虑到了各种各样的方面①——"我自己心灵的一种内容分析"，克拉考尔这样评论道(A&K 490)。这允许阿多诺去探究主题的心理学意义以及更宽泛的社会意义。大约与此同时，阿多诺做了电视节目的内容分析。为了达到"与材料的接近"(1954：213)，他审查了"各种类型和性质的"(CM 59)电视剧的 34 份文稿。阿多诺仍然制止把剧本的不同方面化约为适于数字处理的一份要素目录，他从每部剧中单列出特定的主题，例如，一个智力上有天赋但却在挨饿的教师的滑稽肖像，一位将其猫咪指定为继承人的老妇的故事，或者一个残忍的独裁者的贬抑形象(1954：223－225，230，CM 61－63)。接下来，他详细研究了每个"社会—心理学的刺激"(1954：213)以便发掘多重"意义层次"(1954：221)。理论的研究试

━━━━━━━━━━━━━━━

① 参见第三章对这些研究的进一步讨论。

图查明电视对意识的社会化所起的作用。

阿多诺的内容分析意味深长地同广泛分布的定量文件研究程序分离开来，同他在先前计划中曾经提议和使用的更为确定的方法（问卷、级别、访谈、重点群体）分离开来。他的进路体现了当前经验社会研究中的重要倾向。社会科学的方法论者和人种论者日益注意到"诸多社会环境的文化修养性质"[哈默斯利（Hammersley）和阿特金森（Atkinson），2007：133]。许多社会学家仿照阿多诺20世纪中期以来对社会学的诉诸，逐渐开始"对社会研究中访谈材料的首要地位提出挑战"[鲍尔（Bauer），2000：147]，他们要求更加坚持不懈地讨论"自己提供文件证明"的社会环境的"书写材料"，例如记录、诊断、规则（哈默斯利和阿特金森，2007：121）。当今内容分析的拥护者们也分享了阿多诺的以下兴趣，即使用这种程序"以便从一个重点文本推论出它的社会语境"[鲍尔，2000：133；另见克里彭多夫（Krippendorff），2004：18—43]。最后，人种论者们认为，哪怕"短暂的"和"陈腐的"文学资源在社会学上也可能是意义重大的，因为它们"充满"着社会上所流行的"刻板，……大量陈词滥调的知识和因循守旧的智慧"（哈默斯利和阿特金森，2007：125）。它们的样本——低级的和为赚稿费而粗制滥造的小说——等价于阿多诺的电视剧本和占星术专栏。

内容分析的辩护者们宣称，内容分析在经验上的成果尤为丰硕，因为它是"无障碍的"：文件乃是"自然出现的"材料，它不需要由访谈或者问卷来加以生产（鲍尔，2000：148）。阿多诺也许会同意，因而内容分析很少有以下这样的危险，即让社会学的工具预先选择和预先决定社会学的资料。然而，今天的许多学者显著地拥护定量的内容分析，这恰恰造成了阿多诺在有一些方法指导的进路上发现有问题的双重材料限制。首先，定量的内容分析取决于对某种"编码构架"的运用，这种编码构架包含"一套预先规定的选择（代码值）"。例如，不同的报纸也许会根据尺寸或者版式的类别来组织。研究者"只能靠编码构架来解释……文本"（鲍尔，2000：139）。阿多诺试图避免让方法去化约观察的视域，避免把文件的那些超出编码框架范围的方面弃在一边。其次，定量的内容分析取决于一种形式化，即借助代码"单位"来对不同的文本项目加以形式化（鲍尔，2000：133）。"图式"被"系统地运用于所有特选文本，这些文本为之有兴趣的目的就是提取一致性的、标准化的信息"［弗兰佐西（Franzosi），2004：550；另见鲍尔，2000：139］。在其"对频率的聚焦"中，这种程序正如内容分析者们不得不承认的，"忽视了稀少的和缺席的东西"（鲍尔，2000：148）以及以"语言的微妙"为条件的文本项目之间的特定变化（弗兰佐西，2004：550）。形成对比的是，阿多诺守护社会科学以免其对社会现象细枝末节的经验观察的敏感性变得麻木。他认为（PETG 173），"打印……材料"的太过讲究方法的、严格统计的进路允许方法优先于社会学家"与质料的原初关系"，并因而优先于质料本身。在内容分析沿袭"拉斯韦尔的传统"而被用作"广大文本定量分析的一种技巧"［林奎斯特（Lindkvist），1981：26；另见弗兰佐西，2004：548，556］的地方，阿多诺从文本资源中获取经验社会学材料的定性模式仍然是一种可供选择的进路。

71

　　阿多诺对文本的社会学处理可以被看作更接近他去世后数十年里为人所知晓的"话语分析"的东西。许多有代表性的话语分析承认，它们不能够提供一种讲究方法的"秘诀"［波特（Potter），2004：616，另见607］。"在'文稿'和'写出'之间的某个地方，从事话语分析的本质看起来偷偷溜走了：它永远难以捉摸，从未被编码方案、假设和分析图式完全捕获住。"［吉尔（Gill），2000：177］话语分析要求"敏感地对待话语的那种偶然引起和朝向行动的、情境性的、被构造的本性"。因此，"不同种类的研究包含了不同的程序"。这些陈述强有力地反映了阿多诺的一个建议，即社会学家们应当重新调整他们的进路以适应不同的经验现象。进一步地，话语分析者们抵制那种"超出原始材料的复杂性之外去列编码表和纵横表的企图"。在阿多诺看来，相类似地，他们"有时候"把目标指向社会学的见解，他们这么做是通过"集中地从事单个文稿的工作"并"关注它说什么以及如何说的变化和细节"(波特，2004：616)。阿多诺看起来是在以一种堪比话语分析的经验研究的进路来寻求目标，这些目标类似于当代内容分析的目标。

(六)与方法的距离

阿多诺在他的整个后期工作中继续坚持认为，社会学需要由经验观察确立事实材料。不过，从 20 世纪 50 年代中期开始，他对如何获取这样的材料的观点在某个方面发生了变化。过去的 15 年里，他一直拥护和从事方法指导的研究，并把它当作一种获得经验资料的途径，然而他现在对方法的肯定变得不稳定了。

甚至在 1955 年之后，阿多诺也还没有毫不含糊地拒绝研究方法。他偶尔警告社会学不要对方法不予考虑(SSI 539)并承认方法在音乐社会学中的潜力(1976：227)。阿多诺认为，定量的内容研究很适合于处理严格标准化的文化工业产品(IS 87)，① 这与他对定性内容分析的倡导不一致，但与他的方法应根据现象来塑造的观点是一致的。他认为，社会学家们也能够得益于社会科学的"高度发达"的取样技术(IS 73)，得益于调查大众媒介影响的新型问卷(IS 69)。数字处理也许可以很好地适应于那些产品的均质化的消费者(PD 74-75；另见霍耐特，1991：70-71；邦斯，1983：218)，适合于他们不偏不倚、多半反应性的行为而定位于自然科学的社会学方法(参见里策特，1983：229)。正如已经有所提及的，阿多诺在别处清楚明白地拷问了这一点。有一个段落仍然写道，方法指导的社会研究可以测试和驳斥"为数众多的……社会理论的断言"(PD 79)。

然而，阿多诺那时对研究方法的日益增长的不信任是无法隐瞒的。阿多诺弱化了他对定量内容的分析的让步，他认为，大众文化产品同样证明了一种定性的进路，因为对标准化现象的考察有多少，对它们的详细个案

---

① 只有一种定性的进路才能够公平地对待文化工业之外的创造(GS9.2 355-356，IS 87-88)。

72

研究就揭示多少（CM 59—60）。在他看来，社会整体可以通过它的细枝末节来加以研究，与这个观点相一致，他也拷问了对大量个体进行定量研究的必要性。从他的"彻底社会学的"视角出发，那些得到定性考察的"态度、根深蒂固的观点、基础牢靠的意见、意识形态""一开始就是社会事实"："貌似个体的"材料有着"普遍价值"，也就是说，可以用来揭示制约着它的更为宽广的社会语境（IS 75）。尽管阿多诺的社会学讲座仍然暗示经验方法具有丰富的产出，并建议学生们通过试用它们而熟悉它们，但是他现在明显地强调各种形式的方法指导的研究的问题。我提及他的一种担心，即担心任由方法去化约经验观察的视域和灵敏，化约社会学材料在等级和细节上的范围。阿多诺也感到了一种逐渐增长的倾向，该倾向就是将方法加以固化而不反思它们与素材的关系。例如，为了成为"可复制的"，实验被限制在如此少的变量上，如此地远离社会现实，以至于它们有变得毫不相干的危险（IS 100）。更为重要的是，阿多诺强调，《权威主义人格》中记录的那种由李克特（Likert）量表技术所定位的研究曾经以模棱两可的项目来运作，这些项目可以被联系到正在调查的较大性状结构的若干亚综合症状。然而，最近那些遵循古特曼（Guttman）工作的方法对项目做了狭窄的界定，它们把每个项目仅仅联系到从结构中抽取出来的一种综合症状，并且假定与一个项目相一致意味着与诸多不甚"极端的"项目相一致。阿多诺认为，方法论的精确性的达成是以内容为代价的（CM 234，GS9.2 348，IS 73—74，90—92）。特别引人注目的是，在他那些有关讲究方法的社会研究的陈述中，语调越来越高傲了，但这些陈述有许多不再包含清晰可辨的方法论论证。阿多诺抱怨说，他的同事和部分学生发展出了一种把"养成的方法"当作"价值"本身来加以优先考虑的"科学拜物教"（PETG 172）。为了描述这种假设的方法"膜拜"，阿多诺讲述了一次对话，对话的另一方是一位"著名的美国经验社会研究者"，他承认，"作为社会学家，他……对特定的素材没有丝毫的兴趣，而……只对……方法论有兴趣"（PETG 168—

73

169）。德国社会学新兴的"对方法的迷恋"甚至变成了阿多诺嘲笑的主题。他或许曾经为这种迷恋做出过贡献，但是现在从美国回来之后他猛烈地抨击一些研究者，方法就像其他美国新鲜玩意儿"如牛仔裤或者唱片"那样诱惑着他们，同时他还概述了"今天……以下两方面之间的连续性，一方面是五个家伙围着一些小汽车闲荡，并以一种既幼稚又早熟的专业知识来讨论各种小汽车品牌的优点，另一方面是对方法论的痴迷"（IS 75－76）。这些段落也许解释了为什么阿多诺的经验方法批判在当代社会学中几乎找不到共鸣。它们容许一种怀疑，即这不大可能发生改变。正如德诺拉（2003）所详细说明的，意味深长的例外也许可以在音乐社会学中找到。

人们可以思考一下阿多诺的疑虑的来源。威格斯豪斯（1994：487）谈到了研究所 1954 年对钢管生产商曼内斯曼（Mannesmann）的企业气候的分析。他认为，阿多诺预料对与他先前用过的相类似的定性工具的使用只会让人对研究的定量处置感到失望。事实上，阿多诺的报告并没有从根本上拷问所安排的 55 个重点群体的潜力，而是认为 1176 个编码访谈可以被看作限制了预定问题范围的信息（VSII 642－643，674）。阿多诺也看到，德国社会学中的经验—方法论的进展是与它学科上的专门化以及理论和社会—批判的萎缩同时发生的（SSI 501－508）。确定无疑的是，阿多诺后来的许多社会学工作不再符合他早期的一个观点，即研究方法对于收集社会学材料而言是多产的手段。极其重要的一点也许是，在群体实验之后，阿多诺不再使用权威认可的方法了。

74 　　如果按照时间顺序来解读阿多诺社会学作品的经验维度，那么他有关如何最好地获取社会学材料的观点看起来就是起伏不一的。迄今为止，这种起伏不一多数可以被看作随时间波动的结果。20 世纪 30 年代早期到中期，在克拉考尔和本雅明的强烈影响下，阿多诺主要从音乐内容分析和日常生活的短暂个人观察中汲取经验材料。从 20 世纪 30 年代后期到 50 年代中期，他认可并不同程度地成功使用经验方法来取得资料。与此同时，他不再把方法指导的研究看作满足社会学经验要求的唯一方式，并且着手从事一些或多或少精心设计的定性内容分析。可是，从 20 世纪 50 年代中期开始，阿多诺在关于如何获取事实内容的观点上的起伏不一就不再是一个时间变化的问题了：这里所援引的拥护和讥讽方法的段落都出自他后期的作品。阿多诺 1955 年至 1969 年关于经验社会学研究的建议包含了一些不规则的东西。相应地，群体实验之后他对实施方法指导的经验研究的拒绝，也只是部分地与那些道明他对权威所认可的获取社会学资料的策略感到日益不安的段落相一致。①

三、阿多诺后期社会学中的经验研究

阿多诺在 1969 年还仍然坚持，社会学不是一门纯粹理论的学科，而是"要求所谓'田野研究'"，亦即"经验研究"："本雅明……说……存在之物的力量今天更多地依靠事实而非确信……他表达了对存在之物的那种现今无所不在的主导地位的意识，智力无法面对它，除非使自身充满存在之物，充满事实。"(SSI 539)许多评论者相信，麻烦在于，由于放弃方法指导的经验研究，阿多诺的社会学工作缺乏取自经验观察的事实内容。梯德曼(GS9.2 413)把《群体实验》描述为阿多诺最后的——即"只是德语"——对"经验材料"的调查。"借助(《群体实验》的例外)"，德雷克(2004：303－304)赞同地说，"阿多诺逐渐与研究进程拉开距离，他更喜欢理论家的任务而非……田野工作"。吉布森和鲁宾(2002：11)把 1957 年看作阿多诺与经验研究的最后了断。卡尔科夫斯基(Kalkowski，1998：113)给出的判断是"经验研究和论证的……贬值……从外部的视角来注视……'社会'……

75

否定社会理论家对永远相同者的可怕宿命论的蔑视妨碍了在社会学上富于想象力的经验资质"。既然解释者们并不否认阿多诺对研究事实内容的社会学的坚决吁求，那么他们的解读就隐含了对前后不一致的严肃指控。阿多诺后期社会学的特点被刻画为对经验材料的疏忽怠慢，这种刻画不亚于意味着一种控告，即他战后作品的相当大的部分习惯性地忽视了他自己在学科上最为坚定的方法论要求之一(另见威格斯豪斯，1994：496)。本章的最后几节试图就阿多诺的这部分工作提供一种可供选择的视角。

(一)方法论的再定位

如果阿多诺始终如一地把经验研究等同于经验方法的使用，那么他对方法的放弃就等于说忽略了他对收集社会学材料的吁求。但是，阿多诺并不同意这种等同，方法指导的田野工作是获取资料的一种方式："经验的程序并不应当获得简单的优先权。不仅仅存在着除此之外的他者：诸学科以及诸思维模式的单纯存在并不证明它们是正当的。"(PD 71)实际上，阿多诺有时候会突然插话说，或多或少标准化的方法——例如，借助一套预先确定的问题来进行概括——会潜在地束缚对经验现象的观察。阿多诺拒绝让他"对现实的看法……被……讲究方法的测量仪器的扭曲眼光所……阻碍"(缪勒-多姆，1996：76)。既然阿多诺对由田野研究所提供的社会学材料的重要性的强调并没有蕴含使用研究方法的指令，那么对他最终不再使用方法的准确观察就无法证明他后期的工作违反了他对事实资料的要求。

阿多诺的后期工作中更成问题的是，他犹豫不决地给予社会学家们以通向经验观察的另外进路的平实建议。抱怨阿多诺未能"精确地""界定"他对田野研究的看法是可以理解的(威格斯豪斯，1994：496)。用拉扎斯菲尔德(1972：176)的话来说，阿多诺从来没有使"辩证法变成某种类似于可以教和学的研究运作的东西"。阿多诺社会学的这个方面当然能够得到解释。阿多诺把固定的解决方案看作对经验研究的一种潜在限制，用于观察的方法越是被严格地界定，危险就越是巨大，这种危险就是观察允许超越于方法

范围之上的现象的材料方面逃脱出去。阿多诺批判"源于市场调查的……　　76
经验方法""支持"主观的"意见、态度（和）行为模式"，当他做此批判时，
他主要是批判它们没有能力去发掘那些制约它们的社会关系。但是，他似
乎也担心，这些方法确立起的经验材料的范围太过狭窄，尤其是在这样一
些地方，"在那里，这些投入运行的研究……确保……只有支配性'商业系
统'中的反应被记录下来"（PD 71）。此外，方法越是得到严格的规定，把
它运用于各种现象而不改变它的倾向就越是强烈，并且，观察对于那些特
定于不同现象的经验细节来说变得不敏感的可能性就越是巨大。阿多诺认
为，社会学非但不是使现象担负起作为"外在秩序之图式"的预先确定的
"方法"（1976：219），反而每次都应当根据得到审查的特殊现象来重新调
整它进行观察和收集资料的模式。有人指责他"没有为社会学的认知提供
约束性的行为准则"，他在回应这个指责时写道："谁希望依偎于他的客
体的结构中并把它认作某种自身运动的东西，谁就不能自由地拥有一种
独立于它的程序模式。"（PD 48）不过，对阿多诺推理的阐明并没有达成
这样一个转变，即把他就方法指导下的观察的另外方式所做的暗示转变
为一种清晰界定的研究规划。尽管阿多诺强调存在不合常规的细节，但
是，他反对为田野工作给出进一步具体的指导方针，这种反对的结果是，
那些也许在原则上可算作社会学中的经验观察和事实材料的东西获得了
一个相当宽泛的范围。早在第二次世界大战之前，拉扎斯菲尔德就向阿
多诺抱怨说："你为经验研究给出了大量建议，并且它们中有一些的确是
非常令人兴奋的。但是……如果有人说：'让我们去研究是否有人类生活
在其他行星上'，恐怕你会认为这是经验研究。"（A&H2 441）拉扎斯菲尔德
无法预见到阿多诺后期的工作，地球之外的生命问题在社会学上远非无关
紧要。[①]

----

① 参见第六章。

　　然而，与此同时，阿多诺对方法的批判与一种稍微不怎么难以捉摸的重新考察纠缠在一起，即重新考察个人与有助于社会学满足经验材料要求的社会现实相遭遇的潜在可能性。在"渗透于一切唯一之物里的……总体的、彻头彻尾社会化的社会"中，资本主义社会的关键特征可以从日常生活的最为短暂的细枝末节中分辨出来，甚至从它那些极为"私人的"方面中分辨出来(SSI 186)。这不仅是一个关乎选择社会学研究现象的要点，而且也是一个关乎从经验上接近它们的要点：个人与他自己日常生活的细节的特定遭遇，对于交换社会的考察来说是越来越有价值的材料来源。

　　正如已经提及的，阿多诺认为，个人的观察较之预定方法的使用来说有两个优势。首先，个人与经验现实的面对面倾向于避免把一套严格界定的策略运用于不同的现象，并从而避免把那些相应地讲究方法的限制加诸经验内容之上。在阿多诺看来，克拉考尔阐明了两种可能，一是根据得到审查的现象来重新调整观察，二是记录一种包含那些特定于现象的经验细节的材料光谱。通过再次警告据称在社会学中"占优势的""对方法的兴趣"，阿多诺告诉他的学生们，如果他们在"所谓方法论纯洁性"的名义下达成"某种与质料的直接性而无须所有那些……经验主义实验的狂言谵语"一致，那么他们作为社会学家就将"更加多产"(PETG 171－172)。绝非巧合的是，前面援引过的(p. 74)他1969年的一段话提及了本雅明的一个确信，即确信社会分析必定使自身充满事实内容。尽管没有提供任何参考文献，但阿多诺很可能记住了本雅明(1996：444)《单行道》的开场白，这部完全没有使用经验方法的作品考察了丰富的经验材料——包括最为微小的方面，作者是通过他与周围世界的个人遭遇来获取这些经验材料的。其次，个人自己与经验社会生活的那种经常引发身心痛苦的原初面对，提供了对社会学最终关心的社会整体的最初瞥视。因此，"在社会情境中，人们可以直接观察社会是什么"，而社会简直是在人们的皮肤上被感觉到的，这种社会情境构成了富有成效的经验资源。于是，阿多诺指导他的学生们

"在你们的皮肤下面以你们活生生的直接经验去感觉或者获得人们可以……称为社会的东西"(IS 36—37)。

阿多诺有一次半开玩笑地告诉他的学生们，霍克海默曾经教他的那条出奇平静的狗如何正确地叫(PETG 174)。类似地，阿多诺相信，他需要"鼓励"他的社会学学生们"以没有严加管制的方式听从……于质料，并首先把他们自己安置在一种原初直观的对面"(PETG 172)。阿多诺 20 世纪 60 年代有关笑和社会冲突的社会学研讨班的参与者们实践了他的建议："学生们应当直接观察特定的情境。他们的精确描述和解释企图应当说明，哪里有人在一起笑或者敌视冲突，哪里的社会契机就在得到表达。"(SSI 177)学生们的"非体系的"和"主观的"观察并没有得到任何经验方法的指导，他们遭遇到的事件有：轻蔑地笑和喊叫、恶作剧、口头的和身体的暴力、故意在旁观者面前与醉汉咧嘴说笑的某人、对被困在电车自动门中的老人的嘲笑，等等。学生们还记录了大量对于冲突——尤其是口头冲突——情境的观察：一位老妇人对车辆噪声毫不在意却斥责玩耍的孩子，一台出故障的电视机引发了家庭争吵，一位卖鞋的女售货员怨恨她的顾客说推荐的款式不合适，一位电车售票员挑衅地抱怨懒惰的学生或者交通信号灯下的争论(SSI 189—193)。这样，参与者们考察了一系列经验细节，他们随后着眼于诸如依赖、异化、社会整合、阶级对抗以及物化意识这样的问题来对这些经验细节进行解释。对于阿多诺来说，练习是成功的，因而足以向后来的一代代学生提及这个研讨班报告，并把它当作学习如何以直接观察来遭遇社会生活以及如何"在人们的……身体上"感觉社会生活的一个源泉。

这丝毫没有违背阿多诺有关观察不值得信赖的告诫(SSI 185)。社会学的见识是以对经验材料的理论分析为转移的。在这里，看起来变得越发清晰的乃是对阿多诺的一个明智评价以及这个评价所取决的问题。这个评价就是，阿多诺是否继续按照他自己对事实内容的吁求来从事社会学研究；

这个评价所取决的问题是，他是否继续使用方法以及是否为了获取社会学
材料而求教于对经验社会生活的个人观察。

（二）个人观察

回顾一下就会发现，阿多诺20世纪30年代关于个人日常遭遇的社会
学反思读起来仿佛是一个小小的前奏。阿多诺战后第一部持续使用个人观
察来获取有关社会生活的经验材料的出版物是《最低限度的道德》。我想要
强调，这本书把匆匆而过的每日琐事当作主题以便对交换社会进行考察，
对于这些琐事的主要视角是"移民知识分子的……最狭窄的私人领域"的视
角。阿多诺这样来着手处理社会生活，即仿佛它以个人的方式降临于他
（MM 18）。①

79   《最低限度的道德》的一个持续主题乃是交换世界中遭受毁坏的人际关
系，在交换世界中，"所有的一切都是生意"（MM 41）。既然他建议把观察
模式当作考虑到正在检查的现象的最佳可能来加以发展，那么并不令人感
到吃惊的是，对日常环境的个人观察在阿多诺这本书的研究中扮演着举足
轻重的角色。他自己面对日常生活而产生了有关爱、性和婚姻（MM 30—
31，171—172）、代际关系（MM 22—23）、知识分子和学者之中的关系
（MM 28—30，128—132）以及许多其他主题的材料。

有一条断片认为，通过适应"利润经济"，人与人之间的相互作用变成
了冷漠角色之间的一种强制有效的公平交易，变成了一条"直线……而他
们仿佛就是一个个的点"。阿多诺的论证渗透着他以下的这些观察，即观
察那些以快速、普通的"哈罗"而非"举帽"来向他致意的人们，观察那些以
没有签名的"办公室间通信"而非私人信件与他联系的同事（MM 41）。另一

①   该书的副标题是《来自被毁坏的生活的反思》（*Reflections from damaged life*）。它表明阿
多诺从每日生活而来的反思乃是沉浸于其中的，以及该书旨在暴露被毁坏的生活的更广的社会条
件，而不是一个（他的）被毁坏的存在。阿多诺把《最低限度的道德》的首篇献给普鲁斯特（MM 21），
据说他竭力通过自己生活的观察来书写每个人的"自传"（OL 426）。

条(MM 116－118)则描述了阿多诺与美国餐饮业的遭遇：服务员对菜单内容一无所知，对顾客的健康安乐漠不关心；当其他顾客已经在等待桌子时，吃完饭的顾客无须要求便有付账然后离开的压力；毫无生气的旅馆客房及其严格同餐厅分离开来的客房服务，或者门房拒绝回答那些超出其直接职责范围的问题。对于阿多诺来说，餐饮业揭示了协助机构获取利润的命令，把人当作物的习惯性处理，以及他们的关系对交换和工业分工的服从。

　　第19条断片记录了一种常见的习惯，即摔门，如车门或者冰箱门，而不是"安静谨慎而又牢牢地……关上（它们）"，或者是仅仅让门"碰上"，而不是"回顾身后"并"保护人们由以得到接纳的内部设施"。"没有更多的平开窗可以打开，而只有滑动框可以推开；没有轻缓的门闩，而只有旋转的把手；没有前院，街道前面没有门阶，花园周围没有围墙，"阿多诺问道，"这对于主体来说意味着什么呢？"他所观察到的那些主体的姿态已经变得"野蛮"了，因为他们不得不适应一种由冷冰冰的"功能性"所主宰的技术环境(MM 40)，这条断片的经验维度与当今人种论的一个关键旨趣相共鸣。哈默斯利和阿特金森（2007：121，133－136）警告说，社会学家们经常忽视那些在社会环境中占有位置的材料制品。他们认为，日常生活的人种论者应当调查的是，社会行动者如何参与到材料客体中，这种材料环境又如何约束社会行动，以及这些制品体现了什么种类的趣味和价值。

　　《最低限度的道德》包含了许多相似的断片，而且它们所包含的想法可以得到更为详细的讨论。一条更深的断片尤其值得提及，它记录了阿多诺学生时代的一次遭遇：

　　　　五位爱国者袭击一个单身同学(Kameraden)，他们殴打他，并且在他向老师申诉时诬蔑他是班级的叛徒——他们不是和严刑威逼囚犯

80

们去反驳外国人声称的囚犯们遭到严刑威逼的那些人一样吗?[①] 当带头男孩盲目地瞎闯时,他们大呼小叫却不知结局——难道他们不是咧着嘴笑而又局促不安地站在那个犹太羁押者周围,取笑他要上吊的笨拙的人吗? 他们不能拼拢起一个正确的句子,而只能发现我的所有句子都太长——难道他们不是废除德国文学而代之以他们的"令状"吗……? 有些人把神秘的徽章别在他们胸前……(并且)宣布他们是党卫军二级突击大队长和党卫军旗队长。[②] (MM 192—193)

这段话突出地表明了阿多诺的一个确信,即与社会生活的痛苦遭遇尤其有助于为社会学的反思提供材料。阿多诺不仅仅相信,他"自己的学校经历"使他能够"预料到"后来方法指导的研究的结论,即"不难管教的孩子没有偏见",而"吵吵闹闹的孩子……则把他们的偏见迁于他人"(PETG 193)。他声称,该事件也允许他"推论出"资本主义的法西斯主义激进化。对于孩子来说,法西斯主义的政治现象当然是不明显的。但是,当他遭到持续打击时,阿多诺断言,他"就感到"即将发生的罪恶的"力量"强大到足以在它一到来之时就承认它。因为男学生被"烙在他心中"的灾祸"主旨"所"拂过"(MM 192),所以他在社会带来痛苦的地方初步知觉到了社会。他简直是在他的皮肤之下获得了社会,正如教授后来在他的社会学讲座中所表述的那样。

本雅明(2006:313—321)参考弗洛伊德(1955:12—13,24—33)的《超越快乐原则》,对现代性中的经验的转变进行了讨论。 如果刺激没有被有意

---

① 通过提及这条断片的标题,"坏同学"暗指"由纳粹推广的"乌兰德(Uhland)1809 年的歌曲"好同学",译者强调了它的法西斯主义主题。但是,这首歌曲几个世纪以来为许多团体所传唱——不仅仅是在德国[厄斯特勒(Oesterle),1997]。班级(Klasse)看起来至少也使人想起"无产阶级",同学(Kamerad)至少也有它的布尔什维克的意思。就像班级叛徒(Klassenverräter)那样,同学也表达了——即便是沉默的,即便这条断片是明确写给法西斯主义的——阿多诺(CM 94)对第二次世界大战前法西斯主义和共产主义政党之间分野的不可忽视的怀疑。

② 党卫军军衔。

识地经验到的话，那么它们就不能够在意识中留下记忆痕迹，但是却能够
留下深层的记忆痕迹。意识仿佛是一道抵挡刺激的屏风，它可以防止造成
创伤的打击，而这些打击被视为突破了刺激屏障。恐怖是由于缺乏为刺激
做好准备的对打击的防御以及害怕。阿多诺对本雅明挪用弗洛伊德的某些
言外之意感到不安（A&B 320），尽管这些弗洛伊德的术语也在阿多诺的一
些著作中起作用（1973c：155－157；1991a：69）。不过，阿多诺的断片容许
人们怀疑学童的刺激屏障被打破，并怀疑他没有为击打做好准备。阿多
诺，这位 1935 年的成年人在反思那挥之不去的记忆的时刻，写下了一个法
西斯主义的"梦"或者毋宁说"噩梦"，在这个梦变成现实的几年前，他的同
班同学上演了它，他还谈及了他们在他面前扮演的"恐怖形象
（Schreckbild）的暴力"（MM 192－193）。

《最低限度的道德》并没有从对社会生活的即时但却暴力的知觉中直接
得出有关交换社会的结论。阿多诺对观察的局限的警告贯穿在他的工作之
中：每个遭遇都直接服从于意义深远的理论解释，观察只是为这些理论解
释提供原材料。然而，问题恰恰就是材料的供给。《最低限度的道德》阐明
了阿多诺所讨论的与他周围世界的个人的、私人的，有时完全是痛苦的面
对。该计划看起来已经向他表明了一种获取事实内容以供他对资本主义社
会进行反思的富有成效的方式。

《最低限度的道德》写于 20 世纪 40 年代，出版于 1951 年。因此，它
所能够提供的有关阿多诺 20 世纪 50 年代中期放弃方法之后对资本主义
进行社会学考察的线索看起来很有限。可是，在更加仔细的检查之后可
以发现，从 20 世纪 50 年代开始，对日常生活的个人解释变成了他文本
中一个频繁出现的特征。①《最低限度的道德》似乎已经成为一种生气勃

---

① 传记研究把《最低限度的道德》的第三部分译解为包含着它对阿多诺私人生活的最不妥
协的指涉［阿圭嘎（Aguigah），2003：21］。阿多诺写信给他的出版商说，这是这本书中他最心爱
的部分（阿多诺等人，2003：18）。

勃的鼓舞，鼓舞他继续努力对取自私人遭遇的事实内容进行反思。① 该
书对阿多诺工作的经验维度的持续影响体现在他的游记断片之中，这些
断片出于为他的交换社会的"微观社会学"提供材料的目的而处于深度私
密的旅行观察状态中。由于它们主题的专属性，我将在第六章讨论这些
著作。关于阿多诺在他后期的社会学中集中于个人观察的同样清晰的说
明可见那时的若干讲座和文章，它们中有许多被收录于《批判的模式》
（*Critical Models*）。

　　阿多诺的文章不仅有朝生暮死之物的位置，而且也有转瞬即逝的个人
观察的位置。他和他的学生们所进行的冲突研究为此提供了一个最主要的
社会学样本。如前所述，阿多诺的物化意识的分析，渗透着他自己对他的
学生们的直接观察。除了第一章所讨论的材料外，阿多诺还反思了与一些
应试者的遭遇，他们在考试期间"张扬地呻吟"并用他们的家乡方言发出外
来词音（CM 26—27，29—31）。他把这些发音归结为对基于一种教育赤字
的智力工作的抵抗，这种教育赤字破坏了个人质疑看似自然的思维习惯的
能力。类似地，阿多诺 1965 年的文章"论这个问题：何为德国人？"（"*On
the Question*："*What is German*？'"）探讨了"我在自己身上观察到的一些东
西"，而不是从他可能有望诉求的方法指导的《群体实验》中援引资料。阿
多诺观察到，在德国他能够以他所选择的版式来出版文稿，而在美国它们
应当根据出版标准来加以编辑。他的这个观察触发了他的反思，即反思智
性整合以及意识对"合理化的商业剥削"的抵抗（CM 211）。阿多诺的紧密对
应的"空闲时间"也使用

　　　　琐碎的（geringfügige）个人经验来阐明问题。人们一次又一次地在

---

① 帕迪森（1993：28—29）在《最低限度的道德》和阿多诺美学之间的联系是意味深长的：
"每一节的起点都总是具体的、个人的、通常私人的经验……被当作辩证反思的材料。"《最低限
度的道德》"在某种意义上为阿多诺后来许多论音乐和美学的著作提供了模型"。

访谈和调查中被问及他们有什么种类的业余爱好。① 当配有插图的报纸报道文化工业的那些斗牛士中的一位——……文化工业的主要活动之一——时，他们很少会错失机会就对受关注之物的业余爱好讲讲或多或少家长里短的东西。无论何时，只要我碰到这个问题，我就会被它吓一跳。（CM 168）

这个以及其他一些短暂的私人观察随后鼓舞了对主宰资本主义社会核心原则的广泛沉思。②

　　尽管阿多诺论反犹主义以及德国与它的纳粹往事的关系的著作仍然参考来自早期渗透着方法的研究中的材料，但是，与他早期的研究不同，它们现在也更为强有力地吸收他自己的私人观察（另见霍亨达尔，1995：55－56）。③ 阿多诺甚至突出强调了他的一个确信，即从原则上来讲，每个人都能与《群体实验》试图发掘的跨主体意见模式的表现发生原初的遭遇。我们可以对它们闭目塞听，但是"我们都……知道准备好……去拒绝所发生的事情或者使其减到最小"（CM 90）。阿多诺描述了这个语境中的一个特别激烈的观察：

　　　　我有一次从一群司机身边走过，他们那时候正在池塘里为美国占领军工作。他们彼此污言秽语地大声责骂犹太人。我走到最近的军官那里并把他们逮捕起来。在驻地，我主要和他们的头目进行了一次长久而深入的交谈，我从他那儿听到的一句话令我印象非常深刻："好吧，你知道，昨天我们是纳粹，今天我们是美国佬，明天我们是共产

---

　　① 阿多诺在战后变成了德国知名的公众人物，他经常在报纸和杂志的名人民调中被涉及（VSII 734－739）。

　　② 我将在第三章详细地考察这两个文本。

　　③ 参见第四章。

党。"他由此不知不觉地向我透露了一种关于他的类型的整个性格结构的深层智慧。不惜任何代价去适应的动机在他那里比其他一切都重要。（VSI 379－380）

与一种漫不经心的话语——由某种程度的自发性来加以区分，这种自发性是《权威主义人格》和《群体实验》旨在通过复杂难懂而讲究方法的安排来达成的，这次个人为说明智性整合的问题提供了有益的材料，阿多诺认为智性整合为战后德国幸存下来的危险偏见和意见模式提供滋养。

阿多诺 20 世纪 60 年代的社会学讲座偶尔把对艺术作品的社会维度的译解与定性的内容分析联系起来（IS 87－88）。在这个联系的基础上，他的四卷本的《文学笔记》可以被视为有助于保持其交换社会的社会学探究的经验维度的内容分析。内格特（1995：7－8）提到了抒情诗对于阿多诺而言在社会学上的重要意义。同样地，我在第六章将触及阿多诺对贝克特（Beckett）的解释的社会学维度。① 不过，阿多诺论文学的作品主要是在他的美学作品里，而且不能忘记的是，他从未认为有可能简单地消除或者跨越现存的学科界线。他论文学的著作是否能够为判断他后期作品中更为狭义的社会学努力的经验层面提供决定性的证据，这是一件值得讨论的事情。

阿多诺 20 世纪 50 年代末和 60 年代的社会学著作坚持认为，社会学不84 能缺少经验材料。可是，与此同时阿多诺不是坚持经验方法的使用，而是越来越确信，对经验社会生活的个人观察也构成了事实内容的富有成效的来源。阿多诺有关经验方法的论断当然无规律可循，有些段落是强烈的批

---

① 另见给柯尼希（König，1996）卷的投稿，它道出了阿多诺试图在单个案例的典型重构的基础上解释社会整体，而这与他对《终局》的阅读相关。关于阿多诺努力译解文学的社会内容的一个更进一步的例子是他在《棱镜》中论赫胥黎的文章（P 95－117），这篇文章我在第一章中做了多次援引。

判，另外一些含有使用个人观察的研究的段落则提到，这些观察既可以或应该由有详细的文件分析和心理分析的个案研究来贯彻到底，也可以或应该由方法指导的研究来贯彻到底（CM 86－88，174－177）。① 尽管这从未发生，但是阿多诺的确为了社会学材料而坚持利用对社会生活的个人观察。这就使得人们难以把他后期的社会学当作经验上的空空如也来打发掉，同时这也表明，直到他去世为止，他一直在根据他的一个信念来对交换社会展开社会学的考察，这个信念就是这样的考察需要经验内容。

阿多诺曾经指出，追求一种相类似的不讲究方法的"方法"的维布伦（Veblen）部分地出于这个理由，被"诬蔑为……就像门外汉那样疯狂而具有破坏性"（P 76）。当忙于"一种过分精巧的话语，或者更为经常地，关于方法的独白"日益成为"社会学中的老生常谈"（弗里斯比，1981：69）时，阿多诺对于个人遭遇的重新聚焦看起来也许同样是不协调的。事实上，可以争论的是，阿多诺20世纪50年代末和60年代对经验研究的进路是否比他自己四五十年代的研究在经验上更有成效，因为与这条进路关系更为密切的乃是他30年代深受齐美尔、克拉考尔和本雅明影响的实验，而不是拉扎斯菲尔德的研究。一方面，较之他后期的文章来说，阿多诺早期方法指导的工作和他对托马斯广播节目或占星术的内容分析覆盖了更为宽广的经验领域。另一方面，社会学家们突出强调了阿多诺的个人观察的能力，这种能力就是给予那些很容易被忽视的经验细节以力量。克拉考尔称赞了阿多诺论及他哲学学生的文章中的"引人注目的观察"（A&K 625）以及"材料中的结构"（A&K 633）。最近，内克尔（2005：189－191）说道，尽管阿多诺没有提供"系统的方法论"，甚至没有提供"方法手册"的材料，但是他的

---

① 例如，电视在教育上的影响可以由一些比较实验来测试，即比较孩子们从电视上学到的东西和从传统的课堂上学到的东西（阿多诺，1971：65）。邦斯（1983：211）认为，阿多诺的"归纳的……定位于程序的单个案例"，作为对"抽象的方法论规则"的抵制已经"在实验上……发展起来了"，这种单个案例不仅要排除既存的方法，而且还"需要……新的程序"。

"微观社会学"包含了"对社会场景和现象的观察的收集",这些观察"光辉耀眼",足以补偿当代社会学家们的"胆怯懦弱"。评价阿多诺后期社会学经验层面的一种方式也许是,着眼于该学科的当代趋向对他那时的经验研究在社会学上的优缺点进行彻底的考察。非常值得做的一件事情是,根据人种论研究中的最近发展——也许类似于我以前试图怂恿的一种对话,即他的定性内容分析和当今文件研究倾向之间的对话——来批判性地反思阿多诺对个人观察所做的实验。通过以一种新的眼光来看待阿多诺后期社会学的经验维度,本章的最后部分已经努力为这样的一种对话做好了准备。既然对于阿多诺来说,经验资料不管是以怎样的方式获取的,都总是不值得信赖的并且服从于理论的审查的,那么下一章就必须回到他的社会学的理论维度。

第三章

社会学的反思

鉴于观察及其事实资料都是不值得信赖的，阿多诺为它们的理论分析提出了充分的理由。因而理论分析就像经验研究那样，是他的社会学反思中的一个关键主题。它也是当代社会科学争论中的一个主要问题。使阿多诺有关社会学探究的理论解释的著作与众不同的是，它们拷问社会学提供社会生活的结论的能力。理论分析构成了阿多诺关于学科界线的谈判的另一个场所。他关于理论解释的社会学—方法论的观念大量地吸收了认识论的考察，而这些认识论的论证通常被迫处理社会学的问题。这就使得互不相连的领域之间的某种纵横交错变得不可避免了，尤其是在本章的前半部分。

一、社会学中的理论分析

阿多诺对理论社会分析的想法可以以三个步骤来加以阐明。首先，事实材料的局限性必须得到澄清。前一章尽管没有解释，但却屡次陈述了阿多诺的一个警告，即经验观察不能够充分地表现现实。因此，理论的作用及其程序模式就作为对那些局限性的回应进入视野之中了，相伴随的则是阿多诺社会学在其理论维度上发展出来的问题和潜力。

（一）社会学材料的社会局限性

阿多诺的社会学—方法论工作猛烈地批判了"实证主义的"社会科学。对于承认一种不稳定彻底定义的阿多诺来说，实证主义意味着对现象进行观察、比较和分类，把事实材料、明确给定的东西当作考察现实的基础来接受，并且对理论的思辨加以拒绝（CM 8—9，SSI 246—247，VSI 17，33）。实证主义饱受"混淆确凿事实……和（世界）基础的天真"的折磨（HTS 74）。早在1931年，阿多诺就对实证主义社会科学的哲学基础提出了异议，他这么做是借助两个方面的结合，一方面是他认可逻辑实证主义对观察的强调，另一方面是担忧它不加批判地将事实接受为真理，并担忧它剔除所有那些在经验上无法证实的思想（1977：125—126）。20世纪30年代中期，阿多诺试图直接攻击"实证主义"社会学，尽管他的靶子曼海姆的社会学可以证明是反对这个标签的。事实上，鉴于阿多诺1937年那篇论曼海姆的文章把"曼海姆的态度"描述为"认识论上的实证主义"（VSI 33），根据它1953年版的同一段落（P 42），"曼海姆同实证主义调情"。德国社会学中的"实证主义争论"在批判理论家阿多诺和哈贝马斯与批判理性主义者波普尔和阿尔伯特（Albert）之间展开，这场争论主要发生在阿多诺生命的最后十年。[①]在这些争论中，阿多诺的核心论证之一就是，观察并不足以把握现实，事实资料构成了世界的不值得信赖的表达。阿多诺聚焦于社会学由于嵌入它试图考察的相同语境中而遭遇到的问题，从而把经验观察和材料的局限性设想为以社会为条件：

---

① 波普尔（PD 290—291，298—300）正确地强调，这场争论并没有牵涉到实证主义者。弗里斯比（PD xxix）将阿多诺看作在批判"一种幼稚的实证主义……它几乎不在问题所涉及的……争论者之中"，但是，他在阿多诺去世数年后又补充说："它可能仍然在许多社会科学实践中运作着。"

经验上的无能绝不可能仅仅被理解为个人发展的结果，更不必说是种的法则所决定的发展的结果。认知意识对潜意识的盲目无知本身起因于社会的客观结构，这个社会的无缝连接的总体性妨碍目光投向那一直存在于和解条件的外表之下的东西。(SSI 194)

阿多诺区分了从主观上所知觉到的现实和客观现实本身。他认为，不管主体对外部现实的观察是怎样的温和，知觉不但接受了来自现实的刺激，而且总是把主观想法投射到现实上。知觉主体"借着（世界）留在它感觉中的痕迹"重构了现实——"再创造了外部世界"(DE 155)。知觉当然接受了来自个人与现实的遭遇的物理成分的刺激，来自感觉和印象的刺激。但是，在知觉中，这样的刺激总是立即掺入主体对现实的智性重构之中。经验材料从来不是如其所是的现实，而总是它的主观重构。主体为再创造世界而使用的手段就是概念。认识论所假定的最具体的存在，"印象或者'感觉'的成分"，实际上与"范畴的契机"是不可分割的(AE 148，另见 HTS 57—58)。"知觉……可以被解释为……仅仅是一种思维性能或……'直观中的领会'、① 范畴化。"(AE 154)知觉对重构的依赖蕴含了以下这一点，即现实不是被直接(unmittelbar)遭遇到的，而总是在概念上得到中介的(*vermittlet*，另见 DE 159—160，ND 156)。没有语言，就没有事实(JA 42)。

就每个进行感觉、思想的主体都是活人而言，阿多诺认为，意识乃是时空世界的一个要素，并且是不能与时空世界分离的(AE 156，226—227，HTS 16—17，ND 184—185)。与此同时，既然所有的人类主体都是社会化的，那么意识也是由社会决定的(参见 CM 11，ND 178—180)。这里至关重要的是，一切主观知觉所内在固有的那种从感觉痕迹来重构现实的进程是在社会的调节下运作的。阿多诺指出，社会性的东西就是主体根据观察

88

---

① 康德的"领会的综合"联结"直观"中的"杂多性"(1999：229)。阿多诺对意识的要素分解持批判态度(AE 157)，不过他同意，认知客体包含综合，接受性是和自发性结合在一起的。

来处置现实重构时的形式、图式或者概念："在所有的思维范畴中，社会进程的客观性先于个体主体的偶然性。"（HTS 78，另见 DE xvi，65；1999：68）阿多诺争辩说，历史是在概念中沉淀下来的（MM 127）。这里的历史被理解为人类借以介入自然的集体行动。概念是为了这些介入并在这些介入之中被创造出来的（ND 23；另见库克，2007：164－165），它们是社会现象。既然主体按照流行的社会条件从概念上来重构现实，那么它们所获得的观察和事实资料就总是在主观和社会上得到调节的（CM 221，NLII 63）。① 社会规定认知"直至每个个体的感觉资料"（HTS 63）。既然社会整合为了把握现实而抓住了可用于观察的手段，那么经验材料就不仅仅表达现实，而且还具有一种独特的社会维度。

社会学的观察和事实并不例外。阿多诺批判曼海姆的方法是归纳的。他宣称，曼海姆依靠假定由无偏见的观察所确立的经验事实来形成普遍的范畴框架（P 37，VSI 16－18）。曼海姆倾向于否认社会现实的事实重构不仅表达它所指的东西，而且它也由"预先安排的结构所塑造……科学的主体……连同它的'经验'取决于这个结构"（VSI 33，另见 p. 43）。30 多年后，阿多诺重申社会学的观察具有一种概念的契机，并重申社会学家们为重构社会生活而处置的那些概念由社会预先形成。例如，尽管经验的"方法""就它们并不根据使用它们的研究者的个人心理发生变化而言是客观的，……方法本身源自人类主体的相互作用的'功能'"（德雷克，2004：308）。社会甚至塑造了最简单的社会学遭遇以及这些遭遇所获得的材料（PD 27）。

阿多诺说现在"太阳底下没有什么东西"还留在社会"之外"，他这么说意味着，社会塑造了世界的每个方面，包括"自然"（IS 65）。因为"甚至看起来未被（社会劳动）触及的自然……"也是被人类的自我保护行为"……所

---

① 如果说"社会"是"内在于经验之中的"（CM 250），那么阿多诺从社会学"转"（MCP 45）到哲学就并不令人吃惊，反之亦然。

中介的"(HTS 68)。因此，社会也影响了世界的事实重构，因为所有的客观现实，可能遭遇到的每个细节，都服从社会的支配。用社会学的术语来说，社会整体中介了所有社会现象：人的、智性的、人际的和制度的现实。共存的社会力量的网络不能被化约到某种经济基础，同时它的诸法则合在一起决定了历史上的特定时代，曼海姆试图对这种网络进行分类(例如 1940：173-190)，在这里，他有无视以下这一点的危险，即"资本主义系统的潜在统一"反过来主宰着社会生活的每个方面(VSI 17)。社会学的"现象""全都处于一种对它们进行决定性塑造的媒介之中"(SoI 188)："普遍的社会结构。"(GS9.2 357)社会研究所记录的"诸要素的……表现方式"，例如意见或态度，"很大程度上是由整体的语境所预先规定的"(PETG 29)。通常被称作"背景研究"的东西，即对访谈或问卷材料中人们所做回答的文化的、经济的、社会的前提条件的识别，构成了通向必不可少的资本主义社会考察的一个步骤，这发生在资本主义社会对社会生活的不同方面的调节中。[①] 社会也通过影响社会学家们可能观察到的一切现象来影响经验的社会学材料或资料。

既然经验事实起源于主体与社会化现实的社会化遭遇，那么就是社会"使得(事实)成其为事实"的(ND 169，另见 307)。正如《群体实验》所强调的："在所有事实中，甚至在表面上的纯粹感官印象中，也隐藏着一种形成性智力的因素，……甚至把我们的注意力引向这棵树或者这幢房的兴趣……某种更具包容性的东西进入两者之中(,)……整个的社会，对客体进行判断的整个人类历史，后者同时体现在客体本身之上。"(GEX 9)由于社会调节着产生经验资料的原初社会学观察，并且调节着所观察到的每个单独的社会细节，所以社会学材料不是简单地表达现实，而是也体现出了一种双重的社会维度："事实是……有条件的"(PD 84-85)；"特定事实的

90

意义是就……出现于其中的……社会系统而言的"(JA 41)。

社会学观察的不值得信赖看起来是源自这样一种进退两难，即可观察的现象是被社会整体决定的，而这个社会整体又不能够作为一种"直接事实"(IS 108)得到观察。由于聚焦于"孤立的""狭窄的区段"，经验研究"原则上"无法处理"人类生活所依赖"的"社会结构的核心问题"——"总体性"(GS9.2 358)。社会进入但却又隐藏于"分散的事实"之中，因此，它们"总是比它们直接显现的样子要更多"(JA 41)。

尽管这些阐述勾勒了阿多诺所强调的观察问题，但是它们并没有穷尽他的论证。经验材料的双重社会维度提出了两个要求。社会对现实的主观重构的统治意味着，进行知觉的主体若要能够理解现实，就必须明白在何种程度上他的观察以及这些观察的事实材料仅仅是社会指导的重构，以及反过来，在何种程度上它们真正地表达了事实的踪迹。理解认知的社会条件对于忠实地理解现实来说是必不可少的。这个要求回荡在阿多诺的以下陈述之中，"只有洞察到科学内在固有的社会中介才能对（它的）客观性有所贡献"(PD 19)。如果事实材料不能透露那些将它确立起来的观察的社会条件，那么它就仍然是不值得信赖的。社会对于单一客体的统治推衍出，要忠实地处理现实就必须考察社会，因为社会决定着客体。而对于社会现象的把握则取决于恰当地依靠社会整体来辨识它们的中介。阿多诺说道，"事物的运动中存在着某种像是历史强制的东西。主体方面也是以这种历史强制为条件的"。认知必须"对这种条件性给出说明"[阿多诺和冯·哈塞尔伯格(von Haselberg)，1965：487－488]。他们借助社会对观察的调节以及所有可观察的现实来取得经验资料的双重社会维度，这个维度必须得到揭示。同样地，社会学研究取决于对社会学材料的社会维度的披露。社会学的事实必须被理解为"社会总体性的（诸般）表达"(SSI 514，另见 195，543－546，581－582；PD 11，76)。

在当代资本主义中，经验直观尤其局限于满足这些要求。社会整合导

致了社会的物化和固化，它们在社会异化中达到顶点。人把社会现实经验 　91
为不透明的、无变化的自然，这种困惑使得直接凭借社会对主观观察的调
节来把握社会变得难上加难。"人们不能……在他们内部……识别社会，
因为他们彼此异化并且与整体异化。"(SP1 69，另见 CM 254－255)在受刺
激的、不透明的社会中，直接的观察揭示不了调节这些观察的社会条件。
因此，无法直接辨别的是，在何种程度上，事实材料把现实表达为反对受
到它的主观重构的社会调节，这些情况也防止知觉把握社会对客体的统
治。阿多诺警告说，直接的直观不能辨别"那种作为客体的运动法则而移
植到客体之中去的东西"。客体的社会内容仍然隐藏在社会的正面之后，
"被现象的意识形态的形式掩盖"(ND 206)。对于社会学家们来说，这意味
着，社会整体尤其是它现今的不透明，在它对单一社会现象的特征刻画上
是不可知觉和不可观察的(IS 34)："得到确定的事实并不忠实地反映潜在
的社会条件，而毋宁说它们同时在构成遮蔽，靠着这遮蔽，这些条件必然
掩盖它们自身。"(PD 85)例如，经验上确立起来的个人"意见、态度、行为
模式"充其量歪歪斜斜地表达了主宰它们的"社会的本质法则"，并且通常
根本没有解释这些"条件"(GS9.2 358－359)。[①] 事实材料既没有透露对观
察的主观重构进行调节的社会条件，也没有透露个别现象的社会成分。经
验材料的双重社会维度，包括特定社会学资料的维度，并非直接可接
近的。

　　因此，"直接经验到的东西"并不是"真正的原因"(HF 25)，事实"在实
际所发生的东西之前筑起一道坚实的墙"(CoM 110)。由于社会的整合，社
会学的事实具有了一种双重的社会维度，该维度并非是直接明了的，尤其
是在受刺激的社会中。"主体对永远相同者的世界中的经验的缺乏"以及它
的观察的不值得信赖，"标明了异化进程的……人类学方面"；"社会异化

---

　　① 例如，工人们不再相信他们是工人这个经验事实只是提供了对他们生活于其中的社会条
件的一种扭曲表达。

在于……把认知的客体从直接经验的领域中移除"(P 90)。阿多诺反驳(实证主义社会科学)说,这种"社会不能被确定为事实","证明是……中介":"事实"不是"最终的"(PD 11)。

(二)理论的作用

阿多诺1931年对逻辑实证主义的批判已经警告说,经验资料之所以要求有理论的译解,乃是因为它们并非像某些科学哲学家宣称的那样是"最终的……深层的"和"坚不可摧的"(1977:126)。他后来的著作反复强调,不值得信赖的直接遭遇要求持续的反思和解释:"只有对……真正处于事实性之后的东西……有所指明的思辨……才能公正地对待现实。"(HF 30)在回应经验观察的局限性时,理论分析被赋予了揭示事实材料的隐蔽社会维度的任务。① 不过,理论一旦如此这样地推翻事实真理的主张,它就立刻开始暴露它自己的严峻困境。

1. 译解

阿多诺的社会学—方法论工作是由他的认识论考察所塑造的,但是它很少详细地重申这些考察。在澄清一些认识论观念对于社会研究的重要意义之前,对它们进行概述是有帮助的。根据阿多诺的想法,理论分析牵涉到自我反思:理论需要考察将主体的现实重构与现实本身的痕迹区分出来的认知。不过,这种反思运作只是批判的初步。如果不接受后期涂尔干特别是他在《宗教生活的基本形式》(1995:8—18)②中对知识论的介入,那么认知的"构成成分"就是"起源于社会的"(CM 257);如果甚至个人的感觉资料也是由社会主宰的,那么任何"经验批判"都必须"获得后者的……历史

---

① 1931年,阿多诺指出:"人们真的不得不拷问,是否现实主义小说仍然还是现实的;是否对所出现之物的忠实描述也没有不经意地采取外表的东西,在那里既有显现又有遗忘,即遗忘其所遮蔽的东西;鉴于只有突破封闭的外观语境……才能够……揭开实际的……现实的面纱……这个程序只有通过使自己同化于社会理论中才能证明自己是正当的。"(VSII 541)几十年之后,阿多诺指控理论使实证主义的社会科学不受约束地成为非现实的现实主义(S 145)。

② 另见阿多诺和霍克海默(DE 16)对涂尔干和茅斯(1963)的提及。

的……社会的……条件性"(CM 250，另见 DE 214，ND 198)。既然主观观察是由社会调节的，那么反思所牵涉的对认知能力的分析就必定要着眼于它的社会条件。正如事实材料必须被追溯到主体的贡献，理论也必须总是将那些确立材料的主观观察追溯到它们的决定性的社会现实。这样一种分析"把启蒙……当作去神话化"来加以处理，它"不再仅仅是……个人归纳，而且相反地还是……人性归纳"(ND 187)。分析旨在确定在何种程度上事实材料仅仅建基于那些操控着主观现实重构的社会条件，而不是表达现实本身。与此同时，理论分析必须译解隐藏在客体之中的社会内容。对客体的知识依赖于知道社会总体性如何影响它。通过把两种运作结合在一起，理论解释从材料中发掘出了它的社会维度。"批判仅仅意味着使一个判断"——而"知觉"是一个"初步的判断"(AE 157)——"与内在于它的中介相面对"(AE 153)。理论分析突出了那些根植于主观观察的社会调节之中的材料元素，而不是表达客观现实并突出了起源于社会对客体的规定作用的材料元素。

93

阿多诺对曼海姆的批判指向他的一个要求，即要求直接根据社会学来"对社会的理论认知进程中的'事实'进行……修正"。"描述性的事实关联于"社会"就如同外表关联于现实"。社会学要求一种能够在其社会存在之中对材料进行解锁的概念—理论框架(VSI 34)。20 世纪 30 年代，阿多诺日益意识到霍克海默的工作对于他自己的社会学思考而言的足智多谋。阿多诺和霍克海默一致认为，实证主义的根本缺陷在于，它定位于粗糙的事实，无视它们的社会相关性，不愿意从理论上着眼于社会变化来分析它们(A&H1 242—245)。阿多诺的主要灵感(A&H1 322)便是霍克海默的《对形而上学的最新攻击》。[①] 霍克海默认为，早期的经验主义者们——洛克和

---

① 霍克海默的(1995：188—243)《传统理论和批判理论》(*Traditional and Critical Theory*)更为透彻地陈述了如下观念。阿多诺将《最新攻击》(*Latest Attack*)读作霍克海默的同时是我们对社会学实证主义的"立场"做出的"最早的……非常真实的"规划(A&H4 820—821)。

休谟——仍然提出了认识主体对科学的介入问题。最近的流派如维也纳学派并不关注它，在它们那里，"通过知觉来进行验证乃是事情的全部"（霍克海默，1995：142—143），它们不理会主观观察所构建的事实与现实之间的区分（1995：151—152，155—157）。① 霍克海默为事实材料的理论渗透进行辩护，但是补充说，这样的分析不能够通过考察知觉主体来达成。主体对现实的经验重构由概念、语言以及最终社会生活所指导（1995：144—145，151，157—160）。因此，它的达成必定取决于经验材料在何种程度上是由知觉的社会条件来刻画特征的。霍克海默得出结论说，对事实资料的反思要求一种接近它们"历史情境"（1995：159）的社会理论。把事实当作真理来接受表明了一种无能，即"无能把存在的东西理解为个人参与其中的社会生活进程的结果，……社会劳动产品的异化"（1995：156）。

　　25 年之后，阿多诺重申了他对社会学中理论分析的呼求，以回应波普尔在引发"实证主义争论"的 1961 年图宾根会议上的一个谈话。阿多诺的回答并没有拒绝波普尔的（PD 87—90）这样一个想法：科学知识是不稳固的，因为认知是作为对问题解决方案的连续批判来向前推进的，而不是累积观察，但是，最棘手的就是细节问题。阿多诺拷问了他的对话者的一个看法，即解决方案必须"可被事实的（sachlichen）批判所接近"。对于阿多诺来说，这听起来"至少是模棱两可的"。波普尔暗示，理论是作为一套假设来运行的，这套假设就事实而言必定是全然可批判的，因此准许存在经验材料的弄虚作假者的身份，而阿多诺认为它并不应该得到："事实……并非知识可以依附的最后事物。"② 阿多诺当然愿意看到有问题的理论陈述被否定掉，他这么做的方法是内在批判，即在理论框架里面暴露缺陷（PD

------

　　①　多年以后，阿多诺重复了这一比较（没有援引霍克海默）（PD 54）。

　　②　模棱两可的关键在于波普尔的术语 *sachlich*［阿多诺、阿尔伯特等人，1989：105—106］，该术语同时具有"经验的""事实的"和"客观的"的意思。阿多诺主要听取了经验的含义。事实上，波普尔说道，问题产生于"假定的知识和……事实……之间的矛盾"的"发现"（PD 88），并说道，"观察的主要作用……是检查和驳斥……我们的理论"（PD 299—300）。

112—113）。他很少承认社会学的材料能够证伪定理。阿多诺补充说，波普尔（PD 95—96）视为客观性之基础的科学共同体中的相互批判，也不能够使推定的社会学知识免于理论批判。本身以社会为条件的"科学思想控制"激起了阿多诺的怀疑，即"批判的冲动与对每个主导意见的严格齐一性的反抗是相一致的"（PD 112，另见 29—30）。

　　有人判断，阿多诺没有"考虑到"波普尔的"看法"［戈德斯坦（Goldstein），2004：270］，或者，这两位思想家"彬彬有礼地各说各话……给出了他们对科学哲学的立场的速记概括"（威格斯豪斯，1994：568；另见缪勒-多姆，1996：155），这样的判断有贬低两个谈话之间的微妙交集的危险。弗里斯比（2004；另见 PD xxvii-xxx）提出了一种更为细致入微的解读，它解释了为什么争论对于争论者来说是如此地困难，并阐明了阿多诺和波普尔在哲学基础上以及在进一步的直接论点上的不同。这并没有否认，阿多诺这个阶段关于社会学理论任务的看法乃是由他的认识论信念所鼓舞的。阿多诺坚持认为，社会学不能取决于经验材料，而是"要求……反思"　　95（1972：127）："所谓摆脱理论的经验……仅仅是意识形态，它导致……表面的事物。"（PETG 62）现实之前的事实之"墙""只能靠思辨的思想来拆除"（CoM 110）。主观观察和所有单一社会现象的社会化，确保社会学的材料是"通过社会总体性来……构建的"（PD 106）。总体性只能在理论上得到译解（S 146）。理论被召唤过来就材料的社会维度以及资本主义的潜在条件对事实材料做出解释（IS 21—22，SSI 195，581—582）。因此，社会学"试图依靠社会整体来……强调事实的中介"（SoI 184）。阿多诺再次求助于"社会相面术"。它包括"解释""意识到社会给定性特征中的总体性"（PD 32）。在向前推进的社会化中，解释越来越紧迫了："特定的东西越是被界定为一种只不过是属于普遍的东西的客体……所谓事实就越是变成一件只不过是遮蔽真正存在着的东西的斗篷。"（IIF 30）

2. 融解，互惠，永恒的否定

　　阿多诺认为，"思想"的"生活"就像闪电那样"击中"（einschlägt）了经验材料(MM 126)。通过突出材料的社会维度，理论阐明了材料所隐藏的东西。因此，理论突显了材料的一种无能，即无能主动自愿地揭示在何种程度上充满了社会性的东西。思想驱散了观察及其材料忠实表达世界的神话，并且推翻了它们的真理主张。理论的社会学分析表明，社会学材料不能够揭示社会现实并"批判性地对外观的认知价值做相对化处理"(PD 84)。思想"通过科学的自我反思来融解那已经由于科学而冻结起来的东西"(HTS 73)。

在这里，阿多诺的社会学透露了其最成问题的后果之一。理论分析在试图辨别材料的社会维度上遭遇到了一个常见的困境。社会整合使得人和物质生活的越来越多的方面纠缠于那构成当代社会的交换关系。尽管阿多诺坚持说，作为结果的"机构组织和不透明物的复杂性""压倒性的条件"可以得到译解——它们是"人的作品"(Menschenwerk)(VSI 329)——但是他似乎认为社会化的社会复杂性构成了一个问题。在资本主义中，"生产、分配和统治的机构组织，以及经济关系、社会关系和意识形态，都是难分难解地交织在一起的"(ND 264)。阿多诺警告他的学生们说，社会学"不得不处理一种无限复杂的客体，即便这个客体并没有以(一种)……复杂的形式与我们面对"(IS 83)。① 他的警告也许招致了一种怀疑的回答，即使世界的所有方面都适应于一种在社会上得到组织的生产和分配形式，这将会促进社会研究(参见 PETG 72－73)。不过，在使世界适应当代"资本主义"时，整合使现象适应于"某种极其难懂和……极其复杂的东西"(PETG 163)，它反对概念的说明(PETG 44－45)。一项极难掌控的任务就是，根据这个密集交织的社会关系网络，对个别社会现象展开理论调查。

在另一个段落中，阿多诺小心地注意到了这样的可能性："现代社会"较之它"对社会学家们"的显现来说，"客观上"不那么"不透明"；"大型组

---

① "在彻底社会化的人的网络中，更大尺度的结构和语境不再作为可理解的事实，而是作为压倒性的事实与个人对峙"，《群体实验》的作者们这样解释道(GEX 16)。

织的时代""倾向"于移除"复杂的社会中介机制";社会的不可理解性也许是那些不再能够独立生活于其中的人们的一种"投射"(SSI 523)。可是，即便情况就是这样——阿多诺有些犹豫地肯定了它——一种更深的困境仍然存在。理论分析需要把经验材料的社会维度与社会的历史语境联系起来；需要以它的"显著的历史性，它的历史含意"来解释事实，而不是把事实"当作某种自然的"和"不变的"东西(IS 149)。在社会生活的物化和固化中达到顶点的社会整合阻挠了这种努力。"社会化越是无情地抓住人和人之间直接性的所有契机，就越是没有可能记得网络的业已生成(das Geworden-sein)；自然的外表就越是不可抵抗"(ND 351)。社会隐藏了它的人的现实并"作为某种陌生的、客观化的、物化的东西与我们对峙"(PETG 151)。"不通透和不透明的契机……本质上属于一种社会概念"，这种社会的运作逐渐"凌驾于人的头上"。阿多诺再次说道，不相一致的是，"涂尔干……通过……限制……来界定社会事实"，"把盲目的、集体的规则性(Re-gelhaftigkeit)与社会学的实际客体等同起来"，并且，"与韦伯……的教义形成对比"，把这种客体描述为"不'可理解的'"(SSI 503)。"只有一种得到完成的社会理论才能道明社会是什么"：这个"才能"暗示着，在 1966 年，数十年研究之后，阿多诺仍然感到不能做到这一点(S 146)。正如第一章详细阐述的，在今天，靠理论可以得到的有关交换社会以及它所调节的单一现象的最有教益的视角便是一种双重视角，这种双重视角将冲突的社会观念把握为不变的客体以及悬而未决的人的、历史的进程。阿多诺关于异化、依赖和整合的讨论被证明是非常彻底的，就像交换社会被证明是难以捉摸的那样。阿多诺一再得出如下这些关于社会的陈述："确乎被符咒迷住的(所有生物)和似乎被符咒迷住的它们……两者恐怕是同等有效的。"(HF 173)考虑到这些"困难确确实实地渗透于当今社会"(PETG 12)，对材料的社会维度——它由调节观察以及观察到的客体和社会现象的社会整体所实施的中介——的理论解释目前几乎得不到完成，并且经常产生不确定的结果。理论能够提供有关资料的社会维度、有关交换社会所主宰的社会现象、有关交换社会本身的视角。这使它得以扰乱阻碍这些视角的事实。但是，社会学家们面临着对于确然掌握他们分析任务而言的严重障碍。[①]

因此，调查必须继续。对于阿多诺来说，这意味着恪守他先前概述过的信念。若无经验事实，社会学将变成"猖獗蔓延的、肆无忌惮的理论"(IS 25，另见 PETG 25)。社会学必须使自己重新为材料所充满。然而，对现实的事实重构是受社会限制的。社会学资料反过来总是服从于对它们的社会维度的理论考察——一种目前不太可能成功的努力，因此社会学家们再次面临着重新接触事实的任务。

阿多诺于是告诫他的社会学学生们说，"今天威胁这门学科的最大危险是一种两极分化的危险……一方面是全然纯粹的事实观察(Tatsachenfeststellung)，另一方面是不负责任的高谈阔论，即高谈阔论某种对事物本质的真正的或所谓洞见"(IS 21—22，另见 PETG 105，VSII 644)。阿多诺只看到避免这种危险的一条途径：社会学家们必须确保在经验材料的确立和对它的批判性理论解释之间存在着相互作用(IS 25，34，SSI 186，486—487)。"若无一种整体的理论……便无富有成效的个人发现(Einzelfeststellung)；若不沉浸于经验……最确实的理论便可能退化为一个妄想的体系。这两极之间的张力便是我们科学的活力元素"(VSII 706)；"它们的互惠(Wechselwirkung)……构成了辩证法的概念"(IS 25)。这个"与事实发生关联"和"由批判事实而运动"的进程(MM 126)不能够被打断。观察和理论分析不断地彼此涉及。

98   有一种思维模式既不能发展纯粹的思想构造，又不能把社会上有限的事实接受为现实，这种思维模式不再能够满足对最终的实证知识的要求(另见 CM 16—17)。[②] 对社会学材料的反思当然提供了看待经验现象的视

---

①　邦斯(1983：207)将阿多诺"试验性的"理论渗透和看似无关的社会生活断片的彼此联系描述为"理论草案(Entwürfe)的实验测试"。

②　阿多诺强调说，《群体实验》并不是无缘无故地被称作"实验"的(GS9.2 378)。

角，这些视角的提供是从经验现象的社会维度做出的。然而，只要这些视角还是部分性的和不确定的，理论就仍然是一种"关于结果的思想"，而"绝不是……一种可把捉的结果"本身。社会学必定总是重新接触事实材料，可是材料是不值得信赖的，因而也不是社会学的结果："如果一个人文科学或社会科学的问题阐述（geisteswissenschaftliche Problemstellung）是对现代社会学的统计学诊断，那么它为了成为认知就急切地趋向哲学理论。"（VSI 354）由于它一方面面对着不确定的甚至冲突的理论视角，另一方面面对着现实及其经验重构之间以社会为条件的不一致，所以社会学思想担当着这样一种角色，即连续不断地暴露那些冲突和这种不一致。思想一再展示并穿过概念和现实之间的鸿沟，它这么做所采用的手段有两个，一是否定一种主张，即事实的重构能够值得信赖地表达现实的主张，二是暴露一些矛盾，即对交换社会主宰的经验现象所做的理论分析中的矛盾。"理解和解释，"阿多诺说道，"蕴含否定。"（HF 134）在社会学中，它蕴含着对经验材料和理论陈述的同时的批判性否定。社会学既不是确定的理论，也并非建基于确凿的事实。它是无情的去神话化。

　　永恒的否定产生了"非同一性的意识"（ND 17）。阿多诺详细说道，非同一性是指"概念和……事物……并非一回事"（HTS 70-71，NLII 63）。现实的一种或多种属性逃避它的概念，或者说，现实缺乏它的概念归于它的属性。否定作为对非同一性的认可强调了"一种不可能性，即不可能捕获主观的概念而没有不属于主体的盈余"（AE 147）。显然，非同一性思维几乎完全不是通过实证知识产生的。阿多诺承认，否定的、没有得到安置的沉思会导致晕眩（ND 42）。[1] 不过，他确信，只要反思能够展示认知的失

---

　　① 阿多诺 1966 年做出让步的动机也许来自 1960 年同克拉考尔的一次谈话："我告诉泰迪，他的许多文章……只是把我弄得头晕；我经常感觉到其他解释也许同样是确定的……我把我的头晕……追溯到一个事实，即他看起来好像是在讨论某些实质性的东西，但实际上又没有依附于任何实质性的东西。这样就有任意性，并且缺乏定位。"（A&K 514）

99　　败，包括现实的事实重构的社会局限性以及理论分析的缺点和冲突，非同一性的主张就是必要的。

3. 经验社会

用一个阿多诺（MCP 125）借自布洛赫（2000：165）的措辞来说，"这几乎根本不够"。"认知的总体要求……不在于单纯的知觉、分类和计算，而恰恰在于对每个直接之物做出规定的否定"（DE 20），然而，理论几乎没有提供肯定性的结果。阿多诺的那些同时发生在这个社会之中的有关交换社会的社会学反思从它的理论维度发掘出了一些问题。不过，理论分析有能力加强社会学对社会现实的聚焦。经验观察和理论解释之间的互惠使得社会学能够获取看待与交换社会有关的现象的视角，以及看待超出经验观察范围之外的交换社会本身的视角，尽管这些视角对进一步的审查开放。

理论的否定为更加深入地认识社会创造了进一步的机会。对材料的社会维度的分析表明，社会是一种主宰着主观思想和客观世界的力量。理论一方面取得了看待那些存在于社会中介里面的现象的视角，以及看待那种显现于事实里面的"总体系统"（PD 32）的视角，另一方面也强调，若无解释，材料的社会维度就将继续保持不透明。理论否定了现实的事实重构的同一性——暴露了非同一性。否定推翻了有缺陷的事实，因为它们没有充分地表达社会现实。通过这种推翻，否定强调，社会不仅掌握着驾驭所有主体和客体的权力，而且对于直接观察来说总是保持为不可捉摸。批判的思想产生了"对整体的不可穿透性和陌生疏远性的经验……该整体处于直接……经验的把握之外"（P 89）。主体意识到交换社会处于紧密整合和冻结的状态中，它在其中作为无所不在但却不可捉摸的本质降临于个人。对现实的概念和现实之间矛盾的经验包括对人的周围那个陌生而固态的世界的经验，这几乎根本不够，但它并非一无是处。

可是，它是如此之少，以至于作为费解实例的对社会的经验不能被当作结论来加以接受，"社会的本质法则……比事实的东西更加真实，这些法则显现在事实的东西里面，而事实的东西则欺骗性地隐瞒它们"。但是社会既不是绝对的也不是不妥协的，"本质法则……摆脱了它们本质性（Wesenhaftigkeit）的传统属性"，只有在否定能够着手争论社会本质性的地方，它才能够继续有助于对交换社会进行正确认识。在这里，否定达到了它对社会学的服务的界限。争论社会和本质的等同是不够的：社会的"本质法则……将不得不被命名为被带向它的概念的否定性，这种否定性使得世界成为它所是的这个样子"（ND 171）。社会不得不被译解为一种由关系组成的"对抗性结构"，"这些关系是物化的，但却仍然是活的主体的（关系）"。例如，"在社会经验知觉到统治的地方，对后者的历史解释就是批判理论的任务"（SSI 194）。社会学只能够紧贴经验材料并着眼其社会维度来继续它对交换社会的探究。"活人同物化的社会力量的异化只能够被理论穿透，该理论从社会条件中导出这种异化本身。"（VSII 676）

最后，社会学理论旨在一般性地满足霍克海默和阿多诺为认知所提出的一个要求：把经验材料译解"为得到中介的概念契机，这些契机只能通过揭示它们的社会的、历史的、人的意义来得到实现"（DE 20）。对于确立经验材料的主观贡献，将不得不被解读为特定社会条件下的人类活动。调节主观观察的条件——头一眼望去是不可见的并且首先是作为本质出现的——并不是"非历史地同一的、先验的，而是……变化的并且是可以历史地理解的"（阿多诺，1977：125）。此外，理论是必须在单一社会现象——不可观察并且首先被经验为僵化的客观性——中把社会译解为这个样子的人类产品，并"针对……生成现象的……历史条件来测试……对本质的洞见（Wesenseinsichten）"（IS 22）。本章所涵盖的观念在社会学的理论任务上与第一章的考察相比提供了更深的东西。不过，这个语境中再次出现的在社会学上有益的东西乃是看待社会的双重视角——与社会学的双重性质相一致——即把社会看作这样一个权威，一方面它是僵化的、物化的、异化的，另一方面它又是人的作品，并且可以在历史上发生变化。

二、社会学研究中的理论

并非直接明了的是，前面的方法论考察如何转化为社会研究的实践。对阿多诺社会学的理论维度的更好把握取决于一种理解，即理解理论分析在他的特定社会现象的社会学调查中的运作。阿多诺的一些作品阐明了这种运作。接下来的两节将分别引用 1938 年到 1953 年的著作以及 20 世纪 60 年代之后的著作。这个区别主要不是由时间顺序引起的，而是反映了理论分析在两个文本中表现自身的不同方式。

(一)对大众文化的反思

在第二章中可以看到，阿多诺的美国社会学从各种经验来源中汲取材料。不管它们的来源如何，阿多诺认为这样的事实重构是不值得信赖的，因为它们掩盖了它们的社会维度。下面的段落将阐明他相应地做出的识别社会学材料的社会维度的努力，这种努力所借助的是那些贯穿在他的交换社会理论中的概念。通过揭示材料所掩盖的东西，理论不仅提出了看待社会生活的新视角，而且推翻了事实的这样一种主张，即主张成为现实的正确表达。

1. 无线电广播的理论化

阿多诺对拉扎斯菲尔德 20 世纪 30 年代无线电广播研究的参与使他理论分析的旨趣对他社会学的影响变得突出了。就拉扎斯菲尔德的标准而言，阿多诺"简直是太过于理论性了"(杰内曼，2007：18)，这个事实看起来为两位流亡者之间众所周知的摩擦贡献了重要的意义。阿多诺围绕音乐—社会学问题精心制作了理论框架(1991a：29—60)，并打算把它们用在该计划的无线电广播和听者反应的调查中(CM 218)。拉扎斯菲尔德(1941：2—8)则信奉"行政研究"，这牵涉到有关哪些类型的听众——考虑到某些属性、禀性、习惯、环境，等等——消费不同的媒体及其内容的经验研究。行政研究也试图观察媒体内容是如何得到接受的：广播节目是受人喜爱的还是令人讨厌的，它们如何在人们的思想和行为中得到理解和回应，或者它们如何影响人们的思想和行为。这样的研究经常应机构的要求得到实施，而这些机构试图用广播、报纸或者其他媒体来影响公众。尽管把自己描述为一个"欧洲实证主义者"，但是拉扎斯菲尔德（1941：14－16；1968：271，322－326）也同情霍克海默的"法兰克福学派"的旨趣。他盼望批判社会学和行政社会学之间的合作，特别是阿多诺的理论工作和经验研究之间的合作，并希望概念的框架能够有助于收集和阐明资料。阿多诺发现，他将为之做出贡献的社会学从而把理论仅仅当作一个"补充的"角色，并且一旦获得资料就废弃理论。他不能够同意这一点（CM 223，227－228，另见 CoM 477）。阿多诺的目标是对事实材料进行一种批判的理论考察，而不是对事实材料的收集和澄清进行概念的指导。①

　　阿多诺的"无线电广播相面术"开始充实这个见解。阿多诺认为，广播音乐和听者反应都是由社会所中介的。广播音乐是一种商品：作曲的标准化（1941：17－24；1945：210－212，216－217）、反复的"广告宣传"（1941：27－32）以及无线电广播技术（1938：23－24，28；1945：209；1979）对音乐的冲击必须联系社会上盛行的交换法则来加以理解。这与阿多诺的生产力受制于生产关系（另见 CoM 60－61）的信念是相一致的。他补充说道，标准化的、不停地进行广告宣传的、商品化的音乐遇到了完全的承认、自动的反应和"商品的聆听"。例如，夸张地迷恋贵重无价的乐器以及将兴趣集中于一系列有味道的乐段，而不是在精神上主动地经验那些得到整合的艺术整体（1941：21－24，32－37；1945：211－215）。收集关于听者的经验材料的社会学家们必须同时拷问，"在多大的程度上……受试者的主观反应是……自发的和直接的……或者在多大程度上他们后面还有传播机制和机构的暗示力量……听者

102

───────────────

　　① 有关阿多诺和拉扎斯菲尔德以及行政研究在美国的兴起的关系，可参见杰内曼，2007：1－46；另见莫里森，1978；罗斯，1978：97－99。

所面对的媒体和材料的客观含义——以及最终广泛地支配一切直至社会整体的社会结构"(CM 220)。

"肤浅的资料的处理"是不能够揭示它们背后的"动力"的(CoM 110)。只有材料的理论分析才使得社会学家们"对(听者)的理解胜于他们对他们自己的理解"(1945：216，另见 1938：4)，并使得无线电广播胜于它所表达的事实。"没有什么东西……是'太过于牵强附会的'……（我们的陈述）越是超越有限而直接的情境并始终把它联系于基本社会条件，它们就越是有价值的。"(CoM 103)阿多诺猜测，例如，音乐的消费促进了社会整合：流行音乐的"催眠"效果使得听者从工作日和他们不断面临的经济威胁中转移出来，空闲时间的放松意味着为资本主义生产再生产出他们的劳动能力，而自由选择的假象掩盖了消费者在社会依赖中的悲惨境遇(1941：37－39；1945：212，216)。根据阿多诺所说的标准化热门歌曲的"社会现象学"(CM 226)，听者的偏好乃是被训练出来的，即偏好于他们儿时环境中的音乐，主要是大调和小调相关的调性构造。工业模仿了这些音乐模式，一旦一首歌曲在商业上获得了成功，它的模式就不停地被重复并成为所有热门乐曲的僵死标准。尽管歌曲的肤浅的、图式的"伪个性化"为——本来要以疲软的消费来惩罚多样性的缺乏——听者提供了他们知觉为新奇的刺激，但是它们使音乐停留在了那些得到归化的市场性的界线之中(1941：22－26)。广告——歌曲的富有魅力的呈现和重播，"伪专家"关于风格和音乐家的讲演，等等——可以进一步确保，甚至标准化的音乐一旦听到也不会忘掉(1941：27－32)。这些看待广播现象的视角大多是由对资料的隐蔽社会维度的理论考察来确立的，"坚持事实"是"虚幻的"(CoM 104－105)。[①]

2. 分析法西斯主义

1943 年，与拉扎斯菲尔德分道扬镳之后，阿多诺仍然在研究广播材

---

① 参见杰内曼，2007：47－104，那里有对阿多诺广播研究的一个详细讨论。

料，但是他的注意力已经转移到马丁·路德·托马斯演说的内容分析。该研究是阿多诺对当时政治的反应的一部分。在 20 世纪 30 年代的加利福尼亚，托马斯"试图发起一个架构于宗教、定位于政治的法西斯主义组织……'基督教美国十字军'"（卡瓦雷托，2007：133）。正如以下两个例子所说明的，托马斯的计划也体现了阿多诺的努力，即努力从理论上穿透不值得信赖的事实表面，并着眼于典型的反应和潜在的社会维度来审查修辞学的刺激（参见 CM 237）。①

　　该研究的第一部分调查了托马斯对自我刻画的诉诸，例如，他把自己描绘为一个"伟大的小人物"，强大高贵但却贫穷渺小。阿多诺联系资本主义中的听者心理探讨了这个形象的迷惑力。听者被不名一文的伟大人物所吸引，因为在依赖和异化的痛苦条件中，在人们认为他们自己任凭"庞大盲目的经济力量"摆布的地方，听到甚至高贵的人物也面临经济的不安全后便减少了他们自己的惭愧。演说者对现金的诉诸进一步使个人感到满意，因为他们想象着，不管他们的情况如何紧急，他们也能够支持某位有着重要意义的人物。在伟大和渺小相一致的假象下，甚至穷人也感到"得到了提高"（GS9.1 28－33）。

　　阿多诺在后来的年月里多次回到"伟大的小人物"的形象，每次带着一个略微有些不同的分析重点。1949 年的一次指出，做出一副友好邻人姿态的煽动者利用人们的一种欲求，即在一个"技术化和专业化瓦解"人际关系的工业化社会中欲求"真正的关系"（VSI 283－284）。1951 年的一个更为精致的研究以弗洛伊德的术语重新配置了问题。既然在当前条件下主体不能够满足其"自我需求"，那么自恋之爱就是岌岌可危的。这触发了一种力比多位移：它不再是自我，也不是自我理想，而是理想化的领袖，这个领袖

104

────────────

①　阿珀斯托利迪斯（2000：71－89）和卡瓦雷托（2007：127－171）提供了详加阐述的讨论。尤其参见卡瓦雷托的（2007：155－167）"通过阐释来理论化"的观念。

接受了大部分原来滋养自爱的能量。① "伟大的小人物"吸收了这种能量：他的假定的高贵使他变得惹人喜爱而无挫折失意；他与他的渺小听者们的表面相似允许他们把他们的自爱余痕同他们对他的爱调和起来(SSI 419—421)。听者中的同一化随后建立起了一个追随的群体(SSI 417)。领袖的追随者们彼此等同，这种等同的基础是一起将他们的自我理想置换为相同的领袖形象(SSI 419，弗洛伊德，1955：107—108，116)。

在有关托马斯研究的另一个段落，阿多诺对批判分析的追求超越了社会学的方法论维度和实质性维度。阿多诺(GS9.1 114—115，另见 SSI 401)强调说，托马斯几乎专门展示"不透明的、孤零零的……事实形象"。煽动者知道，如果他从事"合乎逻辑的、前后连贯的、协调一致的思考"，即"自主的逻辑进程"，那么他就不仅为"那些（他）想要攻击的人"提供挑战他的基础，而且还公然反对他所展示的不连贯的、"不相干的……事实"，与此同时，他就有破坏他的神示预言的危险。阿多诺不是暗示对于事实材料的理论审查是一个纯粹社会学—方法论的问题，而是暗示他的读者们要反思他们在自己的日常生活中所吸收的无论什么资料。对经验直接性的批判审查支持人们在政治上抵抗法西斯主义的宣传。② 阿多诺这位 1943 年的受迫害者并不奢望去怀疑这种抵抗的必要性。

心理学和社会学的概念也指导着阿多诺对《权威主义人格》研究的参与。在对人格倾向以及相应"附送项目"的决定上——恰恰就是实施经验研究的前提条件——研究者们考察了现存资料以及理论工作(CM 234)。例如，有一种贯穿着心理学理论和社会理论的想法认为，表达"迷信"的项目反映了一个软弱的自我，这个自我已经放弃介入压倒性条件并将责任转向"超越个人控制的外部力量"(AP 236)。不过，甚至《权威主义人格》千辛万

---

① 参见弗洛伊德，1955：109—113，129—130；1957：93—94，99—100。

② "思想本身拒绝变成……一种工具"(GS9.1 114)，这个陈述构成了《否定的辩证法》的一个要点(ND 30)的早期表述。

苦确立起来的资料也无法被当作现实的表达来加以信赖。只有理论解释才 105
能够接近材料隐蔽的心理学维度和社会维度。"打算作为一项经验调查"的
研究，阿多诺(SoI 185)回顾道，最终由于其强烈的思辨倾向而与经验研究
的规则冲突。对于阿多诺来说，正是对隐蔽的心理学事实维度的理论突
袭使得该计划变得更为丰富了，亦即较之局限于经验程序和材料的努力而
言，社会—心理学和社会学洞见变得更为丰富了。

　"《权威主义人格》的解释，"雅霍达(1954：12)强调说，"是根据心理分
析的理论来展开的。"特纳(2002：155—158)认为，阿多诺把应答者态度模
式底下的历史—材料条件仅仅当作背景，而不是批判性地分析它们。鲍曼
(Bauman，2000：152—153)表明了一种相似的看法。事实上，该研究的作
者们反复警告说，他们的人格探究只是产生对社会现实的有限见识(AP
608，661，972—976)。[①] 然而，对这个社会学讨论有重大意义的是，在好
些段落里阿多诺的确试图译解资料的社会维度。他坚持认为，反犹主义的
偏见，包括"好犹太人/坏犹太人"的区分(AP 622—627)，与犹太人的特征
无关(AP 609)。刻板是"在异化世界中进行虚假定位的一种手段"(AP 622，
另见 608)。当代资本主义的不透明性藐视人们的批判—分析审查，并培养
了他们对政治问题的无知愚昧和缺乏兴趣(AP 658—663；另见布克-莫尔
斯，1977：183—184)。个人靠着误导性的智性罗盘来处理他们的困惑，这
样的罗盘也包括政治上的成见(AP 662—669)，对官僚主义者的种种弊病
进行谴责(AP 693—695)或者把不切实际的权力等级归于政客(AP 669—
671)。[②] 后面的这个"人格化"问题，作为把社会关系和条件"的抽象费解的
特征转译""为……活的经验"的一种主观策略，频繁地重现于阿多诺后期

---

　　① 另一个问题是以《权威主义人格》来表明，阿多诺退出了马克思主义的社会分析，尤其是
自 20 世纪 40 年代他在美国或许感到政治压力而掩饰他的马克思主义定位以来(鲁宾，2002：173—
174)。
　　② "法西斯主义"的反对者们——阿多诺似乎看到他的政治观点得到了加强——倾向于拒绝
标签并就他们对世界的个人知觉展开反思(AP 644—652)。

的社会学工作之中（SSI 188，另见 CM 63，OL 426，PETG 59—61）。《权威
主义人格》的主要社会学发现之一可以做这样的概括："社会进程的客观
化，它们对内在的超个人法则的服从，看起来导致了个人与社会的一种智
性异化。这种异化被个人经验为方位迷失，并伴随着害怕与不确定……刻
板症和个人化则可以被理解为克服这种不安状态的策略。"（AP 618）阿多诺
补充说，"无数现代生活现象的工业标准化"部分地解释了为什么"墨守成
规的思想"今天如此之常见（AP 665）。在这里，社会的准自主运作，社会
的僵化、异化和商品交换的均质化力量突显出来并成为应答者态度的条
件。这与阿多诺对资本主义的批判理论——第一章已经有所概述，而且下
面的第四章还将重提——是相一致的，即把资本主义当作一种产生困惑和
害怕的凝固的、异化的总体性，当作一种使思想适应于同一性原则的交换
关系的包容语境。作者们得出结论说，潜在法西斯主义人格的转化取决于
"改变……总体的社会组织"（AP 975）。

3. 得到审查的星星

1952 年到 1953 年，阿多诺为加利福尼亚哈克基金会工作。该基金会
有着对精神病学、心理学和社会—心理学研究的临床兴趣，对此，阿多诺
试图"从社会学上来……加以强调"（GS9.2 11）。阿多诺的主要成果便是前
面提及的占星术的定性内容分析，它集中于"右翼"《洛杉矶时报》星象专栏
（SDE 56）。与早期研究一样，阿多诺的文本解释运用心理分析和社会学的
概念——包括他有关文化工业（DE 94—136）和神秘主义（SDE 172—180）的
理论——来处理资料隐蔽的社会维度。

段落摘选可以说明这一点。[1] 阿多诺承认，尽管专栏的星宿意识形态
从根本上来说是非理性的，但是人们对它的"敏感性"却"借助某些社会和
心理学条件而保持清醒"（SDE 49）。盲目再生产的、物化的、固化的资本

---

[1]   伯恩斯坦（在阿多诺，1991a：12—16）和威特金（2003：68—82）讨论了该研究的实质内容
的更深方面。

主义整体产生了一种经验，即一种把社会当作变幻莫测的、令人生畏的命运的经验。解读占星术可以平息这种经验。宿命的社会系统向星星的投射为它提供了"更高的……尊严和辩护"，而"那种认为星象如果得到正确解读就会给出某种建议的观念减轻了……对社会进程的冷酷无情的害怕"（SDE 57—58）。自恋者尤其为此感到兴奋，"对于他来说，占星术就像其他非理性信条如种族主义那样提供了一条捷径，而提供捷径的手段就是，把复杂的东西放入一个方便的公式中并给出……某种令人愉快的满足感，即感到……被排除出教育特权的人仍然属于少数……'知情者'之列"（SDE 61）。

"一种超人的结构所承诺的……帮助"也改善了人们的悲惨境遇，这些人"依赖于社会，他们发现自己始终处于不能靠自己的力量来应对的情境之中"（SDE 74）。专栏的"抚慰人心的暗示……向读者再次保证'一切都会好起来'，并通过确立对诸事有益的某种巫术式信心来克服他的忧惧"（SDE 76）。额外的满足感随着占星术的预言而到来，这预言就是，生活困境的解除完完全全地在于个人以及他对星象的观察——经常是实际的，"坠地的"（参见 SDE 72—73）——即关于如何对待身处世界之中的他自己的建议（SDE 78—79）。占星术绝不是它乍看起来的那种没有危害的偏差：由于为现状提供了意识形态的合法性，占星术专栏鼓励读者们去适应和整合现状。

阿多诺对一系列更深项目的隐蔽社会维度的理论分析揭示出，提升齐一性构成了占星术的"总规则"（SDE 80）。专栏的时间维度尤为有效。交换社会要求个人既作为工人又作为消费者来运转。占星术为它的读者们提供了一种二相性的指导——据称适应于一种宇宙节奏——即指导他们与这些二律背反相调和。工作任务，特别是假定必要却又无谓的琐事，抵偿快乐被分配在上午；游戏和快乐奖励工作被分配在下午。读者们欣然把这种定位策略当作一种自然参照点来加以接受。他们对交换的履行是得到担保的：上午/下午的计划既没有让生产损害消费，也没有让消费离开生产的毫无意义的如同机器般的运作（SDE 89—101）。

不过，在更为细致的审查之下，各种幸福模式的公式化的星宿处方只允许快乐"服务于……某种自我提升……的隐秘目的"（SDE 101）。快活的外表有助于被视作成功的；参加聚会、狂欢和旅行会扩大人们的网络；接受邀请（不论你是否喜欢它）可以保持人们的地位；甚至风流韵事也能推动人们的事业。正如赫胥黎小说中官能的放荡使个人落入《美丽新世界》的机构陷阱那样（SDE 102—103），娱乐尽管是一项下午的活动，但却服务于上午的劳动，并把主体同社会的生产主义命令统一起来。

这些段落表明，阿多诺对社会学材料能透露它的社会维度以及他的诸般努力感到怀疑，这里所说的努力是指借助他有关交换社会最重要方面——固化、异化、依赖、整合、交换原则（SDE 153—166）——的理论把资料当作社会趋向的征候来加以审查。通过阐明材料所隐藏的东西，这些理论分析坚持不懈地动摇了它的认知价值。在他研究的最后部分，阿多诺说道："正如哲学经验主义的信徒们看起来比思辨思想家们更容易受到有组织的次要迷信的影响，那种教导心灵绝对服从给定资料即'事实'的极端经验主义，并没有由以把可能和不可能区分开来的诸如理性观念这样的原则。"一种"常常不再能够抵制神话诱惑"（SDE 158）的"心态"得到了发展。阿多诺把两样东西联系在了一起，一样是社会研究者对经验资料的信任，被认为是一种对掩盖其社会维度的事实重构的不加批判的相信；另一样是根据星宿"事实"而来的对世界的迷信观点，阿多诺也将其描述为粉饰性的社会趋势。他在美国的社会学工作因而是以一种极具挑衅意味的呼吁而结束的，即呼吁不要相信受社会限制的社会学资料，并且要从理论上来考察它们。

"坠地之星"的理论维度强调了为什么"内容分析"就阿多诺对文本的社会学处理而言并非用词不当。他对文件的经验处理看起来与话语分析的程序关系更为紧密。话语分析者们强调，语言不是纯粹的副现象，而是社会活动的一种形式(吉尔，2000：174—175)。阿多诺同意地说，甚至占星术著作也履行了重要的心理学职能和社会职能。不过，话语分析者们倾向于否认文本能够成为"一条通向某种其他现实的途径"(吉尔，2000：175)。他们坚持研究"文本本身"(吉尔，2000：177)。相反地，内容分析者们则不仅把文本当作对社会世界的影响，而且同时把文本当作流行的"世界观、价值、态度、意见、偏见和陈规"的一种"表达媒介"(鲍尔，2000：133—134)。内容分析意味着通过文本来分析这些语境。阿多诺把占星术文献当作商品资本主义的智性条件和社会条件的一种表达。文本的社会学分析涉及对这些条件的确定，这些条件尽管是由包括说和写在内的人类活动所生产和再生产出来的，但是它们运作起来却仿佛是独立的。社会条件反过来塑造了这些人类活动。

4. 结果还是互惠？

阿多诺警告说，面对不服从译解的资本主义条件，理论的主张必须细心地加以查看。通过着手处理材料的社会维度，理论分析不仅动摇了材料，而且为看待社会所中介的现象以及交换社会提供了有益的视角。但是，这些视角很少穷尽质料并且常常抵制和解。理论并没有达到对社会现象的一种令人满意的解释或者确定无疑的解密。它们的调查必须继续。这意味着实施进一步的理论研究并处理新的材料，这反过来要求理论的审查。理论和观察进入一种互惠的关系之中。

在阿多诺的美国社会学中识别这条轨迹是困难的。他的解释似乎是在主张一种没有根据的明晰度，它对他的方法论工作所提出的理论社会学分析的问题进行粉饰。看起来阿多诺的解释无情地批判了社会学的材料，而没有随后进入与新资料的一种互惠关系之中。他根据他所确立的分析框架或新的观念来译解新材料。但是有些情况看起来很少，即他在着手再处理新资料前从根本上挑战他的理论断言。他的理论断言读起来像是关于想象的陈述，即以交换社会的理论为形式对材料的最终真理所做的表达。在托

109

马斯研究中，心理分析理论，特别是社会理论当然"优先"于材料（卡瓦雷托，2007：164-165）。阿多诺的无线电广播著作甚至包括一张有关资本主义商品社会的"公理"清单（1945：210-211）。阿多诺没有授予理论断言以结论的地位吗？这也许关系到一种他感到（CM 242）过高评价经验材料而把理论贬低为可予驳斥的假设的美国科学环境。

　　这个问题要求一种小心谨慎的批判回应。阿多诺否认他的分析已经得出了结论，并陈述了联系所有得到讨论的研究继续进行调查的要求。无线电广播著作被描述为进一步经验探究的"模式"。新材料也许能"改正"——他借此想说的看起来更像是"改善"而非"证伪"——"定理"（CM 227）。因此，阿多诺至少打算坚守他对拉扎斯菲尔德的宣告（A&H2 427），即"辩证的方法"将保持理论和经验研究之间的"一种互惠的关系"——一种"相互依赖"（1938：i）、"相互交织"（1938：6）或者"相互作用"（CoM 446）。阿多诺的妻子说道，托马斯研究也从未被看作穷尽的或者结论性的。我提及阿多诺多年来所坚持的看待"伟大的小人物"的不同理论视角。他也许否认它们可以达到一个完整的理论框架。格蕾特尔·阿多诺（Gretel Adorno）继续说道，阿多诺把对托马斯文稿的研究理解为《权威主义人格》的一种基于文本的对应物（A&H4 758），它在对主体的新的经验探究的基础上继续展开调查。作者们告诫说，《权威主义人格》的理论考察也不应该被读作为结论——即使它们显得明白清晰——而是应该被读作为"进一步研究的假设"（AP 604）。对于邦斯（1983：215）来说，它们不是"结果"，而是"解释的'开放'提供（Interpretation sangebote）"："不确定的和初步的"，但却能够给出新的"视角"。"坠地之星"也许可以被解读为根据新的即文本的资料［参见克鲁克（Crook）在 SDE 13-24］①对某些理论观念所做的调查，这些理论观念贯穿于阿多诺早期有关法西斯主义和刻板症的研究中。占星术篇的"结果"也"不可避免地必须被看作试验性的"，它们等

———————————

① 《群体实验》也可以被看作联系新资料从阿多诺早期的法西斯主义研究中发展出想法。

待着更多的经验材料，特别是有关读者的经验材料(SDE 54)。[①] 如果考虑到阿多诺否认他的理论断言是最终的并且是计划实施的进一步的经验研究，那么认为他打算使那些断言成为结论的分析就是错误的，这与他的方法论警告是不相容的，该警告所指向的是对交换社会并且在交换社会之中所做理论反思的不稳定性。尽管如此，阿多诺美国社会学中的许多理论陈述听起来像是结论性的，因为它们道明了他看待由社会所中介的现象的视角，道明了他看待社会整体的视角。这看起来部分地是由于这样一个事实，即他坚持根据新资料来重新考察理论问题的计划大多一直没有得到实现。作为结果，对阿多诺作品这一部分的某些批评就很难不予理会了。威特金(2003：117)抱怨说，阿多诺的无线电广播研究最终主要是"阐明了他的理论"。[②] 凯尔纳(2002：99—103)认为，阿多诺没有从文化工业的外部来考察对立的亚文化，而亚文化表达了对齐一性的反抗，这就使他对流行音乐的理论解释变得很片面。在海曼和希茨利看来(1954：102)，阿多诺在《权威主义人格》中的分析章节使"判断"免除了"科学的约束"，并且使理论"诊断"横行"泛滥"。克鲁克(SDE 25—28)拷问了阿多诺有关听者和读者反映的陈述的价值，因为它们建基于对无线电广播演说和占星术文献的研究，而不是对听者和读者的研究，[③] 并且指出，阿多诺由于对弗洛伊德理论的过度依赖而忽视了那些反应的性别维度。

　　如果在某种社会学中理论是非结论性的并且需要重新面对资料，而资料又总是有限的并且服从重新而来的理论批判，那么这种社会学是难以提供肯定的结果的。尽管阿多诺的有些美国社会学著作读起来好像理论并没

111

---

　　① 威格斯豪斯(1994：458)批评阿多诺"没有提及任何客观资料"，这个批评是误导性的。阿多诺把专栏文本看作经验的——它是威格斯豪斯似乎用"客观的"所意指的东西——资料。严格地讲，对于阿多诺来说，资料从来不是"客观的"，而是不值得信赖的主观重构(参见邦斯，1983：209)。

　　② 拉扎斯菲尔德(A&H2 436)对阿多诺"忽视……证据"的指控是有问题的：对于阿多诺来说，经验的东西并非证据，既不能证实(例如 PD 69)也不能证伪。阿多诺有时候(AP 603)把经验资料当作"证据"来谈起，但很清楚他并没有这样来对待它们。

　　③ 另见霍耐特，1991：81，以及卡瓦雷托，2007：167。

有面临这些困难，但是对否定的偶尔强调是显而易见的。阿多诺告诫说，他的无线电广播研究"理论上是一种实验"(1938：2)。一些媒体分析者通过宣称广播把高雅文化带给更多的人来回答广播、音乐和听者如何相互作用的问题(1979：110－113)。阿多诺的"广播交响乐"并没有带来全面的可供选择的结果。他具体说明的一点是，无线电广播——以及"令人作呕的"(1972：128)重复——改变了交响乐及其接受方式。这主要使阿多诺能够挑战一个结论和拷问一种权力，挑战的结论是无线电广播可以作为一种适当的手段来培养对原创作品的有意识的经验，拷问的权力是听者反应的经验记录可以对该结论加以巩固(1979：112，135－139)。《广播音乐的社会批判》(A Social Critique of Radio Music)最重要的是提出了一条对行政研究的竞争性的进路。行政研究根据有关听者响应刺激的资料回答了诸如"广播如何能够把好音乐带给众人"这样的问题。阿多诺避免回答这个问题。既然无线电广播侵害了"好音乐"，并且既然在音乐被商品化的资本主义条件下，那些被社会化为商品聆听的大众不能够真正地经验"好音乐"(1945：208－211)，那么达到所述目的的可能性就的确是值得怀疑的。阿多诺解释说，他的广播著作集中于否定音乐在广播上的"不真实的形象"，集中于揭露这种"不真实性"的社会条件(CM 226)。《权威主义人格》的"收获"也不在于"它的实证见识的绝对结论性"，"而首先在于对问题的设想"。它是一项"前导性的研究"，"探讨……可能性"而非给出"不可反驳的结果"(CM 235)。霍克海默(1985：263)关于他的朋友的"社会学研究……对经验主义的违背毫不亚于结论性的理论"的说法或许有些片面，但是它捕获住了这项研究的某种定位。

　　阿多诺1938年到1953年在美国的工作通常被解读为典型的社会学产出。美国研究不仅展示了阿多诺对经验材料的处理以及同时存在的不信任，而且还展现了他的种种努力，即努力借助他的交换社会理论来从理论上审查资料的社会维度并削弱它们的认知地位。然而，这些著作并没有最为显著地阐明他前面所展望的社会学分析的互惠性和否定性。要了解阿多诺方法论著作所概述的对社会研究中理论—分析程序——包括互惠性和否定性的元素——的更为彻底的阐述，人们必须转向那些通常不怎么被认为是他的社会学作品的核心著作。

（二）分析的节奏

阿多诺把他的著作看作对简历的抵制（SSI 574）。[1] 下面的讨论并不旨在进行总结。阿多诺的许多论证是如此地多层面并且依赖于他如何表述它们，以至于摘要梗概冒着掩盖实质复杂性的危险。[2] 目标是考察阿多诺 20 世纪 60 年代《批判的模式》的另一部分，以便阐明他后期社会学的一个独特方面。焦点集中于点明这些文本是如何显示——比美国作品更为广泛——上面所讨论的理论分析的元素的：它的作用和做法，它的互惠性和否定性，它的经验潜力以及它的问题。然而，若不处理文本的有争论的内容，这个阐明就是不可能的。而这种处理若不从这个讨论的主题焦点转移出来，就必定是概要性的。我希望通过揭示这些著作的一个不太明显的层面来抵消压缩阿多诺论证时不可避免的损失：交换社会的社会学考察的一种持续分析策略的坚定不移的运作——在各式各样实质性要点的网络之下。

1. 分析模式

1965 年，当被邀请向一个无线电广播节目投稿时，阿多诺写作了"论这个问题：'何为德国人？'"刻板症的批判者自己不会问这个问题——它是由身份决定的（CM 312）。阿多诺不是设法去解决它，而是毫不留情地将其问题化并以此作答。更准确地说，阿多诺把问题以及假定对问题做出证明和回答的事实当作要求调查的经验材料。这与他后期社会学中的一个趋势是一致的，该趋势就是从社会生活细节的私人遭遇中汲取材料。当然，私人遭遇也没有免除观察的社会限制，它们的材料中隐藏着一种特有的双重

---

[1]　这部分地说明了为什么阿多诺如此难以批判（凯尔纳，2002：105）。

[2]　参见第五章。

社会维度，阿多诺试图借助他的交换社会的理论来分析这个维度。

如果不反思社会条件对意识的物化，阿多诺甚至不能够开始回应"何为德国人"这个问题，这种物化发生于社会条件对这个问题及主体回答的影响之中。他认为，两者都遵循典型的资本主义同一性思维：问题靠的是唤起对某假定国家的人们进行归类的一种德国本质，回答靠的是墨守成规。这样的思想很容易走向一种将团体内的东西加以理想化而对团体外的东西加以指责的危险的"集体自恋"（CM 205－206）。因此，明确指出德国特性的可能性正是令人怀疑的。

阿多诺继续说道，德国唯一性的形象所突出的常常是国家的智性优越以及它的人民"为自身缘故而有所作为"的名誉。康德、歌德和贝多芬挑战了对德国唯一性的理论否定，他们可观察到的不同之处暗示了德国智性文化的唯一性。可是，对这种观察的社会维度的反思表明，它并非仅仅由使这些特征成为德国"财产"和"品牌"的商品思维所指导的。德国的智性成就要求进一步的审查，即根据它们的社会维度来审查。资本主义发展中的延迟使得德国的文化生产在某种程度上有些抵制商品化。"为自身缘故"这个公式是恰当的，因为国家的智性生活"把自身理解"为一种"自在的存在"，而不是"交换的客体"。虽然阿多诺最初持怀疑态度，但这里的德国文化看起来的确引人注目，尽管这种引人注目是历史的，而不是像它表面上看起来那样是自然的（CM 206－207）。甚至这种见识也是非结论性的。德国知识界并没有完全被交付给商品交换，但它仍然是"为他物"的状态。正如唯心主义的"绝对者的悲怆"所指出的，它与征服世界的政治欲求相共谋。从这个角度来看，德国知识界就像其他地方的知识界一样被社会化了（CM 208－209）。

然而，国家社会主义的不可否认的经验事实确实减轻了对德国唯一性的所有理论的怀疑。鉴于德国以那些绝对主义的、权威主义的术语来进行思考，阿多诺承认希特勒在那里掌权一点儿都不意外。不过，从另一个角度来看，阿多诺也审查和推翻这个事实，因为他强调，法西斯主义是一个"社会—经济"问题而非国家问题，因而不是德国唯一的。他坚持认为，"这样的复杂性阻挠了对'何为德国人'这个问题的任何毫不含糊的回答"（CM 209）。这不是分析的缺陷：社会现实本身难以被社会学家进行理论解密。

　　通过设法避免为了明确结果而轻率处理事情的困难，阿多诺重新开始了。他以一个"更为温和的"问题——"为什么我返回了？"——来诉诸他对德国性的私人观察。难民返回一个曾经屠杀了数百万人并差点杀死他的国家也说明，它必定有着什么独特的吸引力。阿多诺立即描述了这一点。对影响他决定的社会条件的重新反思暗示，他可能正是"认同了所熟悉的东西"。另外，他对离开前的主导权力的反对使得海外整合变得同样困难，而灾难则使得返回以及同它的重现做斗争成为势在必行。这使阿多诺小心提防对由他的观察所提出的德国特殊性观念的赞同。然而，回到经验的层面上，阿多诺承认，德国对"保持微笑"的美国态度的抵制把德国文化区别出来。与此同时，他邀请读者们批判性地反思这一社会维度：美国的"人生观"掩饰了资本主义社会充满威胁的矛盾——但是对于一种纯粹智性文化的信念也这样做了。德国的智性文化和美国的"冰箱""文化"之间的区分很可能是不公平的（CM 209—210）。

　　与这种理论的断言相反，对私人观察的经验领域的求助产生了关于德国文化特质的另一种建议。如前所述，阿多诺视之为一个重要观察的是，在美国，与在德国相反，他的文稿所得到的编辑达到了难以辨认的程度。在一个更为宽泛的社会—历史语境下审查这个观察并没有使得阿多诺对它展开争论。他推测，德国与盎格鲁—撒克逊世界相比的"经济落后"，为知识界留下了一个例外的"庇护所"，在那里知识界可以暂时躲避整合和商品化（CM 210—211）。①

114

---

①　在别的地方，阿多诺（1991a：121）又推翻了他认为这为德国所特有的观点，比如他说，奥地利和法国的激进艺术之所以成为可能仅仅是因为 20 世纪初"被管理的世界和社会现代性"还没有完全俘获这些国家。

在阿多诺1969年的文章"空闲时间"中，理论的社会分析同样地彰显了自身。这篇收录于《标题词》中的文章继续了他在文化工业上的工作。阿多诺从日常细节的私人观察出发。他发现"你的业余爱好是什么?"这个问题很难："我没有业余爱好，这并不是说我是一个工作狂……"阅读和音乐是"我的经验"所"不可或缺的"，但却并不服从"业余爱好"这个标签。"相反地，我的工作，哲学和社会学的研究以及大学教学，……对于我来说是如此地充满喜悦，以至于我不能够把它表达为……对空闲时间的反对。"仅仅从他对问题的知觉来判断，阿多诺并没有看到工作和闲暇之间的不同。不过，他承认这样的知觉是不值得信赖的，并呼吁对造成它们的条件进行反思。只有对于获授这种少有的相对专业自主权的人来说，工作和空闲时间之间的差别才会瓦解。大多数依赖于打一份工而不管其内容的人会有另一种看法(CM 168－169)。

115　　阿多诺后来转到工作和空闲时间之间的经验不同。与夏天对某人苍白的皮肤感到惊讶的同事们所提的问题"你没有度过假吗?"相似，"你的业余爱好是什么?"听起来像是人们必须有一个业余爱好的指令。此外，正如人们普遍认为生产不应该被游戏搅乱那样，人们同意闲暇不应当需要任何令人回想起工作的努力。对这些观察的理论解码最初支持隐含的区别，尽管与同事们如何知觉它有所不同。在资本主义的"功能系统"中，工作和闲暇之间的分离证明了一种普遍的渴望，即渴望逃避每日的无聊和老套(CM 168－170)。在个人于超出其控制的条件下日日工作的地方，"空闲时间"意指从其中摆脱出来的一段时间(CM 167)。

　　在进一步的反思之后，闲暇和工作之间的差别再次瓦解了，不过，阿多诺这里所给出的理论视角并没有保持对它们的统一的充满喜悦的知觉，而他是从它开始的。闲暇产品是商品，由与统治工作相同的交换法则和利润法则所统治(CM 169－171)。事实上，资本主义的典型不仅在于劳动的物化及其作为商品的产品(CM 169)，而且在于人们把它们当作工作之余的事物："在仅仅以黝黑色为目的的日光浴中……商品的物神性质俘获了人们……商品对于他们来说变成了物神"(CM 170)。许多业余活动尽管是多余的和缺乏创造性的，但却以真正的自发性为借口来游戏，它们抚慰着人们的一种认识，即他们的生产能力是受到束缚的，他们改变"僵化关系"的能力是有限的(CM 172－173)。实际上，闲暇作为放松和体育运动是通过休息和通过提高健康及团队技能来再生产出劳动力：闲暇与工作日是融在一起的(CM 169－170，173－174)。①

　　进一步的经验观察也隐含了工作和空闲时间的相同性。阿多诺指出，有些休闲活动会像工作那样使它们的参与者感到无聊。对它的社会维度的分析表明，工作之余的无聊反映了永远相同的由商业决定闲暇的世界，而工作之中的无聊则反映了细致划分的生产进程的标准化任务。无聊由于人们的以下想法而进一步加剧了，该想法就是，他们不能够在压倒性的社会条件下改变他们的生活，他们为了生存甚至必须交出他们的想象力以便适应那些条件(CM 171－172)。由改变看待空闲时间的视角而造成的复杂性在交换社会中是非常明显的。困惑的阿多诺承认："在真正无与伦比的社会整合的时代，的确很难辨认出人身上有什么东西不同于从功能上来决定的东西。"(CM 167)

　　若要对阿多诺理论分析中的论证进行充分说明，就需要对两个文本展开更为详细的讨论。我的目标是对那些阐明他努力审查经验资料的段落进行提炼，他那里的审查着眼于经验资料的社会维度以及它们对交换社会所做的表达。阿多诺坚持不懈地考察，在何种程度上事实重构仅仅是观察的社会条件的结果以及现象本身如何由社会所刻画。这种运作一次又一次像闪电那样"打击"这些维度隐于其中的材料，并且使事实材料对忠实表达现实的主张蒸发掉。

116

────────────

① 参见摩根(1988)论阿多诺的体育运动观。

2. 互惠性和否定性

在阅读阿多诺的《最低限度的道德》时，克拉考尔写信给他的朋友说：

> 真的，泰迪……当我发现某个解释是片面的或者它看起来由于其
> 他原因而不能令我满意时，紧随其后的一个段落对你一开始的立场进
> 行了修正和补充……就……好像你已经回头看过了我，或者甚至看透
> 了我，笑对我的顾虑，并把思想的下一个部件拿给我，一种已经预料
> 到并且多半还取代了我想要对你说的东西的思想。（A&K 456）

克拉考尔表达了一个社会学—方法论的问题，这个问题比他的表述所
显示的要更为严重。该问题在阿多诺的《批判的模式》中清晰可见。他对材
料的社会维度的反思给出了一些独特的视角来看待各个现象，这种看待发
生在这些现象的社会中介之中以及对交换社会的瞥视之中。例如，阿多诺
有关"德国性"的争论处理了智性社会化，"空闲时间"则提出了物化和商品
化。不过，理论的考察并没有提供答案。在回答"何为德国人？"这个问题
时，这是一种政治观点。一个假定的事实是认为存在着一种正在等着描述
的德国特性，而阿多诺表示甚至这个事实也是可疑的，并借此使他的回答
转而明确反对那种提出该问题的分类上的同一性思维。阿多诺的不断修正
的陈述传达了一种进退两难，即在不透明的社会条件下，社会——因而还
有单一的社会化现象——抵制完全的译解和决定。阿多诺警告说，他的文
章是不连续的，因为现实是断裂的。它们的"洞见"不仅"确认"和"增加"它
们自身，而且还使它们自身相对化并"限制（einschränken）它们自身"（NLI
16）。无论事实还是理论都不是结论性的，调查必须继续。这需要重新处
理经验观察，而经验观察的受社会限制的材料反过来不可避免地面对理论
审查，这两极进入一种互惠的关系之中。鉴于阿多诺的美国社会学主要意
指这样的互惠性，这里的文本实现了它。

这是可以弄清楚的。吉莱斯皮（Gillespie，1995：56）在阿多诺的著作中听到了"强烈的节奏元素""规则的节奏单元"、有着不同"节奏价值"的部分句子。倾听阿多诺《批判的模式》的"节奏"在这个语境中是有说服力的。不过，尽管"节奏"是一个适宜的术语，我还是想用它来指一些不同的东西。这里决定性的节奏元素并不是句子的部分，而是两种段落：阿多诺的调查的表达经验维度的段落和表达理论维度的段落。对阿多诺模式的节奏的跟踪记录表明，他不断地在这两个维度之间来回移动而不在其任何一者中得出结论，这样他就保持了它们的互惠关系——始终追究相同的问题。

为了举例说明这一点，"何为德国人？"由以开始的是，根据那些遍布于观察主体的隐蔽社会条件来推翻一种经验暗示，即德国智性文化是唯一的。阿多诺回到了他的同胞们的智性成就的经验维度，这种回到挑战了那种反思。他根据它们的潜在社会维度对这些成就所做的考察是非结论性的，在一个方面上确认了德国文化的唯一性，在另外两个方面上又否认了它。该调查在经验的层面上继续，在这个层面上，德国法西斯主义的明显事实破坏了对德国唯一性的理论否认。然而，阿多诺的反思再一次表现为非结论性的，它们从一个角度来提出德国唯一性，又从另一个角度来质问它。带着心中一个更为狭义的问题，调查得以继续，而阿多诺则回到了经验的层面。他在那里似乎是在观察德国的唯一性，但观察的社会内容的透露又推翻了它。另一种经验观察再次挑战了对德国唯一性的理论否认，而重新反思则否定了那种观察。令人费解并且与后面的否定相反的是，与德国智性生活的经验现实的重新面对显出了它的独特性，就像阿多诺后来的解释所做的那样。

尽管在阿多诺后期社会学文本中他的文章已经保证放弃了"不容置疑的确定性"的"理想"（NLI 13），但是理论仍然有规则地显得对经验有决定权。"何为德国人？"和"空闲时间"不断在两种节奏元素之间转换，但是经验的段落常常又短又急促，而分析的段落则又长又详尽。可是，意义重大并与阿多诺美国文本形成对比的是，较长的反思会有规则地抵达一个突然的停止。阿多诺认为毫无疑问的是，由社会所中介的现象是无法完全得到解码的。他看待材料的社会维度的理论视角通常甚至是彼此冲突的，比如，同时确认又否认一种由社会所决定的德国文化唯一性。理论陈述孤立地看好像是结论性的。正是因为这适用于一些几乎不可调和的陈述，所以反思以突出彼此的非结论性而告终。相应地，调查总是在继续，它在经验层面上追问相同的问题。例如，在阿多诺通过"何为德国人？"不彻底地公开承认他的反思的"模棱两可"的地方，他立即带着他的更为"温和的问题"回到"德国性"的经验问题。在两个文本中，观察偶尔也挑战理论的陈述，尽管观察反过来又总是碰到理论的审查——通常是碰到对那些并不令人感到满意而又被迫重新处理经验的分析的审查。如果它们的文本节奏被加以扩大，那么阿多诺的模式就阐明了他的交换社会的社会学考察中的一种倾向，即倾向于把经验层面和理论层面彼此互惠地联系起来。

相应地，这些文本展示了对于否定的倾向。不同的理论视角一方面彼此挑战而得不到解决，另一方面又无情地否定每个经验观察的真理主张。由于理论上的结论和可信赖的事实是得不到的，所以研究并不以实证结果的方式提供许多东西。在第一篇中，理论有效地否定了德国文化是唯一的这个观点，正如它同样有效地否定了德国文化不是唯一的这个观点。通过他著作中的模棱两可，阿多诺强调了社会现实从同一化中的撤出。同样地，理论既质疑了空闲时间和工作之间的区别，也质疑了它们之间的相同。阿多诺只能够假定，如果还存在着一种免除生产的生活维度，那么它就与辨别不出一样好。

没有注意到以下情况就嘲弄阿多诺未能控制这些缺陷是目光短浅的，即没有注意到它们与他关于社会学分析的社会条件限制的方法论争论是一致的。[①] 阿多诺不断证明他没有从经验和理论上把握住社会现实，这当然

---

① 对于阿多诺来说，失败世界之中的失败世界的表象最终将会失败［参见戈伊伦（Geulen），2001：49－50］。

就提出了一些问题，这些问题关涉到作为对交换社会的考察的社会学的可行性。然而，部分地出于这个理由，社会学分析仍然是意义重大的。调查提供了看待交换社会及其单一现象的不同的——然而是有问题的——视角，与此同时，否定也一直在透露非同一性：一方面是社会化主体对社会现实的事实构想和理论构想，另一方面是社会现实本身。在他批判模式的反思节奏中，人们可以听到阿多诺社会学的非同一性思维的回响。根据阿多诺的看法，随后对社会现实反抗社会学探究的承认——这种反抗对社会学的经验事实、研究现象和理论程序实施中介——构建了一种方法论的以及实质性社会学的洞见。

119

3. 密集的经验

《最低限度的道德》包含了对这里所探讨的在分析中运作的思维进程的一种贴切描述。思想不是"从一个阶段到另一个阶段的一种散漫进展"，但也不是"从天上掉下来的洞见"。"毋宁说，人们在一个偏见的网络中去认知直觉、神经支配、自我修正、假设、夸张"：它们形成了主体的"密集的……经验"（MM 80）。阿多诺《社会学著作》里的一个段落提及了经验和理论在社会学思想进程中的互惠性，它具体说道："只有幻想和资质为了事实所做的一种结合才能达到经验的理想，这种结合在理论上是难以预料的。"（SSI，185—186）

尽管它们都不能令人满意，但是对于经验的社会学资料的理论处理加强了对交换社会的经验，因为它提供了看待交换社会的不同视角。可能不太明显但却耐人寻味的是，否定产生了社会经验的一个更深维度。在所援引的研究中，反思无情地推翻了经验材料，强调事实重构并没有值得信赖地表达它们宣称正在表达的现实。反思这么做凭借的是再三指出材料承担着一种无法直接接近的社会维度。理论考察也没有得出结论，社会以及它所中介的现象甚至对于理论来说也并非完全可接近的。这在某种文本中是显而易见的，这种文本不断地经历突然的停止、骤然的断裂和预料不到的方向改变，而不是依靠解决有分歧的难题而安定下来。阿多诺传达了对于一种社会整体的经验，这种社会整体尽管决定了所有的思想和个别的现象，但是却作为一个晦涩的实例与人对峙。否定产生了——并在书面上表达了[①]——对异化的经验，对一个如此僵化以至于作为不妥协的本质降临到个人身上的社会的经验。阿多诺曾经在另外语境中谈及本雅明的东西可适用于他自己这里的反思：他"如此切近地查看一切客体，直到它们变得陌生并且作为陌生者泄露它们的秘密"(VSI 169)。"通过彻底的异化，社会关系呈现为盲目的第二自然，它是"——在这里阿多诺反过来采用了本雅明的一个意象——"神话景象所曾是的东西，不可企及之物和无法接近之物凝结成了它的讽喻意象"(NLI 179)。

阿多诺宣称，实证主义社会学把事实当作"情况确实如此"而固定下来，而没有从理论上把它放在它以之为条件并运作于其中的社会动态里面。事实与它的"历史含意"相分离并且"呈现为某种永恒不变的东西"(IS 148—149)。维布伦提供了一个社会学的对应物，他把一系列不显著的文化现象译解为主导性社会制度的表现，尤其是"权力"通过"显著的消费"来进行示范的表现(IS 146)。维布伦允许当代文化现象谈及它们的"史前史"，特别是刻画野蛮时代特征的制度的永存。如果把《闲暇阶级理论》(*The Theory of the Leisure*，1994b)和《手艺的本能》(*The Instinct of Workmanship*，1994a)放在一起阅读，那么维布伦工作的这个定位当然非常明显。[②] 同样明显的是，为了与他对实证主义的批判以及对维布伦的评论保持一致，阿多诺不能够安于他看待资本主义"神话景象"的理论视角。事实上，阿多诺的理论调查从来没有在它们的任务前清楚地说过放弃。通过一次又一次努力从社会方面来更加充分地掌握情况，他展示了他考察中的诸多不一致之处，但是他并没有把它们当作最终的东西来接受。阿多诺的努力展

---

① 参见第五章。

② 在其他著作中，阿多诺对维布伦有着更多的批评(P 75 94，PD 108)。

现了他的奋斗，这种奋斗是为了否定作为晦涩实例的一种不透明社会的视角，该视角以社会为条件，在社会学上有教益，但同时又是不令人满意和异化的。理论分析呼应了阿多诺社会学的双重性质。否定指出了社会的僵化，但是有一种想法也得到了否定，即认为社会是内在地不可测知的、自然的、本质的。解释必须坚持下去，以便发掘从理论分析中浮现出来的冻结了的异议，把已经凝固的东西溶解掉，紧贴事实把社会整体及其个别现象如其所是地译解为历史上可变的人类事务。

　　本节所考察的几个文本只是部分成功地实现了这个分析目的。在"空闲时间"（CM 174－175，另见 IS 152－153）中，阿多诺提出了由一项研究调查所建立起来的资料解释，即调查人们对贵族婚礼的媒体再现的反应。与文化工业"完全统治"意识并鼓励"个人化"的期待相反，它显示——在他们的思想中——个人已经在某种程度上逃脱了控制，并且离开了传统的无批判的思维模式。这表明了一种可能性，即人类也许可以带来更为宽广的社会变革。[①] 但在其他方面，与第一章所援引的文本并无不同的是，这里集中讨论的模式倾向于将维系社会的个人描绘为他们仿佛是被客观力量强迫这样做的。请回想一下阿多诺关于体育运动的讨论，即体育运动是为了生产进程来训练它的毫无戒心的参与者的。在"何为德国人?"中，阿多诺提到了读解该问题的社会条件的历史起源。然而总的来说，社会的历史可变性以影射的、抽象的方式或者通过否定社会的外表的方式而被标示为一种不变的客体。阿多诺在《否定的辩证法》中重申，社会已经发展出了"不可避免并因而是合法的外观"。他坚持认为，有可能"看透"这种"总体社会"并指出它的"辩解"实际上是怎样地乏味。但是，他关于理论何以可能处理这项任务的建议是典型的简要的：它要求"总体条件的相面术和扩展个人资料的相面术"以及"对经济结构转型的分析"（ND 265）。实现它们自

121

----

① 库克（1996：65－73）援引这一段落和其他段落来强调阿多诺察觉到了文化工业对意识控制中的断裂。

身目标之一——即把社会现实更为明确和具体地译解为由人类所产生和维系的一种历史的、可变的语境——的困难正在成为阿多诺交换社会的社会学分析的一个持久问题。

(三)不驯服的至关重要性

奥斯维特拷问了后现代理论和全球化理论所提出的一个观点，即把社会的概念当作过时的东西打发掉。他为一种"温和的社会观念"(2006：108)进行辩护，"社会是社会交往即结构性语境中的个人活动的产物"(2006：95)，它是包括材料和认知实践在内的"活动的条件和连续再生产的结果"。这构成了"一个真正的社会定义"(2006：91)。它考虑到了"社会结构和社会机制"的观念，如果说"它们令人满意地阐释了……可观察的社会生活现象"的话(2006：87)。奥斯维特(2006：86)的资源之一是阿多诺的社会概念。根据奥斯维特(2006：82—83)的看法，阿多诺无须"贬低……个人"便唤起了一种"不可知觉但却……决定着具体人类活动的……真实结构"，同时他还强调了"思想和现实的相互渗透"。通过把阿多诺的社会概念与唯心主义模式以及现实主义模式联系起来，奥斯维特提供了一个新颖的角度来看待阿多诺的概念以及它对于当代社会学的潜在意义。

也许可以插入说一下的是，对于阿多诺社会学的连续的至关重要性的论证(不包括对它最有问题的成分的批评)最终认为，如果他的社会学工作——当然系于对资本主义交换社会的调查计划——被详细揭露出来的话，那么它将被证明是无关紧要的。阿多诺把资本主义社会设想为一个限制个人然而又是仅仅由个人再生产出来的结构，这个设想绝不是温和的，而是中介了两个极端。奥斯维特(2006：85)正确地指出，阿多诺"辩证的社会理论"试图"公平对待……矛盾的契机"。包含矛盾的观念反过来构成了界定社会现实的企图的麻烦资源。正如我在前面以及第一章所强调的，虽然阿多诺从理论上调查了支持经验现象的社会结构和机制，但同时存在的穷尽性或结论性阐释的努力却遇到了巨大的障碍。阿多诺关于无所不在但却始终难以捉摸的资本主义整体的社会学的主要贡献——或者说挑战——之一，看起来就是他证明了社会学家们在他们努力界定当代社会并阐释特定现象时所面临的困难。

有些学者意识到了阿多诺社会学所遭遇的两难困境，他们也许会把这些两难困境看作否认阿多诺社会学具有当代意义的理由。霍耐特（1991：61—62）强调，批判理论不能够"在经验上得到控制"。经验社会科学被当作一门"辅助学科"。然而，理论与此同时却采取了"否定论的转向"：它被"拒绝了……任何实证知识的主张"并且接受了"概念思维的一种自我批判的功能"。霍耐特宣称，阿多诺坚持《启蒙辩证法》所发展出来的历史—哲学论题。这些论题使得他把两样东西联系在了一起，一样是全部的经验科学和理论科学，另一样是文明的工具合理性对内在自然和外在自然的控制与暴力统治，并因此使得他反对经验的以及肯定的理论知识。人们也许会进而得出结论说，阿多诺社会学的方法论僵局证明他的社会学工作没有能力对目前该学科中的辩论进行发言，而之所以造成这些僵局完全在于教条式地坚持20世纪上半叶所写的那些有待商榷的定理。

在回应霍耐特的论证之前，值得强调的是，对于阿多诺来说，社会学的"理论化"实际上是脱离经验研究而"相对自主的"（奥斯维特，2006：85），至少在某些分析步骤上如此。这无疑是他的工作对于今天像奥斯维特（2006：87）这样经验现实主义的对手的吸引力的一部分。它也是阿多诺和那些要求社会学—理论框架在经验上言之有理的当代社会学家们之间的一个潜在分歧点。尤里（2000b：21—22，27）出于有关移动、网络、花茎、茎节、流动的富有影响的"隐喻性"框架小心谨慎地提出了这个要求，这是他为一种21世纪的"超越于社会之上的社会学"而提议的。阿多诺分派给理论的一项任务是对社会现实在社会学上有着决定意味的方面进行分析，而这些方面是逃避经验观察的。社会学的理论框架始终在经验上言之有理的标准将限制它们从事这项任务，因为一个框架越是声称代表不可观察的东西，它就越是容易被指控为经验上未加证实的。面对经验完全言之有理的标准，理论分析收回了对不可观察的东西的捕捉。相应地，阿多诺的交换社会理论——该理论被用于根据经验事实所没有表达的东西来解释经验事实——不必在其所有方面符合事实。"存在着社会学的定理"，他在回复波普尔时说道，"这些定理，作为对在外观背后运作的社会机制的洞见……与外表的矛盾达到了这样一个程度，即它们不能够通过后者得到充分的批判"。对于超越直接经验把握的社会倾向的一种分析框架，社会整合理论"畏避测试"。"然而，实际上，能够在社会上得到观察的东西对于总体结构的依赖要比任何能够在特定的东西上得到无可辩驳和证实的发现更为有效，而且这种依赖不是别的，恰恰就是一种想象力的虚构"（PD 112 - 113）。事实上，一种理论配置越是译解材料的隐蔽内容，它就越是推翻材料表达现实的主张。从这个视角出发，"坚持事实"的要求就毫无道理地约束了对观察的理论设想，这些观察正是因为不能够揭示观察之外的社会语境而变得不值得信赖。重复一下阿多诺的公式，理论陈述越是"超越有限而直接的情境并……把它联系于基本社会条件，它们就越是有价值"（CoM 103）。社会学需要作为反思实质的经验材料而存在，但是用来译解它的框架却能够"超出事实的东西之外"（SSI 543），能够穿透材料的隐蔽维度，并且能够获得看待资本主义社会的视角，而这些视角对于观察来说是得不到的。当然，没有什么东西保护作为结果的陈述免于进一步的理论审查，以及因而免于重新面对经验资料。

霍耐特对阿多诺社会学中方法论僵局的描绘，尤其是认为其原因在于阿多诺坚持有关科学的工具合理性的论题的想法，是过分狭隘的。本章对这些僵局的重新陈述是：从阿多诺的社会学观点出发，观察和资料是不值得信赖的，并且容易受到理论的译解。而理论分析又总是不完善的、非结论的，甚至经常是矛盾的，因此要接受进一步的审查。正如我试图论证的，阿多诺把事实归结到理论审查，而把理论断言归结到进一步的考察，这样的归结主要是建立在对某些障碍的探究的基础上的，当前的社会条件为经验的和理论的社会学研究制造了这些障碍。这对于判断阿多诺社会学的持续相关性而言具有某些暗示作用。如果人们跟随霍耐特，那么只需要在一种狂暴的工具理性的概念下驳斥阿多诺的据称对所有科学思维进行顽固分类，就足以推翻阿多诺对经验和理论研究所做的批判，并使当代社会科学免于对它的任何进一步的关注。如果人们跟随我所提出的解读，那么若要平息阿多诺向今天那些从事经验和理论研究的社会学家们发出的警告，就要求社会学家们去证明他所强调的由社会造成的社会—科学问题并不存在——或者去解决它们。

第四章

社会—批判的维度

社会学的政治维度——它的社会—批判的、实践的以及最近讨论中 [布洛维(Burawoy),2005;卡尔霍恩(Calhoun),2005]的公共角色——是当代社会科学争论中的一个流行问题。而且,对于阿多诺来说,社会学的理论任务并没有被译解经验材料、调查社会所中介的现象、考察社会整体这三件事情所穷尽。在他对该学科的反思中,社会学的社会—批判计划的问题和潜力是突出的主题。此外,这些主题与以下问题彼此相连,即社会学对社会实践的参与的问题,社会学作为一种公共智性活动的身份的问题。

一、社会—批判的社会学

阿多诺拒绝了一些禁令,这些禁令禁止对社会条件是值得要的和可接受的还是不值得要的和需要变革的进行社会学评价。他把在韦伯、实证主义和行政研究那里的价值无涉的观念加以问题化。阿多诺认为,"据称纯粹科学的兴趣"实际上是"超科学的兴趣的……渠道"。科学的"工具"是"用以回答……源于科学之外的问题的手段"(PD 18)。甚至工具本身也是被"特定的兴趣"塑造的，就像"从行政上"决定的社会研究方法所例证的那样(PD 79)。还有"一种完全非政治的立场"是政治的，因为它"在权力面前……屈服了"(PD 59)。阿多诺捍卫了对社会有所批判的交换社会的社会学分析，这种捍卫包含一系列错综复杂的、部分有问题的论证。

（一）社会—批判的主题

阿多诺的社会批判以两个主题为转移。社会学发出了对令人不满意的社会条件的谴责，该社会条件允许它提倡社会变革。与此同时，社会学必须强调社会转型的可能性，以便代表那些独自就能引起变革的人们来反击屈服。

1."地狱般的整体"

根据阿多诺的想法，社会学家们必须批判性地考察他们自己对社会现实的概念重构，尤其是对事实材料的概念重构。他坚持认为，这样的理论反思必然涉及对社会的一种批判。通过评估社会学对社会的设想的适当性，理论也开始评价社会的适当性或者合法性。这个争论的复杂性部分来源于一个事实，即阿多诺的工作铺设了不止一条从概念批判到谴责社会和推动社会变革的道路。

第一条道路是值得注意的，因为阿多诺的著作虽强烈隐含它，却从未完全道明它。它没有在文献中得到许多注意。例如，社会学也许是把交换社会定义为"开明的"(liberal)或"自由的"(free)。批判性地评估这样一种设想的适当性包括考察它的内在不一致性，包括证明它掩盖了它自身的社会维度而且未能完全译解它所意指的东西。概念的不值得信赖被公开了，概念被动摇了。相同的运动也使社会面向批判。指出受审查的概念的社会维度相当于强调，对现实的这种智性重构并非主体心灵的虚构，而是社会性地生产出来的：它是对社会的设想，而就社会生活的概念而言，是社会对自身的设想。科学作为社会的一个"契机"(PD 19)而出现，它的"概念设

126

备"作为社会的"依赖物"而出现(PD 114)。阿多诺通过公开概念的隐蔽社
会维度的方面来揭露概念的不值得信赖，总是意味着揭露社会的设想的不
值得信赖。从理论反思到社会批判的第一条道路通向对社会谎言的谴责。

　　阿多诺指出，这是马克思工作的社会—批判动力的一部分。马克思说
明了"资产阶级社会自身所拥有的概念是怎样少地符合于现实"(CLA 123)。
社会遭到了抨击，这是由于它把虚假的意识施加给个人并对自身许下虚假
的诺言。阿多诺的一个独特主张是，"对定理的……认知批判……也要根
据认知客体自身的概念来考察认知客体是不是它们宣称所是的东西"(PD
23)，他的这个主张可以被读作一个声明，即概念的理论分析也要调查社
会是否发布了有关它自身的值得信赖的陈述。通过暗示社会没有这样做，
理论谴责社会是不真实的，这包括"把来自世界的憎恶当作欺诈"(CLA
123)①来表达的社会批判。意识形态的去神秘化也许鼓励了公众对不断受
骗的反抗(CM 69)。

127　　"憎恶"这个词中的身体回响——讨嫌的或冒犯的东西所激起的反感意
义上的憎恶(Ekel)——宣告了从理论分析到社会批判的第二条道路。第二
条道路通向一种更加值得强调的社会批判，这条道路在阿多诺的(特别是
战后的)工作中占据着一个更为突出的位置，并且产生了一些看待他社会
学中可怜的身体角色的有趣视角。② 这条道路把理论反思和社会批判联结
起来当作对社会产生痛苦的一种谴责。③

　　阿多诺在这个语境中的推理取决于他借尼采的一句格言所道出的信

---

　　①　阿多诺认为，马克思的"憎恨"所指向的"更多的是意识形态的盲从者们而不是……统治阶
级的成员们"(PETG 116)。

　　②　关于阿多诺思想中身体的关键角色，可参见戈伊伦，2001：52—53；黑贝尔，2006；休伊
特，2001；李，2005。

　　③　阿多诺说，弗里茨·鲍尔——1963年到1965年期间法兰克福奥斯维辛审判背后的公诉人
和推动力量(许特，2003：306)——"死于心脏病发作"，这部分地由于他经历了对战后德国社会—
政治气候感到"绝望"的"痛苦"(IS 117)。根据克鲁格(Kluge)的看法(在许茨，2003：314)，鲍尔
"一个人在浴缸里时"划伤了他的手腕——这无须削弱阿多诺认为社会能产生痛苦的观点。

念："肉体的契机表达了一种认知，即痛苦不应当存在，它应当变得不同。'悲哀说：去吧'。"（ND 203）①经验的痛苦推动了对痛苦的废除。然而，若要利用受折磨的身体的这种冲动来进行社会批判，那么指出痛苦的零星实例并要求废除它们是不够的。对痛苦的识别必须站在交换社会的社会学考察的角度上，只有当社会学能够表明社会产生痛苦实例的时候，它要求废除痛苦才能够把社会谴责为痛苦的根源并促使社会变革。理论分析和对作为痛苦制度的社会的批判之间的这种转变可以通过至少两种方式来展望。

社会学也许认为社会是"自由和自主主体为了更好生活的可能性而进行的一种联合"（PD 25），社会的这种概念重构必须接受审查，并且若不值得信赖就要加以推翻。理论分析包括考察概念以及概念所意指的个别现象，这涉及它们的社会维度以及它们所得到的社会整体的中介。在这个分析的过程中，社会学能够赢得对社会的批判杠杆。社会分析也许不仅表明交换社会反驳了"自由和自主个人的联合"这个不值得信赖的概念，而且表明交换社会是作为一种折磨人的制度来做出这个反驳的：社会是"无尽的恐怖"，它"通过无情镇压的残酷苛刻来……使自己永存"（PD 26）；社会是"地狱般的、强制的……整体，我们在它之下遭受痛苦"（IS 84）。同样地，社会学分析也许不仅表明社会反驳了"为了更好生活的可能性"这个不值得信赖的概念，而且表明社会是作为一种威胁性的制度——即以极端的肉体折磨来威胁其成员——而做出这个反驳的："结构……——涂尔干的晦涩难懂的——本质上是否定的，与……人类的保存和满意不相协调"（PD 27）；交换社会甚至有潜力再生产出种族灭绝屠杀的"野蛮"。理论分析一提出社会是痛苦的根源，就马上谴责社会是一种痛苦的制度，并推动社会转型以服务于废除痛苦。

128

---

①　尼采（2005：282）写道："悲哀说：'离去吧！……'……所有的受苦者都想要活着。"

阿多诺的工作提供了另一种方式来联结社会学的理论反思和对社会产生痛苦的批判，这种方式不怎么明显但却更容易追踪。异化——与社会的对峙，这个社会是人们所依赖的，但却仿佛是一堵无法为认知和行动所穿透的花岗岩石墙；对"冰冷的、非人的、严酷的和疏远的社会关系"的经验（SDE 131）——属于交换社会的特征，那些特征使个人不断遭受折磨（特别是焦虑）。异化是带来痛苦的社会：不通透之物加剧了社会强加给人的痛楚，"对于断裂的意识变得越来越难以忍受"（JA 72）。"饱受异化之苦"并非隐喻。阿多诺坚持认为，"所有的痛楚和……否定性"，不管它们表面上离身体有多远，都是"得到多重中介的东西，有时候会变成某种身体性东西的难以识别的形式"（ND 202）。涂尔干的社会事实获得了"不透明性以及"——毫不夸张地说——"社会之物的令人痛楚的陌生"（SSI 240）、"难以忍受的异化生活的特征"（SSI 194，另见 1999：233）。所以，如果社会学要发掘一个给异化创造条件的固化和物化的社会，那么社会学——要求废除的痛苦——与此同时就要谴责社会并推动社会转型。这个观念与霍克海默的《传统理论和批判理论》相呼应。霍克海默建议批判理论要突出不幸主体的一种经验，即把"资本的世界"经验为"堪比……自然的进程，堪比纯粹的机制"（1995：207－208，另见 210）。他反对"当前的真实自由"的意识形态，因为它不仅掩盖而且还抑制了社会变革的必要性（1995：231）。① 正如阿多诺所指出的，"对盲目统治的总体性的经验"离不开"它最终变得不同的强烈渴望"（PD 14）。

理论反思尤其有助于以这种方式赢得对社会的批判杠杆。阿多诺对社会现象的概念重构所做的理论分析推翻了这些重构，他这么做是通过说明重构以及现象的社会维度并非是直接透明的。社会分析不断强调人类思维的整合以及它所面对的现象的整合，并强调中介性社会条件的不可穿透性。在反思进程的这些要点上，社会学的理论分析激起了对异化和社会的

---

① 阿多诺写道，霍克海默"的目标是……转型……而不减轻……生活于其中呻吟着永存的社会进程的分量"（VSI 151）。

潜在僵化的经验。在这个意义上，社会学反思实际上总是社会批判，并且是一种比对社会谎言的谴责更加有力的批判。这是因为，通过创造对社会的固化、客观化、异化构造——涂尔干（IS 37）捕获的"物化和自主化的进程"——的重复经验，社会学一再作为一种痛苦的制度而捕获社会。悲哀地说："去吧"，社会学因而一再谴责社会产生了令人痛楚的异化并倡导社会转型。可以合法地说，在阿多诺社会学所铺设的从理论分析到社会批判的道路中，那些以各种方式通向对社会产生痛苦的认识的道路，都通向最值得强调的社会谴责。21 世纪资本主义的属性几乎都没有不合时宜地承诺要彻底检查社会的谎言风气以及痛苦。

2."跃入视野的可能变革……"

不管社会学通过哪条道路来谴责社会，最坚定不移的批判最终都将走向失败，除非它对那些能独自（IS 152）引起社会变革的人们所表现出来的屈服进行反击。阿多诺认为，社会批判必须创造出"一种人们由以再次考虑……为世界变得配得上人而做贡献的意识状态"［阿多诺、霍克海默等人（1953），1989b：151］。为了这个目的，社会学必须突出转型的可能性：它必须表明，"凝固的社会形式"既不是客观的也不是不变的，而是"从人类关系中产生出来的"（阿多诺，1961：34），并且——阿多诺再次参考了马克思——是一种历史的、可变的产物（1961：43）。

在把社会当作一堵疏远异化、貌似晦涩、永恒不变的墙来加以嘲弄的地方，这一点特别重要。"不可理解性不仅指出了（社会）结构中的某种本质性的东西"——包括它的固化和物化——"而且指出了（社会）由此保护自身的意识形态"（PD 15）。一旦人们服从于"情况确实如此的无条件性和不可变性的……新的迷信"，那么他们就看不到改变它的可能性并"躬身屈从"它（VSI 329）。对僵化社会的折磨人的异化的谴责有抑制它所推动的社会变革的危险。正如第一章所强调的，异化促进了社会整合。

社会学必须避免这种危险，而避免的途径是说明社会不仅要求转型，而且保有变革的潜力。这就要求社会学强调"命运……是某种社会性的东西，……人与人之间所有关系的物化"〔阿多诺、霍克海默等人（1953），1989b：151〕，强调社会制度是历史性地发展起来的（ISW 243－244）。只有明确"这个条件……已经由人类生产出来了，……由社会语境生产出来了"，人类才不再感到"被盲目地交付"给它〔阿多诺、霍克海默等人（1953），1989b：151〕。只有当社会学"在事物的已然生成（Gewordenheit）中把握住这些呈现为……自然地给出的事物"时，"那种已经生成的东西……才以这样一种方式呈现出来……它的可能的转型……跃入视野"（IS 146）。"含糊不清的喊叫"并不是阿多诺"对人的条件的最后回应"〔克拉科夫斯基（Kołakowski），1978：380〕。与揭露痛苦和谴责社会相同步，社会学必须努力强调，社会条件起因于人们自己对它们的盲目再生产。社会批判离不开记住两点：一是记住社会现象如何变成它们现在所是的东西，二是记住它们原本可以变成不同的东西（IS 150）。这样，社会学就能表明，社会现实能够仍然转变为不同的东西，能够防止人们放弃，能够鼓舞那些独自就能引起社会转型的人们进行抵抗。阿多诺又一次同意了霍克海默。霍克海默（1995：231）警告说，"诸事皆为绝对必然的主张"以"实践中的顺从"而告终。他要求批判理论体现"当前的……经济和……文化"并把它们当作"人类工作的产物"，当作人类对一个特定"时代"的"组织"，当作倾向于"有计划的决定"（1995：207）。

阿多诺社会学中的两个社会—批判主题之间的张力在这里变得具体明确了。霍克海默（1995：207）提到了批判理论的"有意识的矛盾"。社会学通过谴责社会——尤其是作为一种痛苦的制度——来倡导社会转型，然而社会学必须突出转型的可能性以防止放弃。在这种张力的一个重要领域中，社会学的双重性质以它的社会—批判的外表为人所感知。通过描绘僵化的条件，社会学超越了分析并获得了对社会的批判杠杆。坚持认为社会只是人加以历史性地维系的，这已经不再仅仅具有分析上的重要意义，而且还是在批判推动社会变革的任务前反击人们的屈服的一种战略。

(二)本雅明的"希望"

阿多诺的社会—批判计划从本雅明那里汲取了灵感。根据阿多诺的看法，本雅明对资本主义的批判性回应保持着一种张力，这种张力与他自己社会批判中的张力非常相似。本雅明见证了一个人造的历史世界，这个世界已经变成一种总体性并且显得是自然的。相反地，本雅明把一切自然的东西都设想为是历史的(NLII 225—226)。本雅明的历史著作着重谴责像冰一样冻结的资本主义条件：

> 这究竟是怎么一回事：是在谈论向陷于尸僵的世界的进步吗？……进步的概念必定建基于灾难的观念。它"继续这样"就是灾难。它不是即将降临到每件事情中的东西，而是每件事情中所给出的东西……：地狱不是某种等待着我们的东西——而是这里的这一生。(2006：184—185)

人类必须把他们的生活条件理解为一种永恒的"紧急状态"——一种阻碍真正进步的压迫的凝固"条件"——以便认识到他们彻底变革的"任务"(2006：392)。阿多诺赞同本雅明对进步的意识形态的批判(HF 145—146)。[1] 在他的解读中，本雅明关于"第二自然"的描述批判性地道出了"人类关系的物化，这样的人类关系与自身异化"并作为无生命的客观性降临于个人——"nature morte 这个表示静物的法文词可以被写在他的哲学地牢的大门上"(P 233)。

阿多诺也强调，本雅明为反对屈服于现代性的"异化命运"而斗争(NLII 325)。本雅明写道，历史编纂学切不可"屈从于从原始森林深处发出召唤的恐怖"(1999：N1，4)，我们必须既承认我们的能力也承认我们的"微弱

---

① 参见阿多诺的进步批判[CM 143—160，另见罗伊(Löwy)和瓦利卡斯(Varikas)，1995]。

的弥赛亚力量，……过去有资格得到这力量"(2006：390)。历史编纂学变成了一种武器，这是因为它表明"现在的悲苦已经得到了……多久的准备"并激起"对(我们)自己力量的高度评价"(1999：N15，3)。历史编纂学必定滋长我们的"仇恨"和我们的"牺牲精神"。只有这样才能够出现"一个以世世代代被践踏者的名义来完成解放任务的阶级"(2006：394)。阿多诺认为，本雅明在满足这第二个目标上获得了部分的成功。尽管变成了一种看似自然的社会，本雅明还是试图捕获社会的转瞬即逝："他的每个句子都由于一种预感而颤抖……即预感到这个罪孽深重的现代性整体正在塌陷。"(NLII 326)

　　阿多诺似乎听到这种自然—历史的张力也回响在本雅明早期有关希腊悲剧的评论中。这看起来有些令人费解，因为本雅明的"历史的自然—历史的转型"(1998：120)采用了巴洛克悲悼剧的讽喻(1998：159—189；另见布克-莫尔斯，1991：159—179)。他警告说(1998：100—138)，悲悼剧切不可同悲剧混在一起。阿多诺既不质疑悲悼剧鼓舞了本雅明的"自然—历史"观念，也不拷问悲悼剧和悲剧之间的区别。他仍然坚持认为本雅明的"整个思想"是"自然—历史的"(P 233)，并认为刻画本雅明早期"命运和性格"——它所凭借的是悲剧而非悲悼剧——的特征的"张力"后期被"翻译"为社会分析(VSI 170)。①

　　"命运和性格"描写了一种神话的律法秩序，它作为生者的罪责语境来决定恶魔的命运(1996：202—205)。阿多诺把这个"命运"同社会的"自然本质"联系起来(VSI 147)。根据本雅明的想法，悲悼剧范围所知晓的自然—历史决定的命运乃是"事情在罪责领域中的实现"(本雅明，1998：129)。不过，他在悲剧和悲悼剧之间做出了阿多诺未加讨论的重要区分，例如，悲剧面对神话，悲悼剧面对历史(1998：62—68)；对于悲剧来说英雄的角色是唯一的，处于悲悼剧中心的事物世界则是悲剧所缺乏的(1998：131—133)。反

---

　　① 关于下面美学概念的讨论，可参见本雅明，1996：363—386；基洛赫，2002：49—53，73—80；梯德曼，1973；沃林(Wolin)，1982：48—63。

过来，阿多诺所接受的(A&B 66—71)本雅明 20 世纪 30 年代的卡夫卡阐释，则描绘了通过命运来实施统治的史前世界的不通透的律法秩序(本雅明，2005：797)，亦即把"人类社会中的生活和工作"组织成为不透明的命运(2005：803)，把统治"我们世界"的"力量"组织成为一种"史前""罪责"世界的延续(2005：807)。阿多诺写道，本雅明"把命运当作生者罪责语境的教义"，"变成了社会罪责语境的教义"(P 233)。相应地，阿多诺的社会学不仅用本雅明的概念来描述，而且用它们来反对折磨人的条件。"神话"就像涂尔干的社会事实那样，道明了"作为命运的社会"，它的"令人痛楚的陌生"(SSI 240)。"恶魔的外表"是某种"情境"的特征，在该情境中，"社会现实"的"所有元素"都"彼此锁定"并形成了一种"现实的总体性"，这种总体性"看起来像是一个……作为……纯粹的宿命凌驾在(人的)头上的饵雷"[阿多诺、霍克海默等人(1953)，1989b：151]。阿多诺告诉他的社会学大学生们说，"罪责语境"也指纠缠一切个人的那种被整合的"本质"(IS 21)。

阿多诺对本雅明的解读也加强和明确了以避免屈服来补充社会变革要求的理由。"命运和性格"把律法、命运、罪责语境与救赎的和解并置在一起。尽管阿多诺承认这一点，但他还从本雅明的工作中提取出了命运和天才的并置。悲剧体现了反抗神话律法的斗争(本雅明，1998：109；梯德曼，1973：97—98)。"悲剧英雄……不屑于在诸神前为自己辩解"；"古代的律法体系"被"渐渐破坏了"(本雅明，1998：115)。作为英雄，天才藐视"恶魔的命运"并且"把他的头……从罪责的雾霭中抬起"。"人……想要通过动摇那受折磨的世界来提升自己"(1996：203，另见 1998：131—132)。本雅明(1996：205)补充说，喜剧的英雄"性格"，"为人面对罪责语境所遭受的这种神话奴役给出了答案，答案就是天才"，他"是灯塔，在灯塔的光束中他的行动的自由变得清晰可见"(1996：206)。本雅明立即警告说，悲剧英雄并没有带来救赎。他的论证是多层面的。在这里，最为相关的一点出现于他对罗森茨威格的解读。英雄所代表的个人摒弃了世界的律法："自我……独立于一切伦理规范，是'元伦理的'。"通过"根本上的自作主张"〔摩西（Moses），1989：231－232〕，人上升到了自主性。然而，顽强追求个性的英雄把自己与他者区分开来，割断他与神和世界的纽带，并且将自己锁定在他的抽象自我上。由于什么都不知道并且仅仅系于自身，所以他沉默不语（本雅明，1996：203；1998：106－110，116－117）。

对于阿多诺来说，本雅明的悲剧英雄——他反抗神话的斗争和他的自我囚禁——体现了启蒙主体的两个特征。阿多诺承认，英雄的人类自主性处于神话与和解之间。本雅明的孤立的、被陷害的英雄代表了一种主体，这种主体反对僵化的陈旧结构，但反过来又接受自我设定的人的神话思维。由于不知道并且否认它自己的社会—物质存在，主体错误地把它自己这个历史存在物当作绝对者的独立起源（P 235－237）。正因为如此，它越发盲目地使现状永存下去。不过，阿多诺的确强调了英雄最初的去神话化的契机对社会批判的重要性，他自己1932年关于悲剧的评论明确说道，悲剧"包括有罪之人对自然语境的屈从"，而与此同时"人作为人从命运中升离出来……悲剧神话包含……对罪责和自然的服从以及……对自然语境的超越"（INH 267，另见 1995：74）。阿多诺坚持认为，在悲剧中，"发生冲突的是……神话律法与主体性"，"从命运的统治与醒悟到成熟的人性"，这种冲突引发了"命运咒语的解除和主体性的诞生"（1999：232）。阿多诺补充说，本雅明的"命运和性格"体现了"本雅明式的主题，即在性格上……超越自然的人……勉力从神话的无定形之物中获得自身"（NLII 227）。在本雅明那里，"与命运形成对比的"性格乃是"坚强的自我"（ND 237）。

阿多诺为了他社会批判中两个主题之间的张力而努力挽回分别作为英雄形象和性格的天才的敌对，这种努力是能够得到阐明的。在阿多诺的解读中，神话对应于显现为自然的"永远相同的"社会（NLII 148）。英雄在反抗命运恶魔时外表那一瞬间的挑战冲动代表着主体对僵化条件的自然外表的否定，代表着主体开始意识到历史的现实和可能性。对于阿多诺而言，这种片刻的介入通常只是提高对当前历史条件的意识的机会。在"未取得和解的宇宙"中，他冷静地陈述道，一种"必然性实施着统治……如果你能足够长时间地免遭灭顶之灾，从而识别出它并给它命名，那么你就能认为自己幸运了"（HF 74）。这使得悲剧英雄所证明的主体挑战神话的契机对于阿多诺防止屈服的社会—批判努力来说变得不可或缺。

不过，阿多诺立即提出了一个告诫，这个告诫既与他对受骗的启蒙主体的批判相一致，也与本雅明对英雄的沉默不语的解读相一致。由于避免了自然不变的外表，得到启蒙的主体开始无视它自己社会—物质的存在并错误地把自己当作绝对者。罗森茨威格的"远古时代的悲剧英雄"是一尊"刚硬的大理石雕像"（在摩西，1989：133）。阿多诺的主体重新陷入把它自身的社会、历史存在当作本质的神话误解之中，并且努力去统治世界。阿多诺在《社会学和心理学》（*Sociology and Psychology*）中认为，在总体上得到社会化的社会里，主体已经"内化了"把它当作"第二自然"来加以管理的社会诫命。"道德英雄"的姿态允许主体从对内化诫命的"非理性"的洞见出发进展到"抛开"它们，就仿佛它们并未影响它，这种姿态是有问题的（SP1 71）。对于阿多诺来说，本雅明的英雄所代表的那种实施去神话化的反抗——主体对社会的自然外表的否定以及对屈服的抵制——只有在主体同时并且仍然批判性地从事自我反思的情况下才值得挽回。只有在对其自身社会—物质存在也进行反思的情况下，天才才有机会逃脱固化的、异化的世界。

对阿多诺的本雅明阐释的这些错综复杂之处的更深探究将有助于进一步考察"很少……得到详细探讨的……智性关系"［尼科尔森（Nicholsen），1997：11］，不过这超出了本章的范围。使阿多诺的本雅明解读对于阐明迄今为止所讨论的问题来说成为有参考价值的，乃是本雅明对阿多诺社会学的社会—批判成分的影响。正如阿多诺为了他自己的社会批判而对他朋友的工作的关键方面所做的概括，"本雅明的哲学"由一种张力所统治，这种张力的一边是"绝望的非现实"的教义，另一边是落入自然的命运的教义、神话的"生者罪责语境"的教义（VSI 170）。阿多诺认为，在对资本主义社会的批判性回应中，本雅明的著作在谴责僵死的条件和否定它的不变性之间保持了这种张力。这种张力与另一种张力相类似，即阿多诺社会—批判努力中的推动社会变革和避免屈服之间的张力。人们可以听到这种张力的一个维度在阿多诺的著作中与他社会学的双重性质产生着共鸣。在本雅明的《单行道》（*One Way Street*，1996：471）中，张力压缩在一条甚至比它表示的艺术作品还要微小的断片之中："佛罗伦萨洗礼堂——大门上有安德烈·德·皮萨诺的'希望'，她坐着，无助地把她的臂膀伸向一个她始终够不到的果实，可是她却是有翼的，没有什么比这更加真实了。"

（三）规范性标准和痛苦

阿多诺提出了从理论反思到社会批判的另一条道路。[①] 它勘测和体现了出于当代社会哲学为阿多诺社会批判所做的辩护。库克提供了最清晰、最详细的考察，他对这条道路做的勘测如下（2001，2004a：112－117；2007）。[②] 反思揭露了社会生活概念的谬误，但是概念不仅歪曲社会，它们也断言社会的潜在未来。转型的社会可能是概念现在所错误地主张的东西，既然阿多诺假设了一个可转变的社会，那么这就是不会引起争议的。更不会引起争议的是库克的一个想法，即对于阿多诺而言，某些"值得强调的"概念，例如"自由"或者"正义"，也忠实地传达了一个更好的社会看起来像是的东西，这就是社会应当所是的东西未得到满足的规范性标准。库克的解读呼应着阿多诺的如下断言，"通过特定之物与它的概念之间所达到的同一，特定之物……获得自身"（ND 154），例如，"人性……必须达到与它的概念的同一"（ND 149）。要揭示这样一些概念与社会之间的差异，就要说明社会不是概念正确地说它可能是以及应当是的东西。抛弃了歪曲

[①] 关于以下考察的更详尽讨论，可参见本泽尔，2011。

[②] 另见黑尔德，1980：210－218；雅尔维斯，1998：50－51，66；杰伊，1984a：61－62；皮克福德，2002：320－327；罗斯，1978：43－46。

社会概念的社会学反思因此总是被要求谴责社会，因为社会违反了可行的、忠实的规范性东西，并因而束缚了概念所提出的一个更好的社会标准。

阿多诺在一些段落中提出这一推理路线（例如 PD 23—25），但是其他段落似乎又破坏了它。阿多诺认为目前关于社会是什么的设想是不值得信赖的。通常地，关于社会应当是什么的设想也好不了多少。既然它们是正确的人的概念预期（ISW 228，ND 273），是"正确的社会组织"的预期（PD 122，VSI 309），"那么今天，所有更好生活的梦想（都是）苍白的、无力的——或者说是矫揉造作的……乌托邦严格地、专门地仅仅在于规定的否定。其余的就是……切·格瓦拉……"[阿多诺在梯德曼，1993：110n8；另见门克（Menke），2004：309]。相应地，阿多诺否认了"从外部引证的固定价值"（IS 78）来判断社会的可能性。关于概念歪曲社会无非就是社会未能满足概念的断言几乎不会推动对社会的谴责，因为相应的谴责相当于对社会的一种不正当批判，即批判社会未能满足它没有理由要做到的那些被误导的绝对标准。

库克在阿多诺一切概念皆非"空洞之声"（ND 153）这个想法的基础上令人信服地完善了她的解读。某些判断——尽管在社会是什么上有所误导，并且在社会应当是什么上部分地有所误导——承载着一些真实的乌托邦元素或者规范性真理内容，这些东西忠实地表明了一个更好的社会看起来像是的东西（库克，2001：7—11；另见皮克福德，2002：321—325）。例如，阿多诺对摒弃人性、自由和正义这些理想的真理内容保持警惕（P 65—66）。库克（2001：10）由此推断，"意识形态……为社会批判提供了一个基础"："批判性思维在于运用概念的更有力的内容来对付……既存条件。"（2001：1）如果社会学在它把概念当作歪曲的表达来抛弃时设法证明社会未能特别满足概念的真正规范性元素，那么它同时就合法地批判社会未能成为概念的忠实乌托邦元素——正确地说它是其应当所是的东西。

阿多诺作品中有许多段落也是支持库克的解读的，但是其他段落则表明她的推断是有问题的。她没有否认，在值得强调的规范性概念中，社会所产生的关于更好社会的错误想法的元素也沉积了下来（2001：2，8－9；2007：174－175）。阿多诺认定，甚至人性、自由、正义的观念也饱受社会之苦，而它们正在这个社会中得到思考（P 66，另见 GS4 299），他反复地警告，自由的概念也包含隐藏的以社会为条件的永恒限制的想法。① 因此，任何参考概念标准的社会批判都必定首先使概念的规范性真理内容脱离于由社会所产生的虚假元素。否则的话，这样的批判就将包括对社会的一种非法谴责，这种谴责涉及受误导的乌托邦观念。或者更糟糕的，这些观念被提升为社会转型的标准的有潜在危险的观念。

137　　　既然概念的虚假乌托邦观念是以社会为条件的，并且至少它的规范性真理内容是由社会塑造的，因为它是通过反对现存条件而生产出来的，② 那么使一个概念的规范性真理内容从它的虚假元素中净化出来就要求概念的社会维度被做成完全透明的。例如，阿多诺强调，人类需求的概念"是一个社会范畴"（SSI 392）。卡内蒂（1992：125－132）提出了一种关于数量增长的原始需求的概念——该需求是在人类与自然的接触中发展出来并得到普及的。阿多诺宣称，这个概念把历史上"变得必要"的东西歪曲为自然且必然的，"成长的诚命是一个历史的产物……系于……可继承财产的观念"（CLA 193）。"在真假需求之间进行区分所要求的东西，"他相应地论证道，"是一种把社会结构当作整体的洞见。"（CLA 121，另见 109；1961：32－33）然而，正如前面所澄清的，智性构造目前之所以不值得信赖，恰恰是因为在整合和异化中，它们以及它们所试图标示的客体包含着抵制解密的社会维度。请注意阿多诺的决定性详述：甚至在概念包含真理内容的地方，它们的"非真理也是……为社会基础的否认（Verleugnung）而付出的代价"（SSI 474）。首先，对概念和客体进行中介的百万重网络拒不服从彻

---

① 　ND 216，231－232，246－248，291；另见希尔菲尔德，2004：13－31。
② 　参见 ND 259，IS 94；库克，2001：2，8－10；2007：173－175。

底的条分缕析。其次，有一种努力目前是很有限的，这种努力就是弄清楚对概念和客体进行中介的社会条件乃是它们所是的人的、历史的语境。"经验意识"面对着"日益增长的无能，即无法理解和穿透复杂的并且在意识形态上永远蒙着厚厚面纱的社会现实"（NLII 62）。这些是阻挠把概念的乌托邦真理内容从仅仅反思社会误导意识的元素中安全地分离出来的社会障碍。大概是出于对阻挠彻底揭示概念的社会维度的障碍的警惕，阿多诺从未最终地把一个可接受的自由概念从社会所产生的标示强迫的元素中区分出来。"自由……是如此深地与非自由纠缠在一起，以至于它不仅仅是被（非自由）抑制，而是把（非自由）当作它自身概念的条件。这个（概念）不可能比任何其他个别概念更多地被析出为某种绝对的东西。"[ND 262，着重号为作者所加；另见科奈尔（Cornell），2006：24]。

　　"否定的辩证法，"库克（2004a：116—117）坚持认为，"用规范性概念来强调客体未能与它们相一致：所存在的东西尚未变成其应当所是的东西。这种一致性的缺乏能够以一种批判的样式来反对客体。"不过，阿多诺在这里并不是前后完全一贯的：他的某些考察清楚地标明这条道路通向社会批判，可是其他的考察又认为它障碍重重。库克和其他学者将他们的阐释建基于前一种考察，但困境仍然存在，这个困境就是，阿多诺关于一种采用规范性概念的社会—批判计划的提议被他自己的社会学思想破坏了。即使概念包含对社会应当所是的东西的真正规范性标准进行表达的元素，有些预期也还是受社会限制的，这些预期就是完全译解概念的社会维度以便把它的以社会为条件的虚假乌托邦元素从那些真实元素中分离出来。因此，尽管识别不值得信赖的概念与社会之间的差异提高了对社会缺乏与那些概念一致性的意识，但是这种识别并未推动一种批判，即批判社会没有符合那些概念。沿着这样一些路线的批判将是非法的，它谴责社会未能满足误导的概念标准，并有支持这些误导标准的社会实现的危险。阿多诺对规范性概念体现社会批判的潜力的评论，使得学者们强调他的工作与当代"马克思主义"（库克，2007：163）相对立的相关性，他的著作看起来为这个计划构建了一个不稳定的参考点。

人们也许会插入说，对社会痛苦的识别同样不能推动对社会产生痛苦的批判。这样的一种批判是不正当的，因为它仅仅哀悼社会未能满足"无痛苦"的受意识形态污染的规范性概念标准，并且拥护一种误导性的乌托邦范畴获得社会实现。但是这里存在着决定性的不同。首先，反对痛苦并不依赖于特定的智性范畴："去"是一种"冲动，赤裸裸的身体恐惧以及……与受折磨的身体团结的感觉"（ND 281）；它是人类对（所说的）身体悲哀的直接的身体噪声反应。痛苦的"肉体契机"不可避免地"记录了一种认知，即痛苦不应当存在……这就是为什么特别是唯物主义的"受折磨的身体"融会于"亦即同时变成了"批判性的东西"（ND 203）。在这个意义上，对社会痛苦的识别或者经验推动了对社会痛苦的谴责。① 其次，无论何时，只要痛苦得到组织，那么对痛苦的反抗——作为对痛苦的无法摆脱的身体反应——就是无可争议的。在痛苦面前，"像这样的句子：应当没有折磨（、）……没有集中营"是"最急迫的"，并且"作为冲动……是真实的"，没有人能够质疑它们（ND 281）。② "认为人们能够在内心接受或者拒绝折磨的哲学学说"是"胡说八道"（NLII 79）。可是与此同时，"去"没有提供关于社会不是什么的概念，而是提供了关于社会应是什么的概念；它仅仅表明社会是但不应是什么：不应是痛苦、折磨、集中营的条件。对痛苦的批判谴责社会是苦恼的在场并主张废除它。它既不谴责社会缺乏一种预先设想的"人性、自由、正义"，也不要求这些设想的实施。③

---

① 参见霍耐特，2005b：183—187，论"冲动"以及戈伊斯（Geuss），2005：51—52［比较祖德瓦尔特（Zuidervaart），2007：66—70］，以了解关于阿多诺的"对痛苦的敏感化"的一个批判。

② 在这里，阿多诺听到了人类"物种"的回音，它指导"所有的行动"——然而它们中有许多未能达到其目标——朝向"其身体的持存"并"反对痛苦"。对于物种来说，物种的痛苦是不可接受的，以至于"对于它的甚至最少成员的身体痛苦的否定……也符合所有成员的利益"（ND 203）。

③ 根据缪勒-多姆（2004：289）的看法，阿多诺的"批判不是……依赖于一个观点，而是"依赖于一种洞见，即社会关系必须被改变，因为它们产生了痛苦、非正义和强制"。事实上，强制造成了痛苦（IS 84，ND 222）。阿多诺批判"强制"是因为痛苦要求被废除。阿多诺写道，人们必须批判"统治"，这不是因为"棕榈树下一种受祝福状态的儿时梦想"，而是因为统治"倾向"于变成法西斯主义的"绝对恐怖"那样的总体（SSⅠ 586）。

霍克海默(1985：289)强调了他与阿多诺的一致，"我们不能够代表善"，但却能"指出我们正在遭受什么痛苦，什么东西需要转变"。克拉考尔记得就在同一个问题上与阿多诺不一致：

> 我告诉他，乌托邦思想只有取得具有明确内容的……想象形式才有意义……他说……如果你想要讲清楚乌托邦概念……那么它就消失不见了……(A&K 514)
>
> 我告诉他：你诅咒(资产阶级社会)，拒绝共产主义，对社会民主主义……蹙眉不悦……你认为什么是应该做的……? 他的(可怜的)回答是：我知道并说了什么是坏的，这不够吗? (A&K 517)

有些问题困扰着对社会明显违反规范性概念所进行的批判，而人们反对并要求根除现存苦难而避免了这些问题，正因为如此，对社会痛苦的批判对于阿多诺社会学的社会—批判维度来说才如此重要。

这阐明了关于阿多诺确乎提出的"正确"条件的某些稀少而闪躲的暗示。既然正确的生活不应受苦，那么这些暗示中有许多地方就特别地为废除痛苦而营造了条件。① 例如，因为令人痛楚的异化的不在场要求一种非异化的状态，所以阿多诺接受了对一种不在"切近之处"受"不同之物"威胁的生活的要求(ND 192)——"自主的主体与社会及系统整合的必要条件和谐一致"，正如缪勒-多姆(2004：290)用社会学措辞对它所做的表述。更为一般地，阿多诺

140

---

① 通过借用弗洛伊德的(1991：47)术语"生命急需"(Lebensnot)——弗洛伊德用它来详细说明他的一个论题，即"以本能的满足为代价……创造出了文明"——阿多诺强调，资本主义生产关系仍然为它们的成员制造出不必要的匮乏和拒绝(IS 111)。例如，尽管存在着借助现存生产力来解除饥饿的可能性，但是人们由于社会对生产的组织而挨饿(CM 144，HM 144，PD 62)。"正确的意识"以及由此而来的正确的生活要求废除生命急需(ND 390)，这在今天是可能的(SSI 585)。然而，阿多诺去世数十年后，"数百万人"仍然"忍饥挨饿"，而食物却被大量囤积或有意毁坏"(雅尔维斯，1998：60)。

认为(再次在霍克海默的强烈影响之下①)，既然身体痛楚的不在场要求肉体的满足，那么"感官快乐"就是"正确的生活的条件"(NLII 48)。唯物主义渴望"肉体的复活……精神在物质需求获得满足的情况下从物质需求的首要地位中解放出来"(ND 207)。只有这样一个社会才可能是"真的"，它以"躺在水上平静地看天空"来取代"做事和执行的过程"，因为在这个社会中"没有哪个人……会再挨饿"，而且它也"不再知道匮乏"(MM 156－157)。不过，我得赶快补充一下，评估这些暗示对于前面所略述的规范性概念批判的敏感性，就进一步具体说明阿多诺社会—批判社会学的问题和潜力而言是非常必要的。

(四)社会—批判的介入

如果对于社会生活的一种社会学分析发展出了两个主题之间的张力，那么它就能服务于阿多诺的社会批判，这两个主题就是：谴责社会并推动转型，以及突出社会变革的可能性并反对屈服。阿多诺的后期社会学，特别是《批判的模式》，包含了大量在直接面对具体社会问题时满足这些标准的文本。1963年的"今日之性禁忌与法"分析了性实践、性禁忌和性犯罪立法，这部作品阐明了阿多诺的社会—批判计划。

1. 搞砸的解放

20世纪60年代关于性的最显著"事实"是它被接受了。"接连不断"煽动挑衅的大众媒介指出，"健康性生活"对于人们"身心卫生"的不可或缺，在这么多女孩现在拥有男友时被提及"禁忌"的"过时"时指：这一切都表明社会拥抱了一种不受压抑的愉悦与娱乐的"享乐道德"②，并表明性解放已经发生了。自然地，阿多诺拒绝在表面价值上采纳事实表象。性的一般接

①　阿多诺和霍克海默(A&H1 112，126，265，406)关于巴黎红灯区冒险经历的通信表明，阿多诺同意霍克海默对资产阶级道德的理论拒绝(VSI 150，157－158)。霍克海默(1992：43－122)批判资产阶级道德以少数人的利益来谴责大众对满足的追求，并且为了人类的享受而要求社会转型。

②　阿多诺接受了这个来自社会学家沃尔芬斯坦(Wolfenstein)和莱茨(Leites，1950：21)的术语："如果你没有寻欢作乐，那么你就必须问你自己你怎么了。"寻欢作乐的要求和西方文化的"善良道德"之间的冲突被美国电影中的"好—坏女孩"所包容，女主角传达着吸引人的"性冲动"，但是最终变成了可以娶的女孩。

受和表面解放要求联系社会整体来审查(CM 72)。[1]

　　性在社会生活中的这种概念重构隐瞒了两个方面。首先，尽管一般地宽容肤浅地说明了性解放，但是在更深的层面上，接受性标志着性的社会整合。就像"资产阶级社会通过合并无产阶级来克服无产阶级的威胁"一样，性之所以被接受乃是因为它已经被做成可接受的了。性在社会上被"吸收、制度化和管理"，"以无数形式被材料和文化工业启动和关闭、引导和开发"。作为"垄断控制并且标准化的"性企业，性已经被净化了："套上羁绊，它就得到了容许。"其次，接受仅仅看起来是普遍的，许多实践仍然遭到诽谤并且在社会上被压抑："鉴于性征已经被整合，那么不能被整合的东西，实际上的性气味，就继续被社会厌恶。"(CM 72-73)

　　化妆品和心理治疗工业的意识形态表明，性是严格作为对所谓性变态进行净化的狭义生殖力而得到容忍的。对性的更大接受因而仅仅表明，性越来越多地被迫进入这种社会模式之中，它在那里甚至是商业上成为可行的。[2] 阿多诺参考了弗洛伊德在婴儿性征所特有的局部或部分本能与成人期生殖力的首要地位之间所做的区别。弗洛伊德(1974：32-35，57-65，73-78)把部分本能同一系列性觉区和性目的联系起来，只有在青春期它们才和生殖力以及生育相结合。阿多诺认为，今天，性的这种收缩形式被当作它唯一自然的、适合的表现(CM 74-75)。正如含糊不清的性习俗以及性犯罪立法段落所揭示的，性征的其他形式以及它们的典型被认为是变态的并且遭到压抑，以达到驱魔的目的。社会对这些典型的广泛憎恨得到了各种不同的表达：妓院不断遭到突袭和查封；对色情作品的消费进行干预；纳粹所定的声名狼藉的"同性恋条款"直到1969年还在西德生效；给未

142

---

　　① 阿多诺强调说，弗洛伊德把"明确是性的东西"定义为社会上不得体的东西(CM 73)。

　　② 阿多诺在20世纪50年代中期开始仔细考察得到整合的性征。最初他认为乱交遵循交换和利益原则："性……正在被同化为交换关系，付出和收获的合理性。"(VSI 304)在《美丽新世界》(Brave New World)中，愉悦已经"退化为可悲的娱乐，退化为已经'拥有'这或那的自恋满足的时刻"(P 103)。

成年人的性征设置禁忌；强调——仿佛核战争威胁那般夸张地——合法保护个人的性征使其免于陷入假定的迷乱失常(CM 77—82)。"性欲被净化为性，有如一种体育运动，无论什么东西只要和它不同就会引起过敏反应"(CM 73)。资本主义接受性并见证性解放的流行观念隐瞒了事情的这两个方面。

2. 社会痛苦

"性禁忌"寻求多条上述道路，即从在理论上反思不值得信赖的社会现实的设想到批判它并主张它转型。有一个段落读起来是这样的：人们说，"秩序……的监护者们""有他们的自由……对此没有其他的而只有一个回应：当代社会中的性解放只是假象"(CM 72)。反思批判社会把自己描绘为一种性解放秩序是不值得信赖的，与此同时它也谴责社会虚伪地谎报了它自己。

许多"性禁忌"似乎是沿着社会—批判的道路从理论分析走向社会谴责的，即谴责社会使痛苦获得了条件。阿多诺拒绝那种认为社会得到性解放的主张，并论证说，性或者被社会的僵化禁忌所整合，或者被它们压抑。关键是，整合和压抑导致了痛苦，而痛苦是要被废除的。阿多诺的分析不容置疑地是社会—批判的，它们详尽谴责了社会的整合部署以及压抑部署。阿多诺嘲弄了社会整合，因为纯粹生殖的性征——被纳粹党卫军所接受的模式，该模式同样也被"如今海滩和露营地的放荡不羁"接受——构成不了快乐的源泉(部分本能所主宰的性征也构成不了这样的源泉)(CM 74—75)。[①] 社会压抑之所以被谴责是因为，"施加在……被判断为(下流)……的东西上的报复"令人回忆起"女巫审判"(CM 76)；妓女就像犹太人一样受到迫害；与"针对财产的

---

① "所有的快乐都是被(部分的力比多和生殖力)之间的张力所唤醒的。"这使得阿多诺把自我的丧失草描为"有一……点儿性乌托邦"(CM 75)。很难估计他是如何断然地试图勾勒一个性乌托邦的概念并以它为背景来判断社会。1968 年，他指出，今天对"爱欲乌托邦"的设想是"苍白"而"无力"的，就像其他"更好生活"的实证观念那样[梯德曼，1993：110n8；另见胡伊森(Huyssen)，2002：35]。

犯罪"不同，"谋杀妓女"可以"免受惩罚"，这个事实表明"社会的权力……想要把死亡"加给那些它视为是变态的人(CM 78—79)；"持续存在的法律歧视"和"社会排斥"将同性恋者置于"永恒的焦虑压力"之下，这导致了"(他们)智性力量的被束缚和被摧毁"(CM 80)；色情作品的审查制度妨碍着享受(CM 81)。① 相反地，阿多诺补充说，法律和公共道德使痛苦得以成为可能，其原因就是它们对"虐待狂暴力"的仁慈。例如，"严加禁止的对未成年人的亲切柔和""所受到的惩罚始终要比……家长或教师把孩子打得半死所受到的惩罚更为严厉"；而德国对快速、鲁莽驾驶的宽容结合了两样东西，一样是"非隐喻意义上的走在前面的冲动，欲求成功的健康意志的体现"，另一样是"对人的生命的蔑视"(CM 82—83)。就像"去"一样，"不要整合！不要压抑！"部分地是"受害者团结"发出的一个抗议(CM 73)，是对社会所造成的身体痛楚的一个回应。然而，就像"不要折磨！不要集中营！"一样，"不要整合！不要压抑！"几乎没有说出什么是应当的，而只是强调什么是不应当的，它对社会的指责主要是针对当前应当避免的苦痛，而不是针对社会未能实现一种预想的性解放标准。通过指出社会制造痛苦，阿多诺对性禁忌的调查以强烈推动社会转型的批判而告终。他坚持认为，进步与"减轻……痛苦"是不可分的(CM 154)。

阿多诺的批判指向那些也适于酝酿使人们接受禁忌的"愤怒"的流行条件。资本主义的"形式自由"使个人承担"自主性的责任"，然而他们仍然依赖于固化的、"专横的制度"。作为结果，人们感到"过重的负担和威胁"。这种威胁"包括""阉割威胁"；"社会痛苦"被"性征取代"；"性征变成一种社会神经中枢"(CM 77)。社会之所以遭到谴责不仅在于它给那些被拒绝流氓本能或者代表流氓本能的人造成痛苦，而且在于它给施加压抑的人造成痛苦——尤其是当它成为他们的这样一种痛苦，即把他们变成压抑暴力的

---

① 弗兰克斯(Franks，2006：193—213)基于阿多诺的工作提出了对色情作品的一种批判阅读。参见莱森加(Rycenga，2002：361—378)论阿多诺自己对于可疑性成规的所谓坚持。

心甘情愿的实施者来对付他者。

连续的"压抑"最终"可能……流入权威主义人格的蓄水池"并培育出一种有助于重复过去难以言表的痛苦的社会气候。阿多诺强调,《权威主义人格》发现,具有潜在法西斯主义信徒的"性格结构"的主体"把他们自己所拒绝的放荡的性观念……投射到其他群体上",并且"对那些他们认为是性偏差者的人怀有迫害幻想"。"德国性禁忌属于相同的偏见的意识形态和心理综合征之列,这种综合征帮助国家社会主义建立起了它的群众支持。"(CM 73)

谴责社会痛苦和拥护转型并未穷尽社会学的社会—批判任务,尤其是在社会显得专横和不变的地方,社会批判必须同时通过突出社会变革的可能性来反击那些独自就能引起变革的人们的屈服。这种理论张力是阿多诺社会—批判计划所特有的。阿多诺就社会禁忌的不变性进行了辩论,他认为,鉴于"传统的性禁忌攻击生殖力和部分本能冲动",当代资本主义见证了"生殖力日益获得的社会强化"以及"对部分本能冲动和……它们的典型代表的……不断增长的压力"(CM 75)。阿多诺还认为,人能够通过明智的合法改革来干预压抑的气候(CM 81—83)。① 他的谦虚低调的、关键词似的提议旨在激起对所有围绕性征的社会规范进行更广泛的否定,这些规范显得是自然正当的和真实的:"一项名副其实的刑法改革……将使它自己摆脱人民的精神,摆脱涂尔干早已想要借助它们有害的事实来认出的那些社会事实。"(CM 83)

但是,连同其社会—批判维度中的社会学双重性质,上述窘困又重新露面了。阿多诺说道,政治、禁忌和法律栖息于那些使痛苦和压抑永存的基础社会条件的"上层建筑"中(CM 71)。当然,阿多诺把上层建筑—基础

---

① 阿多诺坚持认为,惩罚性法律是不充分的,因为由社会所主宰的个人不能够被当作自由的能动者。不过,那些认为人类行动被预先决定的预防性法律的拥护者们很少了解心理学的决定因素,更不用说作为决定性决定因素的社会了,而社会是可以被转变的,这样个人就不再被预先决定了。司法专家会更加注意对决定因素的心理学和社会学的研究(CM 83—86)。

建筑的关系问题化了，这部分是因为上层建筑是社会再生产的一个要害器官，并且也是变革的一个潜在器官(PETG 67－68，IS 152)。提议思维模式的可转变性因而就相当于提议从一个重要角度来进行社会转型的可能性。然而，交换社会的决定性智性支持乃是符合同一性和交换原则的思考。描述法律和道德思想的可转变性而不清楚地指出那些被物化的智性原则的可协商性，这相当于狭义地描绘人类改变社会的潜力。此外，既然根据那些原则所做的思考并不穷尽社会的维系，那么甚至对思维模式的可转变性的一种全面指出也只是部分成功地强调，由社会生产关系所主宰的社会能够被人类改变。因此，阿多诺的文章只能够部分成功地反击对社会痛苦的屈服。

145

　　然而，阿多诺战后的工作清楚地反映了他的政治抱负和他与他那个时代的社会弊病的对峙。[①] 被它的作者理解为一种"介入"(A&H4 696)的"性禁忌"在很大程度上满足了他的社会批判的标准，并且阐明了他在直接处理政治问题时的社会—批判努力。该文是阿多诺20世纪50年代和60年代社会学文本的典型，尤其是《批判的模式》(*Critical Models*)的典型。[②] 阿多诺似乎一度把"文化—政治随笔"考虑为《介入》(*Interventions*)的一个副标题(阿多诺等人，2003：436n1)，并把注意力引向《标题词》(*Stichworte*，CM 126)这个题目的"论战性"寓意。他好像有正当理由坚持认为，他的批判模式不仅分析而且介入了那种有助于维持资本主义社会的物化意识(CM 4)。

二、理论时代的实践

　　人们也许会合理地假定，在为社会变革和反对屈服给出这样一个有力

---

　　① 　阿多诺曾经因为躲避这样的对峙而遭到批判(杰伊，1984a：86；凯尔纳，1989：209－210；卢卡奇，1971b：22；奥菲，2005：76；塔尔，1977：161－162)。

　　② 　其他问题包括反犹主义、教育和文化工业。

的实例时，阿多诺会认可社会实践——旨在倾覆交换社会的有组织的集体行动。然而，尽管实践构成了他社会学思想中的一个重要题目，但事情是微妙的。阿多诺的交换社会的社会学妨碍他支持集体活动。虽然尊崇变革的需求，但阿多诺宣称"这是理论的时代"（MCP 126）。尽管如此，人们切不可匆匆得出结论说，阿多诺的社会—批判计划被迫进入纯沉思的"死胡同"（布克—莫尔斯，1977：190）。阿多诺对于大屠杀的观点强化了他对 20世纪 60 年代学生运动的集体激进主义的反对，但是它也使得他在战后几十年里支持特定的政治介入。在对大屠杀的反应中，阿多诺甚至使他的部分社会学致力于草描一个与"野蛮"战斗的计划。

（一）作为社会再生产的伪行动

在 1966 年的一次访谈中，阿多诺承认了一种"对实践的渐增的厌恶，与我自己的理论立场相矛盾"（VSII 738）。他有抵制组织集体的、激变的活动的企图，这种抵制当然与他对社会变革的必要性和可能性的社会—批判强调大相径庭。然而，其他社会学考察一般性地提升了对社会实践特别是20 世纪 60 年代学生行动主义的前后一致的关注。阿多诺认为，在当代资本主义中，集体组织的政治计划易于萎缩成为无效的"伪行动"（CM 269）。伪实践标示着"借助严肃性和重要性的狡黠记号把能量引导到无意义的行动"（P 80—81）中。① 在总体社会化的世界中，社会调节着人们能够奉行的一切。客体的"需求"是社会决定的（CM 265）。社会进程为改革活动的可能和要求创造了条件。因此，"有意义的实践"（SSI 579）充分体现为一种导致社会变革的介入所必须做的事情，它依赖于对社会及其历史趋势的一种社会学理解（IS 27，149—150）。然而目前，社会现实以及改革活动因此必须采取的方向并不是直接可理解的。在"尚未开始消融的"冻结条件中，"真正的政治"被阻塞了（NLII 93）。令人失望的 1968 年法国造反运动以及它们

---

① 自己动手做（DIY）也是伪行动：变革僵化条件的欲求所驱动的自发性是被误导的（CM 173，另见 CoM 99—100）。

针对"那些管理炸弹的人"的"街垒",说明了当代行动主义的误入歧途的、无足轻重的,甚至"荒唐可笑的"运作(CM 269,另见 VSI 399;2002c:17)。由"总体系统"所"中介"的客体需求仅是理论上可决定的。试图改变未解释之世界的一种"不耐心"实践是"虚弱的"和"失败的"(CM 265)。

无效实践尤其搅扰阿多诺,因为它服务于现状的再生产。社会化的社会调节所有生活行动,"规定并且限制任何个人活动的条件"(CM 264)。政治的存在主义低估了这个问题。萨特坚持每个人选择他自己行动的能力和责任:"懦夫使自己变得懦弱"并且"总是"有"可能……放弃懦弱"(1973:43)。阿多诺反击道,对于萨特来讲,"社会关系和条件"因而"至多是一种适时的补充",但"在结构上……几乎不过是行动的时机"。实际上,整合对生活的强烈侵入足以使自由决定变成假象(ND 59—60)。甚至假定彻底的行动主义者们——"正规程序的……行家里手"(CM 270),他们向每个观念索要肯定的实践建议(CM 288)并且坚定不移地保持积极主动(CM 290)——也整齐划一地遵从服务于资本主义的图式主义和生产主义。与"物化意识"相结盟,他们使手段优先于目的并把他们讨论中的对手仅仅当作执行他们计划的工具,当作物(CM 268—269)。至关重要的是,作为盲目的伪行动,行动主义并不具有改革性的影响:它的决定条件的墨守成规的再生产是它的唯一效果。伪实践"真正……适应……于……禁闭(huis clos')"[①],只是"再生产(被管理的)世界本身"(CM 269—270)。

"如果今天的人们表现得好像他们明天就能改变世界",阿多诺重复道,"那么他们就会是说谎者"(PD 129)。伪行动也因为活在这个谎言中而服务于现状。通过冒充控制现实,伪实践假装在主体和"被彻底中介和固定的社会"之间的深渊上架起桥梁。就僵化秩序中对异化的痛楚意识迫使社会发生转型而言,伪实践破坏了支持变革的一个生死攸关的论证——实

147

---

① 禁闭是萨特 1944 年(2001)的话剧《无路可出》(No Exit)的原标题,意思是"大门紧闭"。

践。"由受阻的现实……所造成的痛苦,"阿多诺在回应他的学生批评家时评论道,"变成了对于……表达它的人的愤怒。"但是,由于无视该留言并且追求无效的伪行动,行动主义者们伪造了他们对监禁的豁免权,对一种"伪现实"(CM 291)的坚持,并且使他们对现在的社会—批判意识保持不动。在达到阻碍明智实践程度的"固化……情境"中,理论很可能仅限于使人们感到"更不舒服……因为人们看到了所有出口是如何被封堵起来的"(PETG 132)。然而,只有不舒服才能使转变的必要性变得一目了然。

阿多诺承认,那些"相信……小团体有限活动"的人们记得,"社会中无法穿透地与人们相对峙的恰恰就是这些人"。他们回想起"自发性……没有自发性这个整体就不能够变得……不同"(CM 291—292)。然而,他不能够忽视他对某些企图的社会学关注,这些企图就是组织集体的激进行动。在"万事万物所依赖的实践遭到阻挠"的"令人绝望的"情境中,批判的社会分析似乎成为唯一可行的和不可或缺的计划(ND 243)。有一种社会学阐释社会——"在人周围并在人之中的通用模块"(S 153)——并且解密对要求变革之物的需求,只有这样的社会学才能暴露出易受社会中转型影响的断裂并使实践变得有效。只有理论才能够帮助实践避免社会上恭顺从属的、绑定情境的表演(CM 264—266,291)并且造就被天真的行动主义所遮蔽的社会—批判意识。"痛苦、恐惧和威胁的未曾衰减的持存敦促……思想……不要丢弃自己……它必须不安定地承认,此时此地可以成为天堂的世界为何明天可能变成地狱……为了某种实践废除(这样的认知)将是一个时代错误,这种实践在这个历史时刻会不可避免地使……现状永存。"(CM 14)

148　　　**(二)命令性的介入**

"希特勒曾经把一个新的绝对命令强加给处于不自由状态的人:对他们的思想和行动加以安排以便奥斯维辛不会重现,以便不会有类似的事情发生。"尽管更加雄辩,但是阿多诺的规划与"去"产生强烈的共鸣,它放大了不幸的身体对于他的社会—批判思想的影响:命令包含着个人"对于强加给个人的无法忍受的身体痛楚的……痛恨"，没人能够怀疑它（使它获得基础的纯粹企图都是骇人听闻的）。而且，与康德的绝对命令不同，① 阿多诺的准则是否定的，它命令人们专门地行动以使得苦痛不被重复（ND 358）。阿多诺的原则在别的地方得到了讨论②。在这里有用的是，使它与实践的问题相关。

正是这个不可谈判协商的命令防止阿多诺的掩饰退却到沉思之中，并且使他支持战后时期的一些特定介入。从 20 世纪 60 年代中期起，他表达了与反战派的团结，因为来自越南的报道表明"折磨的世界……在奥斯维辛之后"仍然继续（MCP 101）。1967 年，阿多诺谴责围绕伊朗国王国事访问期间在西柏林一次集会上一位抗议者被杀所发生的事件，并且毫不迟疑地支持学生们对严格、公开调查的要求。阿多诺警告说，那位以开枪为乐的警官的无罪开释和没有后悔表明，受害者就像国家社会主义之下的犹太人那样，被当作学生这个物种里面的一个非个性化的样本[1994：145－147；贝尔曼（Berman），2002：126－169]。阿多诺也抗议——以书面（VSI 396－397，另见阿多诺等人，2003：633－634)和示威（许特，2003：320－328）的形式——在"紧急状态"下允许政府限制基本权利的立法。1968 年通过的法案使他想起了为纳粹服务的魏玛宪法中的一项条款。最后，阿多诺公开指责 1968 年入侵捷克斯洛伐克社会主义共和国（阿多诺等人，2003：647－650)的行为，此外他已经长期支持他的一些学生反对苏联共产主义的运动[参见克拉尔（Krahl），1974：165－166]并坚持认为苏联的暴政跟马克思主义的社会批判是无法相容的（VSI 390－393；阿多诺等人，2003：238）。③ 这些事情推翻了"认为阿多诺漠不关心当时政治斗争的陈旧观点"（哈默尔，2006：21；另见贝尔曼，

149

---

① "以这样一种方式来行动，即你把不管在你自己身上还是在任何别人身上的人性都始终当作目的，而不是仅仅当作手段"（2002：230，原文有着重号）。

② 参见伯恩斯坦，2001：384－396；李，2005：136－140；普理查德（Pritchard），2004：201－205；施魏本霍伊泽，2004：344－347；祖德瓦尔特，2007：60－61，179－180。

③ 中国的"文化大革命"也使阿多诺充满"恐怖"（阿多诺和松-勒泰尔，1991：152）。

2002：129—131）。此外，尽管阿多诺总是或多或少地不信任对在资本主义系统中进行小型转变——波普尔（1994：122）称为"零碎社会工程"的东西——的要求（IS 26—27，S 153，2002c：15），但是他的理论思考证明他对这些政治介入的认可是正当的。阿多诺支持在他看来有着特定指向的行动，即指向那些预示极权主义以及它的残暴的一种潜在更新的发展。他的支持与他由奥斯维辛所强加的不妥协的命令保持一致，这个命令就是，要这样行动以便不会有像它这样的事情再发生。

阿多诺在研究所的前同事赫伯特·马尔库塞把一种重要的政治角色归给学生激进主义（1969a：49—78；1970：83—108）。在反对普遍宽容的意识形态的同时，他支持不宽容和党派性，后者不仅反对公然暴政，而且反对整个"公众意见的暴政"（1969b：120）以及那些偏向于使压迫的资本主义条件永存的实践。马尔库塞认为抵抗部分是由"智性颠覆"（1969b：126）所达成的。可是，如果"合法的手段"失败了，那么受压迫的少数派和批评家就有权交战（1969b：130，137）。"如果他们使用暴力，那么他们并没有开始一种新的暴力链，而是试图打破一种已经建立的暴力链。既然他们将受到惩罚，那么他们就知道冒险，并且当他们愿意冒险的时候，没有第三者……至少没有教育者……有权来说教他们弃权。"（1969b：131）

阿多诺从不支持他的学生参与超越上述介入之外的行动，他甚至越发强烈地反对他们的有组织的活动。作为上面所概述的他对实践的关注的加强，他对激进运动的分析认为它正在发展原始法西斯主义的倾向。尤其是，阿多诺指出，学生们正在变得越来越暴力，[①] 对此他毫不含糊地回应道："如果我没有违抗……以暴制暴的永恒循环，我将不得不否认我的整个生活——在希

———

① 阿多诺从许多个人遭遇中汲取材料（阿多诺和松-勒泰尔，1991：157；阿多诺等人，2003：686；缪勒-多姆，2009：448—465；许特，2003：333—342；梯德曼，1994：25—26）。被称为"裸胸事件"的一个特别"激烈的"（CM 126）冲突，已经激起了传记的（叶戈尔，2004：207—208；缪勒-多姆，2009：475）和理论的争论[哈默尔，2006：23—25；李，2006：113—139；伦克（Lenk），2003；莱森加，2002：373]。

特勒和我所观察到的斯大林主义的东西之下的经验……如果有谁在无法计数的人被谋杀之后……还鼓吹暴力，那么我将拒绝我对他的忠诚。"(2002：17—18)①阿多诺警告说，暴力实践是特别危险的，因为如果对决定其方向的条件缺乏洞见，那么它就将一直被误导。激进分子们仅仅反抗而不反思或者考察社会情境，因此错误地采取行动(CM 291)。由于扰乱性的演讲，学生们甚至与他们自己的一个要求发生了矛盾，即以民主为动机的自由表达的要求(IS 154)。行动主义者们是"侵略性的"并且缺乏"反省"(CM 271)。他们组织成团体，遵循"元首(Führer)所分配的……标准化的口号"并且要求个人的"牺牲"，阿多诺把这比作"法西斯主义的保留节目"(CM 275—276)。个人严格地服从于集体，"当一个学生的房间因为他喜欢学习超过喜欢参加活动而被砸烂时，他的墙上会被涂写道：无论谁只要潜心于理论而不采取实践行动，那么他就是社会主义的叛徒……叛徒的概念来自集体压抑的永恒储备，不管它着上什么颜色"(CM 263)。

阿多诺加强了他对学生集体激进主义的批判，这具体涉及他视之为这种激进主义的政治上的危险暗流的东西。对于他来说，认可他们的集体行动意味着违背大屠杀所强加的不可谈判协商的命令，这个命令就是，如此地行动和思考以使奥斯维辛永远不会再次出现。这同一个要他支持选定行动的新命令也激励他越来越多地反对有组织的行动主义。学生们已经建立起了一种危险的"几乎不是康德意义上的绝对命令……你必须签名"(CM 292)，阿多诺不得不拒绝了。

(三)社会学反对野蛮

对于一个有关能够做什么来变革社会的访谈问题，阿多诺回答说："你

---

①　阿多诺把他和马尔库塞的差异刻画为气质上的(VSII 768)，这种刻画非常明显是轻描淡写的。他就"对思想的压抑的不宽容"(CM 290)所做的攻击是对马尔库塞的一个挖苦，而当贝克特(在梯德曼，1994：26)写信给阿多诺，将学生运动改名为马尔库塞的青春期(Marcusejugend)时，阿多诺似乎也没有抗议。

把我难倒了……我不知道……我只能够试着不顾一切地分析是什么"(2002c：16)。然而，他的社会学和政治活动之间的关系要比他对集体实践的批判更加丰富，也比他对 20 世纪 50 年代到 60 年代那些具体介入所暗示的零星支持更加丰富。他的新的绝对命令迫使阿多诺把他战后社会学的某些部分献给对野蛮的斗争。他的社会学工作包括对一个反对种族灭绝屠杀重现的政治行动规划——值得注意的是，比前面所提及的介入更加雄心勃勃——的战略参考和概括略述，社会学也承担了这个规划的实施中的一个公共角色。①

151　　**1. 社会学上的命令**

　　"人们谈及再度堕落到野蛮中去的威胁。但是……奥斯维辛过去就是它"(CM 191)。阿多诺从 1938 年开始一直害怕在德国发生种族灭绝屠杀(A&H2 29)，到 20 世纪 40 年代初知道了它(2006c：131)，并且从那以后就让检查和反对反犹主义的"道德义务"——预示了他的绝对命令——来指导他的工作(A&H2 68—69，另见 84)。尽管他在 1934 年就已经移居国外了，但是在失去他的执教许可并与盖世太保对峙之后(缪勒-多姆，2009：173—186)，私人联系使他保持着对德国"地狱"的意识。不久，阿多诺和霍克海默了解到研究所成员所遭到的迫害，他们中的一些幸存下来并且叙述了他们的流亡经历(A&H1 34，85—88；另见叶戈尔，2004：130；杰伊，1996：170)。"我父亲的一个直系堂亲……"阿多诺在 1938 年说道，"被带到达豪集中营而没有陈述理由……几个星期之后，他的妻子收到了他被焚化的简短消息。"(A&H2 38)阿多诺的奥地利熟人们描述了与政权的进一步及时接触，这些人有许多在 1938 年之后才移居国外，其中包括他的朋友索玛·摩根斯特恩(Soma Morgenstern)(阿多诺，2006c：73—74)和儿童心理学家布鲁诺·贝特尔海姆(Bruno Bettelheim)。贝特尔海姆曾经被遣送回德国，随后被关押于达豪和布痕瓦尔德集中营(威格斯豪斯，1994：379)。阿

---

　　① 关于阿多诺的提议，也可参见霍亨达尔，1995：45—72。

多诺也切近地观察了他父母的命运，他们在 1939 年遭到拘留和折磨
（2006c：1—4），并于最后一刻逃脱。"二战"后，特别是在阅读社会学家和
前布痕瓦尔德的囚犯欧根·柯根（Eugen Kogon，1946：viii）对集中营系统
的——明确要求"任何时间和任何地方都不要重现！"——解释时，阿多诺
认识到了纳粹恐怖的广度（MCP 109，125）。他变得确信，与 20 世纪"生产
力"的大规模发展隐秘地相一致，大屠杀"死亡的批量生产和成本削减"把
那些力量落实在"用毒气……来爆裂数百万人的肺"上，这已经超出了更早
时代所犯下种种残酷暴行的规模和强度（MM 233—234；另见柯根，1946：
132）。奥斯维辛不是"经济—技术进步过程中的工业事故"（VSI 141）。纳
粹的恐怖已经导致了"世界的终结"（阿多诺和贝尔格，2005：239），"它仍
可能变得更糟的可怜的安慰"（CM 268）已经失去了所有的说服力。

这并不意味着恐怖不会再现。就像霍克海默和马尔库塞（参见马尔库
塞，1969b：113）那样，阿多诺欢迎西方民主的批评自由——这在先前的法
西斯主义和当前的共产主义之下是不可想象的（VSI 392—393）。[1] 但是这
既没有减轻他也没有减轻霍克海默或者马尔库塞（1970：93）对重新开始的
野蛮的潜在可能的担心。在 20 世纪 50 年代到 60 年代，阿多诺一再强调，
"人们……向着奥斯维辛的迁移"可能会"继续"（JA 34，另见 ISW 234），因
为它曾经的产生条件仍在原处（CM 89—90，98—99，PD 120）。[2]《群体实

152

---

① 情况如此严重，以至于 1958 年阿多诺禁止松-勒泰尔在法兰克福大学演讲，因为他也在德
意志民主共和国演讲。阿多诺也遣责莱比锡大学教授布洛赫是"斯大林主义者"，"羔羊般地"面对
东德政权（阿多诺和松-勒泰尔，1991：114—121；阿多诺等人，2003：297—298）。20 世纪 30 年代
中期，在布洛赫（1937：1437）为莫斯科辩护说审讯对于"青年布尔什维克"计划而言是必要的之后，
阿多诺和霍克海默疏远了布洛赫（A&B 229）。

② 阿多诺把奥斯维辛描述为一种"极端的社会事实"（SSI 277）。大屠杀是唯一有意义的，它
从根本上影响人们如何考虑道德、社会学、教育、社会、文化（CM 47；NLI 266—267）、语言表达
（CM 125—126）、艺术（MCP 110，P 34）和形而上学。然而，奥斯维辛是在交换社会中产生的，它
离不开"奥斯维辛的世界"（MCP 118）、"奥斯维辛和广岛之后的"世界（CM 268）、"在奥斯维辛之后
仍然继续折磨人的世界"（MCP 101）。例如，"在非洲和亚洲"（ND 281），离不开它的"历史阶段"
（MCP 116）。

验》报道了应答者中国家社会主义态度的那些防御—申辩的回答和元素（GEX 376－397），它必定加剧着这些关注。阿多诺有时非常惊恐于重新接受——虽然不是以令人欣慰的方式——前面比较而言被禁止的东西："在任何时刻"，它"都可能再次发生并且变得更糟"（1998c：280）。

与波普尔的（1994：120）"社会科学的技术进路"相反，阿多诺通常保护他的分析免于实践牵连的要求（参见 CM 277）。可是，战后几年里野蛮的连续威胁迫使阿多诺破例。为积极反对最坏状况的重现而制定出一个规划，成为他社会学的重要的当务之急。正如它很少援引的社会学翻译所表明的，阿多诺又一次受到了他的新绝对命令的逼迫：

> 在奥斯维辛之后，并且奥斯维辛在其中乃是某种东西的原型……在世界上不停地重复……这不会再次发生的兴趣，或者，它在发生之地……以及那时被阻止……应该决定认知手段和……问题的选择……仅仅凭借依附于它的恐怖维度，（奥斯维辛）就拥有了这样的引力……以至于……实用主义被证实是正当的，它要求……将优先权给予一种……旨在预防这样的事件的认知。（IS 18）

2. 关于野蛮的社会学

阿多诺试图通过提供一种战略参考点来协助对野蛮重现的斗争，这种参考点的形式是关于野蛮的前提条件的一种社会学分析。在经验的层面上，阿多诺集中于种族灭绝屠杀的智性先决条件和可能支持。《权威主义人格》和《群体实验》已经处理的"社会—心理的性情"目前并没有发展出"它的全部功效"，但却可以在不同的情况下"重新获得不可想象的力量"（GEX 280）。阿多诺的后期明显贯彻这些研究的著作提出了进一步的调查，即把野蛮的可能的智性支柱定位于三个宽泛的领域。首先，他提倡考察儿童们中间潜在反犹主义性格的形成。阿多诺推测，那些身为国家社会主义追随者的父母们倾向于在孩子们面前原谅和维护他们自己，从而重温并传递旧的反犹主义论证（VSI 361—362，373）。在他们开学的第一天，孩子们感到像局外人面对一个"陌生和冷漠的"群体一样。由于感到震惊，他们把这种"压力和冷漠"传递下去并且排斥他者。随后形成甚至导致排外小集团的孩子们发展出了对反犹主义的特别强烈的倾向（VSI 374—376）。其次，阿多诺号召调查日常成人生活中反犹主义偏见的固定式。他认为（呼应着《权威主义人格》和《群体实验》中的方法论争论），考虑到战后德国的官方禁忌，反犹主义将不会总得到公然的表达。取而代之的是，它逐渐通过传闻和谣言——"犹太人不应该变得太有影响力"（VSI 362—363），他们"逃避体力工作"并且是"不诚实的"（VSI 369—370）——涌现出来，这联系到了肯定的成见——例如，"犹太人又深奥又聪明"，这与"他们想要背叛我们"（VSI 377—378）密切相关——或者结合了民族主义的和反理智的态度。最后，他专注于有关纳粹时代的日常陈述，尤其是申辩的和自我防御的声明："我们不知道什么东西在继续""受害者必定做了什么引起仇恨的事情""德累斯顿解决了奥斯维辛""国际社会错在宽容了它"（CM 90—91）、"是五百万人而不是六百万人被杀""战争就是战争""希特勒在某些方面是对的""是时候继续前进了"（VSI 367—368）。阿多诺对大多数人每天能够亲自观察到的细节的日益集中关注与他大量的战后社会学是一致的。[1]

阿多诺既没有把这些态度理解为孤立的奇想，也没有把它们最终理解为德国所特有。野蛮的潜在可能性残存于当前的社会和经济条件之中（CM 98—99，191—192）。阿多诺资本主义社会学分析中引人注目的东西是，他

---

[1] 阿多诺对调查方法的批判在这里回响。定量的民意调查诊断出了反犹主义者人数的减少，但并不能够表达隐含在看似无关的声明和"秘密的反犹主义的"表述中的反犹主义态度，这些声明和态度存在于媒体和日常行为里面（VSI 361）。20世纪50年代，阿多诺收到了反犹主义的书评："资产阶级的德国跪倒在犹太人阿多诺的脚下"，一位作者这样抱怨《最低限度的道德》（伯纳德和劳尔夫，2003：127）；另一位作者则尝试了一个有关阿多诺犹太中间名（阿多诺等人，2003：82n3）的戏剧（幸好是难以翻译的）。阿多诺也指出了一份德国电视指南中某些危险思维模式的隐晦表现，这份电视指南无意中向佛朗哥政权致敬而没有引起公众的愤怒（VSII 498—499）。

154　把野蛮的智性先决条件和可能支持与同一性原则结合起来。同一化借助它前面得到简述的特征满足了种族灭绝屠杀的智性要求。一方面，与商品交换中的思想进程相一致，同一化使得不同的东西变得等价了，这是因为同一化把特定的个人转化为某个无条件决定的一般性事物种类里的样本。野蛮的成长繁荣以两种交织的方式建立在这种智性运作之上。首先，不同之物向相同之物的转化与一种谴责是相容的，即把独特的、不可归类之物的"最模糊痕迹"谴责为"无法忍受的"(JA 140)。他者"在道德上被拒绝"，比如，犹太人被当作"吸血鬼和寄生虫"(VSI 275)而遭到拒绝。同一化在它的致命伪装中准备了反犹主义里的"反"。其次，若没有把相异的个人分类为相同群体的样本，若没有把不同的人们化约为犹太人的某种绝对定义——若无反犹主义的"犹"——那么就不可能有这样一种结论，即所有那些被定义为已判刑群体样本的人都是无法容忍的和应被灭绝的(MCP 108，VSI 275，另见 DE 140)。"如果没有虚假一般化的程序，那么反犹主义就是不可思议的，因为反犹主义把一系列得到否定指控的陈词滥调转给整个群体而毫不尊重个人；……对于外国人如俄国人、美国人、法国人而言的集体单数见证了这一点"(GEX 339)。同一化对于判处整个族群死刑来说是不可缺少的："种族灭绝屠杀是绝对的整合，无论什么地方只要人被做成相同的它就有所准备……直到他们，对他们完全无效的概念的背离，被实实在在地根除掉。奥斯维辛把纯粹同一性的哲学学说确认为死亡"(ND 355)。纳粹主义打算把人做成相同的以便杀死他们(NLII 245)。人被"物化"、消灭为"物"(GEX 293—294)。而人们仍然通过"'赞成或反对'的范畴把所有的他者知觉为客体"[阿多诺、霍克海默等人(1950)，1989a：137]。阿多诺在"性禁忌"中论证说，"选中的牺牲品"被"给予……理解他的命运由于……他碰巧略微有些不同意这个事实，……背离于集体，……属于一个得到精确标定的少数派"(CM 76)。另一方面，同一性思维只是在它的第二个特征的条件下才导致野蛮：遵守社会所生产出的概念——它们是有关攻击他者的必要性的成见或声明——仿佛它们值得信赖地表达了客观的现实。物化意识的同一化机制满足了野蛮的关键要求。

根据阿多诺的想法，反犹主义对上面所说明的纳粹主义的偏见和可疑看法是一种集体的、"跨主体的"观念储备的一部分。个人不加批判地接受了这些思维模式。但并不是任意的："社会压力……把人们驱向不可言说的东西，这种东西在……奥斯维辛达到顶点。"(CM 191)阿多诺认为，在个人遭遇社会的地方，他们感到"被监禁在一个……社会化的、紧密编织的、网状的语境之中"，感到"被管理的资本主义世界中的……幽闭恐怖"。由于不能够逃脱，他们发展出了一种"对文明的暴怒"，他们把这种暴怒对准那些被知觉为"虚弱的"和"快乐的"人(CM 193)。阿多诺反复地强调了一种总体社会化的、受刺激的社会力量，这种力量把个人的思想与危险的集体意识形态模式结合起来。人们对于压倒性的、僵化的、假定不可捉摸的整体的依赖不仅加强了他们的"不适"——由于受到不透明的经济趋势的支配，每个人都感到"是潜在地失业的"(CM 97，ISW 248)——而且使行动和思想的整合显得像是唯一的选项。"如果他们想要活……那么没有其他的道路而只有适应……既定的条件"，即使他们的统治意识形态是种族主义的。"对……现状、权力本身的适应、认同的……必要性造成了极权主义的潜在可能。"(CM 98－99)"虚弱的自我"，阿多诺以心理分析的术语补充说，寻找"把他们自己与……庞大集体同一起来的补偿"(CM 94)。在"固化的世界"里，"个人的自恋……本能冲动"仍然得不到满足，并"在与整体的认同中发现了替代满足"(CM 96)。阿多诺特别指出，"二战"后的民主提出对自主性的要求。但是民主——这个固化世界的一个元素——就像其他超出人们控制的系统那样与人们对峙，这样的系统把难以理解的限制加在他们作为政治主体的能动性上(CM 92－93)。因此，人们把民主——免遭极权主义挫折的一种潜在庇护——经验为不充分的东西并对它加以拒绝。面对受激语境强加在个人身上的巨大限制，民主的"自主性的义务"变成了一种负担，而个人"宁愿投身于集体自我的熔炉之中"（CM 99）。在目前的社会条件中，个人丧失了挑战社会流行偏见以及它们可能煽起新野蛮的潜在原则的智性能力甚至意志。在这个方面，维护资本主义社会就意味着维持另一个奥斯维辛的可能性。

> 由占优势的普遍之物施加在……个体之人身上的压力……具有一种破坏特定和个体之物连同它们抵抗能力的趋势……人们……丧失了某些性质，借助这些性质他们能够对抗……那可能再次引诱他们犯下暴行的东西。也许，当已经确立的权威再次给他们以秩序时，他们几乎不能够提出反抗。（CM 193—194）

齐格蒙特·鲍曼"从阿多诺或者阿伦特将未完成任务所带至的以下这点出发"（2000：223），即把大屠杀分析为一种潜在重现的（2000：11—12，84—85）"现代性的……产物"（2000：5）。鲍曼富有创意的作品《现代性和大屠杀》透露了它与阿多诺的研究在若干维度上的亲和力，比如在这个论证上：将受害群体的每个成员都理智地归于一个"不同者"的范畴之下乃是第一步，这第一步通向把这个群体从"普通人"中系统地分离出来并且将其驱逐到道德的无关紧要之中去（2000：26—27，189—192，227—229）。[1] 不过，鲍曼的著作也透露，阿多诺对被管理的杀戮的社会学调查远未穷尽。鲍曼将大屠杀置于一个交叉点上，这个交叉的一方是毫无"瑕疵"地"制造"出一个完全有序社会的特别现代的计划，犹太人明显就是因此而被分类的（2000：65—77，91—93，229—231），另一方是现代技术—官僚力量的发展。[2] 尽管阿多

---

[1] 1949 年，阿多诺写道，法西斯主义的领导者及其追随者们对于其他群体是"不承认道德责任"的（VSI 275）。

[2] 几乎与此同时，鲍里斯·格罗伊斯（Boris Groys，1992：33—74）把斯大林主义文化分析为一种世界设计的计划。格罗伊斯的著作在来源、进路、焦点和论证方面不同于鲍曼，但是在此语境中把他们的想法批判性地并置起来是有价值的。

156

诸如上所说将种族灭绝屠杀中的一个重要角色归于现代性的"生产力"[特别是，就像鲍曼(2000：89)那样，归于它们的规模]，但是鲍曼对这些力量的分析更加集中和透彻。鲍曼强调了某些技术—官僚革新的重要性，比如现代制度的严格秩序等级，为了对所遵照的东西加以量化而把工作流程划分为同步的基本活动和方法。这些革新允许在官僚机制中运作的能动者把它们活动的责任转移给上级；允许它们根据内组织的、技术上的标准（例如效率、精度）来评价它们的活动，而不是根据它们的行动有助于维持的那些机制的结果；允许它们远离这些机制的结果以及隶属于这些机制的人类而活动(2000：21−27，98−105，155−161，192−200，244−248)。能动者对"强加痛苦的抑制"是"中立化的"(2000：184−185)，而且他们能够导致与其个人品德相冲突的结果。这些想法从阿多诺的观点来看是意义重大的，但它们在他的文本中很大程度上并没有得到发展。虽然如此，就当代社会学对种族灭绝屠杀的研究进路而言，阿多诺关于野蛮的社会学仍然保持着它的现实性，这不仅在于它是一种有待批判性提炼和扩展的资源，而且在于它提供了对鲍曼所提问题的一种独特视角。例如，当鲍曼强调"无人性乃是一个社会关系的问题"(2000：154)时，他主要是说，现代的技术—官僚机构构成了大规模杀戮的一个必要条件。阿多诺也把奥斯维辛置于当代社会关系之中。把这个分析同鲍曼的分析区分开来的是，阿多诺——再次与他的以下观点相一致，即社会的生产力最终被它的生产关系所纠缠——认为，种族灭绝屠杀所不可缺少的同一性思维的结构无法摆脱那些主宰着现在的最终决定性的商品交换关系。① 此外，阿多诺发展出了对资本主义固化的、物化的整体由以驱使人们接受危险的集体思维模式的压力的透彻分析。

3. 与野蛮作战

在阿多诺的社会学中，"实践的展望……是有限的。任何轻易提出建议

---

① 无法确定鲍曼(2000：80−81)是否会接受这种联系。

的人都会使自己变成一个同谋者"(CM 4)。不过，考虑到连续的威胁，什么
都不做乃是别无选择。与他的绝对命令相一致，阿多诺的社会学支持反对野
蛮的战斗，这不仅在于它提供了战略参考，而且在于它概述了——并且描绘
了参与的方式——预防另一场灾难的一个计划："实践的建议……也许接着
到来"，尽管"从见识到行动的道路"比它看起来要更长(CM 308)。

　　反对野蛮的战斗是令人绝望的，因为野蛮的根源存在于基本的社会条
件中，而防止野蛮则取决于颠覆这些条件。事实上，阿多诺的介入并没有
把野蛮的整个社会基础当作目标。"既然改变……产生这些事件的社会和
政治条件的可能性在今天是极其有限的，那么反对反复的企图就必然仅限
于主观的维度"(CM 192)。阿多诺的计划把目标指向种族灭绝屠杀的智性
支柱，这些支柱处在前一部分的社会学焦点上。承诺确保"它将……永不
再像那样"(VSI 330)的那些斗争发生在教育中。通过给出另一种演绎，阿
多诺宣称，"对所有教育的第一要求便是奥斯维辛不会再次发生。它在任
何其他东西前的优先权……便是如此，以至于……我不需要也不应该来证
明它是正当的"(CM 191)。

　　阿多诺为抵消反犹主义在儿童中的形成提出了几个建议。儿童教育者
应该辨识在学校里表现出"种族中心主义"行为的孩子并与其父母讨论这个
问题。如果父母是反犹主义者并且不能够被说服，那么就必须告诉孩子他
们的父母可能犯错。在学校的头几个星期里，教师应该创造出随和的、游
戏的环境，以便缓和使孩子对他人有侵略表现的冷漠或震惊，应当防止排
外小集团的形成并鼓励个体孩子之间的友谊。必须通过教育孩子如何变得
善于表达来反击反智主义，必须破坏特殊的团体、种族或宗教与智性工作
的同一。如果有必要的话，暴力以及意识形态对他者的影响应该受到惩罚
(VSI 373—378)。

　　有关儿童的许多提议形成了阿多诺所谓反对反犹主义的长期规划的一
个部分。阿多诺区分了提前进一步"计划"的手段和"立即实践"的短期规划

（VSI 371）。尽管如此，这些范畴并未恰好适合他的提议，而且两个规划也都是指向成年人的。针对有关纳粹主义的日常偏见和可疑观点的"直接防御"有两个特点：一是权威的使用，二是任何人都能在日常生活中履行它的事实。人们听到反犹主义的主张时应该坚定地做出反应，采取最为彻底的反击姿态，甚至把作恶者移交给权威，因为较之软弱或害怕来说权威给权威性格留下了更深的印象（VSI 364，371，379－380）。不过，在反驳这样的陈述时，人们应该避免"诡辩"并鼓励对"思维形式"进行反思。例如，当人们在大屠杀的程度上钻牛角尖时，大家不应该援引数字，以免遵循同样稀奇古怪的辩论策略。毋宁说，必须使人们认识到，像德累斯顿轰炸这样的战争行为与被管理的杀戮的比较，或者与"只有五百万人被杀"中的"只有"的比较，都是建立在荒谬推理的基础上的（VSI 367－368）。在这里已经可以感觉到阿多诺长期规划的自我反思维度了。他补充说，应该向法西斯主义的同情者们提醒它的后果：战争、匮乏、灾难（关键词为斯大林格勒，今伏尔加格勒）、痛苦（CM 103）。在他遇到的反犹主义司机身上测试了他对日常抵抗的一些建议之后，阿多诺肯定地结束道："我有这样一个感觉，即那些司机，无论如何在他们的意识信念中，带着一种些许不同的精神状态离开了警察局。"（VSI 380）

阿多诺关于野蛮的社会学指出，野蛮的许多智性支柱如偏见和成见栖息于社会上广泛受赞同的、个人不加批判地接受的思维模式中。这使他关于野蛮的明确反权威主义的长期教育规划（VSI 371）指向一个更为基本的目标。阿多诺的规划从康德（1991：54）"自己招致的不成熟状态（Unmündigkeit）"的观念中汲取了灵感。对于康德来说，不成熟状态指"若无他人的指导就不能运用自己的知性"。而对于阿多诺来说，"不成熟状态"或者"受监护状态"正是对主体当前趋势的命名，这个趋势就是整合它的思想：不加批判地承认权威，并且把社会所产生的对现实的欺骗当作无可争论地为真的；接受已经确立的命令，即使它们意味着毁灭（1971：123，

141—142，146）。"盲目地认同集体"（CM 197），"乐意……服从……于更强者"，服从于"规范"，这些乃是准备服务于最为罪恶的事业的人的特征（CM 195）。"墨守成规"和"因循守旧"伴随着"贫乏的自我反思"（CM 94），即人们在根据自己的精神状态来行动和反应之前没有能力对它进行审查。

反对受监护状态唯一可行的武器——阿多诺援引了康德的相应最新规划——乃是一种成熟状态（Mündigkeit）的教育。成熟状态意味着，使用自己的知性，运用自己的批判能力并因而拥有自己的经验。"为自己代言的人在政治上是成熟的，因为他有自己的思想而不纯粹重复别人。"（CM 281）在对智性整合的抵制中，一种"批判的教育"（VSI 331）是必要的：这种教育在于反驳、蔑视、否定，以及拒绝顺从集体和社会强加的世界观（1971：109—110，116—118，133，144—146）。这样一种教育必须与自我反思的教诲结合起来：它在于批判性地分析自己对他人的知觉以及和他人的关系，而不在于简单地"猛烈抨击"（CM 101，193）。这个教育规划是"去野蛮化的"，尤其是如果它培养了对暴力的一种批判视角的话（1971：129—130，132）。康德（1991：54）鼓励那些对于他们来说"不成熟状态……已经几乎变成第二自然"的个人："要敢于认识（Sapere aude）！要有勇气运用你自己的知性。"阿多诺则竭力强调，"反对奥斯维辛原则的……唯一真正力量是自主性，如果我用康德哲学来表达就是：反思的力量，自我决定的力量，非合作的力量"（CM 195）。

社会学不仅在战略上体现并勾勒了阿多诺的教育规划，而且和心理学一起在其实施中扮演着一个享有特权的公共角色。社会学和心理学能够为个人提供批判和自我反思的智性策略。人们需要"洞察当代社会中的本质性的东西"，洞察"他们所承受的力量、依赖和过程的真实社会关系"，洞察"经济与社会"的相互作用（VSI 330）。毕竟"人们越理解社会"，社会就越难整合（IS 3）。尤其是，"教育必须把自身转变为社会学"并且"教授在政治形式的表面之下运作的诸力量的社会游戏"。因为对政治制度的社会学洞见使个人能够拷问这些制度的正当理由，特别是"国家权力"重于"其成员权利"的意识形态(CM 203)。在默默提及他早期对法西斯主义修辞学的探讨时，阿多诺补充了传播"极少持久宣传把戏的知识"的建议，因为对这些把戏的广泛意识将给个人"接种疫苗"以抵抗它们(CM 102)。[①] 社会学或许也强调，痛苦的个人常常不得不忍受被容纳于集体之中。这可能也会有助于"反对所有集体野蛮的主导地位"并"加强对它的抵抗"(CM 197)。阿多诺以更为一般的术语论证说，对"确定意见""现存制度"和"一切仅仅被设定并以其存在证明自身正当性的东西"的抵制是由一种能力支持的，即"能够区分被知晓的东西和仅仅被常规或在权威强制下所接受的东西"(CM 281—282)。社会学在培养人们对现存制度、集体及其意识形态的批判意识中扮演着一个重要角色。

此外，个人需要被"给予他们由以能够走向自我反思的意识的……内容，……范畴，……形式"(CM 300)。心理学家们能够向个人说明"在他们心中造成种族偏见的种种机制"(CM 102，193)。例如，心理学会提高对某个过程的意识，借此过程主体得以抑制其痛苦并表现出变得对痛苦漠不关心，但却通过给他人造成痛苦来为自己复仇。"一种不再崇尚……忍受痛楚的能力的教育必须得到提升"，必须鼓励人们承认他们的真实焦虑，以使"无意识的和无家可归的焦虑的毁灭性影响"能够"消失"(CM 198)。援引另一个例子来说，在回应犹太人逃避体力劳动这个指控时，人们不应该列出辛苦工作的犹太人，因为人们只是在反犹主义者的反智主义层面上与他们相遇。相反地，应当向反犹主义者指出，那些以前似乎有此问题的人的愤怒出自一种令人失望的认识，即认识到人们必须辛苦工作，哪怕"辛苦的体力劳动"已经变得"多余"(VSI 369—370)。总而言之，这种批判性反思和自我反思允许人们避免那助长野蛮的监护以及智性整合，而这样的反

---

① 在20世纪40年代，阿多诺和霍克海默鼓励心理学的内省并且特别注意领导者的操控。他们甚至草描了一个"手册"来识别操控者(VSI 276—286)。

思取决于一个以贯穿着社会学和心理学的教诲为形式的公共启蒙计划，这些教诲涉及那些野蛮于其中仍然能够得以繁衍的外部和内部条件。分析和反思所要求的范畴将在教育、媒体和公共讨论组中得到传播（CM 196，另见 1971：145—146）。"只有通过共同的思想工作，固化的东西"——种族灭绝屠杀的智性支柱——"才能被溶解"（VSI 330）。

161   阿多诺曾经写道："关于（黑格尔）是唯心主义者的争论必定仍然是解释艺术的特权，这些解释艺术遵循一条格言……'押韵，否则我就吃掉你'。"（HTS 59—60）关于阿多诺是一位革命性社会实践的理论家的主张并没有好到哪里去。不过，说阿多诺退回到理论并且"决不采取措施"达成"一项行动的规划"（布克-莫尔斯，1977：26）的陈述也好不了多少。作为一位社会学家，阿多诺直接参与到以野蛮得以更新的前提条件为目标的政治介入的战略准备、规划大纲和公共认识之中。可以合乎情理地将阿多诺的办法描述为仅仅是非革命性的介入（莱森加，2002：372）。阿多诺承认，他的规划的效果也许是轻微的：废除由社会造成的法西斯主义危险超出了教育的"范围"（CM 194）。不过，新的绝对命令在其各种各样的转变中指示，如果哪怕有最微弱的希望通过破坏其意识形态的支持来防止更多种族灭绝屠杀之恐怖的实际发生，那么科学和教育就必须采取措施达成这个效果。面对占优势的资本主义条件，这当然"几乎根本不够"，可是，面对灾难的持续威胁，阿多诺的规划中甚至最轻微的效果也并非一无是处。对于 20 世纪和 21 世纪的种族灭绝屠杀的受害者们来说，这可能意味着一切。

第五章

社会学文本

在当代社会科学中，尤其是在社会学理论中，社会研究的方法论和社会科学的哲学、社会学分析的认识论和方法论具有核心的重要性。尽管关于社会生活的社会学思考通常与关于它的写作联结在一起，但是社会学的文本维度吸引了相当少的注意力。阿多诺的社会学著作也主要是关注交换社会的社会学调查的问题和可能。然而，阿多诺确信"语言构成了思想，正如反之亦然那样"（MCP 123），所以他不能够不详尽地处理社会学文本的问题而讨论社会学思想。写作的过程——既不是纯粹的思考也不是纯粹的行动——在他有关该学科的工作中是一个显著的主题。阿多诺再三指出当代社会条件给社会学写作所造成的问题。他考察了社会学回应这些问题以及发展其文本潜力的可能性，这些文本旨在对交换社会中的社会生活进行说明。关于阿多诺对社会学文本维度的看法的讨论，不仅对于说明他看待该学科的视野而言是不可或缺的，而且或许也为社会学家们提供了一些更为严格地探究社会现实的记述过程的观念。[1]

---

① 关于阿多诺的一般风格以及哲学和美学中的风格，可参见布克-莫尔斯，1977：96－135；吉莱斯皮（Gillespie），1995；黑尔德，1980：210－212；霍亨达尔（Hohendahl），1995：217－242；詹姆森，1990：49－72；普拉斯，2007：1－48；罗斯，1978：11－26；尼科尔森，1997。我将集中于社会学的文本维度。

一、社会学中的星座

阿多诺关于书面语言的观念取决于他的"构造"或者"星座"的见解。阿
多诺常常把他的解释性思考描述为构造性的。[①] 星座是"理性的……工具",
163 这些沉浸在"材料"(1977：131)中的工具"穿透了那隐藏在作为客观性的外
观之后的东西"(NLI 4)。同时,构造也刻画了阿多诺的写作进路。双重意
义绝不是巧合："被思考的一切也都是语言的。"(ND 117)对"星座"概念的
简短介绍为呈现阿多诺的视角准备了基础,这些视角面向尤其是社会学著
作上的问题,面向实现社会学文本的目的的构造潜力：对社会现象和交换
社会的一个"非常严格的"(SSI 581)说明。

(一)构造概念

阿多诺的星座有三个较为宽泛的特征。首先,它们由多重的范畴组
成。他强调说,理论仅有的策略就是概念,"它不能够把它的本体基础粘
贴在文本上"(1999：258)。然而,概念已经"在异化的过程中历史性地失去
了(它们的色彩)"(AE 38)。思想没有清除掉令人满意地表达其所指之物的
单个范畴。在概念和现实之间"张开着一道鸿沟"。所有概念的这个"可测
定的失败"意味着,没有人能够独自穷尽分析。理论必须"召唤"其他概念
来考察世界(ND 62),集合关键的诸范畴来依次开启每件事情的锁闩。

其次,概念在构造中是彼此平级的。[②] 如果解释和说明要依靠一个"基
本范畴",那么这个范畴将不得不首先被清楚地加以规定。阿多诺借助杜
比斯拉夫(Dubislav, 1931：2, 17—20, PTI 9—10, PTII 15)指出,定义确
定了一个"记号"的"意义"或"使用"。一个概念可以对比另一个概念来定

---

① 关于简明的社会学—方法论评论,可参见邦斯,1983：207—210,以及里策特,1983：
231—232。

② 吉莱斯皮(1995)、胡洛特-肯托尔(2006：134)和詹姆森(1990：61—62)讨论了音乐的连接。

义，或者在观察中得到"直证的"规定。然而，把另一个范畴当作安全的定义基准来依靠或者把观察当作规定因素来依靠是靠不牢的(PTI 11－12)。很像人们不借助词典来学习外语那样，一个范畴的意义只有在与该组合的所有其他概念的关系中才能得到具体化："每个范畴都是通过与其他范畴的构造来得到分别说明的。"(NLI 13)一个在等级上高于其他范畴的基本范畴是社会学解释所无法采用的。构造"是协调各个元素而不是使它们成为从属的"(NLI 22)。阿多诺不相信寄托在"咒语"或者"单个范畴"上的社会学框架，这种"单个范畴……能被贴附于一切东西"并且"靠着它……一切东西都能得到阐释"："重要的概念……形成了用以进行阐释的诸范畴的语境或星座，而不是召唤它们中的一个来充当所有工作都要做的女仆。"(IS 113)

最后，构造既不是"非逻辑的"也不是"与推论程序的简单对立"，而是"服从"逻辑和推理的"标准"的。"句子，"阿多诺坚持认为，"必须前后一贯地衔接。"考虑到概念的平级，星座所缺乏的乃是由以进行演绎或推出结论的第一原则(NLI 22)。尽管遵守推论程序，但是构造不能够在逻辑上一步步地从一个更为普遍的范畴出发或者走向它。考察现象的星座包括"重组(umgruppieren)"概念的实验(1977：131)。概念依照逻辑推理彼此相关，但不是作为一个"系统"。毋宁说，"一个契机说明了另一个"(HTS 109)。构造性的分析追求"智性经验过程中概念的……一种互惠的相互作用"。概念"没有形成连续的运作。思想不是在一个意义上进步"，但"各个契机就像在地毯中那样彼此编织"(NLI 13)。星座是一些平级概念的组合，它们根据推理规则在有所协调的关系中得到配置和再配置。

交换社会为社会学家们所制造的问题不仅在于他们对社会分析的追求，而且在于他们记述社会现实的企图。构造性的程序构成了阿多诺处理这些问题的策略。他坚决认为，构造性的文本为满足社会学著作的目的创造了机会，以便呈现并批判性地道明社会现象和交换社会的决定性特征。

这种潜在可能是三重的。随着对整合做出反应，构造把现象呈现出来，因为它们的特点是它们的社会维度。在这么做时，星座表现了社会现实的关键方面，尤其是弥漫于现象的社会整体的关键方面。最后，再构造获得了看待社会的历史方面的视角。

(二)社会学的构造和整合

社会整合使得个别现象日益被社会整体决定。因此在社会学上更为重要的是，根据现象凭借其特有的社会维度所获得的属性来考察和呈现它们。"资本主义系统的整合趋势，"阿多诺说道，"使得对星座的搜寻成为必需。"(ND 168)星座在现象的历史中介中"寻找现象的真理内容"，而"整个社会就沉淀在现象的历史中介中"(NLI 11)。

社会整合造成了两个社会学问题。在每个个别现象和事件都同社会中所有其他现象和事件相互联系的情况下，太阳底下没有什么东西可以被孤立地对待。"特殊的东西都不是'真实的'，而……由于它的被中介性……总是它自己的他者。"(PD 35—36)单个现象必须根据它们联系社会中其他现象所获得的属性来加以考察和呈现："事物本身就是它的语境，而不是它的纯粹私我。"(ND 165)

此外，

> 系统——社会的关键词是：整合——在一定程度上存在着，它作为所有契机对所有契机的普遍依赖，把关于因果性的讨论当作过时的东西来彻底检查，徒劳地搜寻在单一社会中被认为应该是原因的东西。原因现在只是(社会)本身。因果性已经撤退了，因为它热衷于总体性。

"普遍社会化的社会"使得因果序列中的"从一个状态到另一个单独状态的追溯"变得靠不住了。"每个(状态)在水平上同样也在垂直上同其他状态结合在一起，使一切都略微改变就是被一切略微改变。""在总体的社会中，一切东西都平等地接近中心"（ND 264－265）。社会学必须调查贯穿于每个现象中的所有因果序列。[①]

　　在竭力考察和记述社会现实时，社会学能够通过遵循构造程序来处理这两个问题。对于孤立现象的不可能性，星座通过召唤诸多范畴来做出回应。将概念相互联系起来意味着联系其他概念来讨论一个概念，并使它"摆脱它的私我的魔咒"以致"客体能够向着……它位于其中的星座的意识敞开自己"，这种意识还关乎"在它之内……和之外的……历史"，关乎"它在其中有其位置的包围着它的某样东西"（ND 165）。使概念集合起来和彼此联系起来有助于突出现象的各种属性，这些属性是该现象通过它与社会中其他现象相纠缠而获得的：它的社会的、历史的维度。在这里，阿多诺的主要社会学参考文献之一是韦伯的《经济与社会》（1978）。阿多诺认为，韦伯煞费苦心的"概念收集"构成了一种企图，即"企图……表现""广受欢迎的核心"，如资本主义所"瞄准"的东西（ND 168）。阿多诺的构想也令人想起齐美尔的社会学，特别是如果有人追随克拉考尔对它的解读的话，对此阿多诺大概是深入了解的。根据克拉考尔（1995：233）的想法，齐美尔迷宫似的社会学文章试图"把现象从它们的孤立中……解放出来"并且"表明每个现象是如何嵌入更大的生活语境中去的"。齐美尔展示了"无数的社会显现"，这种展示着眼于这些社会显现与其他社会显现隐蔽的相互联系以及相互作用。这并不是要否认阿多诺和齐美尔有所不同地设想了这种构造运动：阿多诺关注整合的资本主义整体在历史上所发展起来的社会网；齐美尔则把"组成社会的社会关系网或网络"概念当作一种总体性来加以抵制，并且把"社会进程"看作"去历史化的"（弗里斯比，1981：96，另见

166

[①]　因此，有必要联结第一章中交换社会的最重大方面。

1985：41，59，71）。[①]

对于从一个现象到另一个现象的追溯在单向因果链中的不可能性，阿多诺的构造通过把概念视为平级来加以回应。在"原创性……已经变成谎言"的"社会化的世界当中"，构造摒弃了对用以进行阐释的第一范畴和概念等级的寻求。相反地，由于使概念在协调的形象中彼此交织，星座把"所有的客体"都视为"平等地接近中心"（NLI 19－20）。这样，每个整合现象中的交集就都能够被捕获了。

阿多诺拒绝笛卡尔（1960：50）讲究方法的规则，即"每个困难"都必须被剖析"为尽可能多的部分"；批判作为"原子主义的"（PD 41）维特根斯坦的论点，即"命题分析必须把我们带到基本命题"（1961：59），这些基本命题在一起给出了"关于世界的完整描述"（1961：63）；并与波普尔的（参见PD 88）一个想法进行争论，即社会学的素材可以被分为单独的问题。"在社会学的语境中，所谓每个问题的解决都预设了这个语境。"（PD 41）对社会现象的"调查"只要忽视现象在社会整体中复杂的相互依赖和相互交叉，就始终是"虚假的"（ND 166－167）。这些相互依赖必须在社会学著作中得到反映。构造性地对待社会现象有满足这种社会学目标的潜在可能：根据一个现象在普遍社会化中联系其他现象——它的社会维度——所取得的特征对它进行考察和呈现，不管这个努力目前可能是怎样地没有结论和无穷无尽。

（三）表现社会现实

单个概念被社会限制在它们的同一化的能力之中。这在第一章中很明显，在那里，社会一再地躲避概念；在第三章中关注了社会学材料和分析

---

① 顺便提一下，阿多诺把他的社会学同齐美尔的工作大体上区分开来。在他（SSI 177－185）打算以一种持续的方式在社会学解释上研究齐美尔——即研究齐美尔（1964）关于冲突的作品——的地方，阿多诺是以对科泽（Coser，1956）和达伦多夫（Dahrendorf，1961：197－235）的"冲突理论"的攻击而告终的。

的局限性；第四章涉及规范性范畴的缺陷。有限概念的星座当然也不能够详尽无遗地将现实同一化。然而，阿多诺相信，构造是在个别现象的社会维度上呈现它们的，所以构造有潜力取得进一步的阐述模式：它们表现有关社会现实的某些东西，尤其是社会整体的方方面面。阿多诺（1999：111）从不定义表现，他强调定义表现很困难，因为它不同于概念的同一化。对他有关社会学构造的表现潜力的看法的理解取决于对他有关模仿以及首先有关阐明的想法的理解。我将在后面回到这两个方面。这里可以提供初步的澄清。

与维特根斯坦的（1961：151）名言"对我们不可说的东西我们必须保持沉默"相反，阿多诺拒绝使他的语言在同一化失败的地方保持沉默。他估计到一种可能性，即星座表现了进行同一化的概念所"切掉"的东西。"通过将以事物为中心的概念置于关系之中"，语言"服务于概念完整表现所意味的东西的意图"（ND 164，另见 HTS 100）——"说……不可说的东西"的意图（PTI 82）。在社会学的构造中，表现主要构成了说明社会生活的方方面面——即那些没有被社会学概念充分说明的方面，尤其是社会整体难以捉摸的特点——的另一种方式。

阿多诺表现社会的策略起先听起来是令人失望的："哲学的自由无非是帮助它的不自由获得发言权的能力。如果表现的契机想要比此更加重要，那么它就退化为一种世界观。"（ND 29）再说一次，这几乎根本不够，但重申一遍，它并非一无是处，因为表现限制思想的障碍恰恰意味着表现社会现实的方方面面。

把概念集合起来的星座对社会整合所造成的社会分析的局限性做出回应，它们可以被解读为对这些障碍的说明。召唤平级概念传达了对社会把现象整合为基本和因果分析的抵制。这些障碍并没有在概念上被同一化。集合概念的过程本身传达了——即表现了——现象对基本和因果分析的抵制。既然这种抵制在于将现象卷入交换社会密织网络中去的社会整合条件，那么通过召唤平级概念来表现社会分析的障碍就等于表现社会整合——无须使用"整合"这个同一化的概念。

阿多诺特别不满意"异化"和"物化"概念，既然这些概念所意指的社会问题继续在他的社会学中扮演主要角色，那么他需要用其他方式来说明它们。阿多诺的希望取决于表现。阿多诺警告说，思想在"命题的澄清"（维特根斯坦，1961：49）中达到顶点的理想并非先天适用。"清晰性和明显性……本身不是被给出的"；"认知的价值"并不必然被"（它们）多么清楚而明确地……呈现自身"所决定（HTS 100）。清晰性是思想和判断的一种属性（1993a：24），它"只有在思和所思证明相同的情况下"（1993a：33）才能界定思想。笛卡尔的（参见 1983：19—20）清晰性理想只有当客体被认为能毫无歧义地得到理解时才是可执行的（HTS 98）。在当代社会中，这是无法设想的。因此，可理解的语言是不可求的。在一个——对于其"受害者"（阿多诺，1973c：45）来说不通透的和"混沌般的"——被交换社会所包围的世界中，清楚的社会学著作的标准是悬而未决的。在社会学仍然规定清楚地写作的地方，它有这样一种危险，即"否认由异化、物化、功能、结构这些同时过度紧张的术语所标示的社会关系的……复杂本性"（PD 44）。①

通过回避这样的否认，社会学著作能够拓宽它的表现域。我认为，承认交换社会（中）思想局限性的反思潜在地加强了对深层社会条件的经验，这种条件似乎日益不透明了。阿多诺继续说道，语言必须旨在"说明世界正在逐渐被我明白的东西，我正在当作世界本质之物来经验的东西"（PTI 83）。无论何时，只要社会学著作遭遇到麻烦，尽管以清晰性为目标但却变得不清楚，它就能够潜在地被解读为对当前社会分析的障碍的一种回应，并因而是对这些障碍的一种说明。文本对清晰性的限制能够传达社会现实对澄清的抵制，"误解是不可传授的东西于其中得到传递的中介"（P

---

①   有关阿多诺对笛卡尔的批判，另见 NLI 14—17，PD 40—41，PETG 142—145，163。

232）。此外，说明无须把这种抵制加以同一化便可起作用。正是这日益晦涩的过程——修正一下维特根斯坦的表述，句子本身变得不清楚——传达了，或者更为确切地说，表现了社会现实对澄清的抵制，它作为不透明本性的外表。这种不透明性反过来是一种异化的、整合的、物化的和固化的社会的不透明性。因此，表现澄清的障碍意味着表现社会的这些属性。①

阿多诺在一些段落里强调了有限语言的表达力量。例如，海涅诗中"词的不足"表现了面对无应答世界的主观"痛苦"。这样的缄默语言同时表现了主体和它的世界之间的"断裂"（NLI 83）。②"对抗性的本质"位于社会学星座的不连续和断裂的背后（NLI 16）。在著作碰到清晰性问题的地方，"社会—科学的认知……表现了"——无须使用过度紧张的范畴——"生产和分配进程的复杂本性"（PD 44）。只要社会和个人仍然"没有和解"，"这种关系的说明"就是"真理"（PD 36）。"人的社会异化"，"……对使物和人对于人来说变得仅仅是物的世界的祛魅给予不可理解的东西以意义"：它述及一个物化的和冻结的社会（NLI 179）。这样的著作不仅仅有助于呈现社会。对主体与一个不透明的、异化的社会的遭遇的表现就是对痛苦的表现。社会学星座中的不清楚性有潜力让"悲哀"发声。通过不清楚性，"悲哀说了"一句话，这句话的简洁与它在阿多诺社会—批判计划中的紧迫形成反比关系："去吧。"

（四）再构造

阿多诺斥责"清晰性的狂热者"想要"消灭""典型证据"的契机，"在根深蒂固的模糊性的范围内'这本来就是如此'"的契机。但是人们"不能停在那里"（HTS 108）。不清楚性既不是可以避免的也不是令人满意的。不清楚

---

① 出于清晰性的目的，我在这里对"不清楚性"做了概括。我将在下面讨论具体情形。

② 另见舒尔茨，1990，"论模仿和阿多诺对诗的解释"。论阿多诺和海涅，可参见普拉斯，2007：115－152。

的星座表现了社会对澄清的抵制，它的作为不透明自然的外表，以及它因而异化的、僵化的条件。然而，正是在这个方面，不可理解性的第二个意义不比它的误导更有教益。这是因为，星座试图呈现的"个体之物的内在普遍性"并不是自然的，而是"沉淀的历史"（ND 165）：沉积在如同地表元素那样的现象中的集体的、社会性再生产的人类行动中。

作为读者或者作者来经验不清楚的段落是不够的，为了它们的表现潜力而公开它也是不够的。研读过黑格尔《逻辑学》的人几乎都不会否认它那令人沮丧的困难。但是，阿多诺坚持认为，读者也必须努力理解"为什么这或那必定是不可理解的并且……从而（理解）它"（HTS 123）。类似地，卡夫卡的读者应该坚持"不可通约的、不透明的细节，即盲点"（P 248）。阿多诺的建议也适用于他自己的文本。星座是可被译解的"清晰脚本"（HTS 109）。在社会学中，不清楚的段落必须得到进一步的解释。否则，它们对交换社会的隐瞒就会和它们的说明一样多。阿多诺的著作本身不是把这留给读者，就像可以得到简短说明那样，而是打算处理它的麻烦构造以达到进一步阐释的目的。

在阿多诺的著作中，这个解释的进程，作为在不清楚性中达到顶点的概念星座的一种重新整理，也以构造的或者再构造的方式运作。概念继续被当作同等之物，并根据推理规则而得到再安排。当然，社会学中再构造的目的并不是文本段落的澄清本身，而是要防止对根本社会现象的歪曲。概念构造的再安排最终构成了一种企图，即企图发现社会对理解和呈现的抵制中的漏洞，并且在现象的不驯服的社会中介中借助考察来尽可能澄清现象。"社会降临在个人身上的东西对于（个人）来说确实是无法理解的，因为特殊的东西不会重又发现自己处在普遍的东西之中：这种不可理解性的确不得不由科学来加以理解。"（SSI 240）

理解僵化的社会现象及其社会维度意味着把它们解码为是其所是的服从于人类介入的历史现实：

　　意识到事物矗立于其中的星座差不多意味着译解（星座），（个体
事物）作为已经生成的东西将星座携于自身之中……只有一种对客体
在其与他者关系中的历史位置值也有所意识的知识才能够在客体中释
放历史……客体的知识在其星座中是它自身所储存的进程的知识。
（ND 165－166）

　　社会学的双重性质也反映在它的文本维度中。在社会学著作中，但凡
紧迫不清楚性既不遭到压制——因为不清楚性有益地表现了一个异化的、
冻结的社会，也不得到宽容——因为社会学不能够放弃它的努力，即努力
把社会现象表达为人类的历史事件。

　　人们必定记得，阿多诺从未感到能够克服社会的难以捉摸以及它对分
析的抵制。无法担保再构造会避免进一步的不清楚性。阿多诺的星座道明
了看待社会现实的各种不同视角，但是它们没有明确的开始和结束。它们
并不必然发展出对处于社会中介中的现象的令人满意的澄清。表现的契机
以及随后对现实的洞见构成了两个智性极点。正如文本所显示的，它在两
种段落之间交替，一种段落蜷缩在困难中，表现了对当前条件中思想局限
性的一种智性经验；另一种段落以再构造的方式来寻求解释，希望星座能
破解手上事情的密码。

二、星座和模仿

　　因此构造性文本的三重潜力得以成形，以便回应交换社会为社会学著
作所提出的问题，以便满足说明当代社会生活的关键特征的目的。在阐明
这些要点之前，有两个方面值得进一步关注。构造性的程序可以根据本雅
明的作品得到更深的探讨，在这里，本雅明的作品乃是阿多诺的主要资源

171

和对话者。强调语言的模仿属性也是有益的，因为这些属性释放了星座在社会学上相当重要的表现潜力。

（一）本雅明的星座

运行于阿多诺社会学著作中的构造性程序得到了本雅明在《悲悼剧》这本书的序言中的星座讨论的鼓舞（A&B 9）。不过，本雅明自己在社会研究中有关星座的说明并不总是与阿多诺产生共鸣。对这些问题的更仔细观察有助于理解阿多诺对社会学中构造性著作的想法和意图。

本雅明的星座设想关涉他的这样一个观点，即他把真理看作是一种由"理念"组成并且"决定经验现实……的本质"的"存在"（1998：35－36）。如何从现象的表面之下发掘理念的问题由本雅明对知识的批判而解决。真正的理念或者"现象"的"统一"直接作为"存在的统一"被交付给沉思。知识不能够把握理念，它的"对象"不适于"真理"，因为它只是借助中介承认统一是一种"概念的统一"。因此，理念尽管"只有……通过沉浸于材料细节中……才是（可）把握的"（1998：29－30），但是却不能够作为它们的"粗糙经验状态"（1998：33）中的现象统一而得到归纳性的确定。归纳仅仅是把理念和那些准确描述经验现象的概念等同起来（1998：43）。理念——现象的真正统一——必须通过对现象的"客观解释"来加以理解（1998：34）。然而，解释既不能够被委托给一个演绎系统（1998：32－33），也不能够被委托给"新的术语"或者智性直观（1998：35－37），所有这些都会使理念陷入概念知识之中：陷入"伪逻辑连续体"（1998：43）和"意在认识"的模式之中（1998：36）。在宣布放弃把真理投射到"知识的领域中去"的同时，本雅明提出了对经验世界的客观解释，这些解释旨在借助理念在其直接存在中的呈现来清楚地说明真理（1998：28－30）。这一努力的策略就是概念的星座。

本雅明认为，提出"理念世界的描述性计划"的"任务"将哲学家摆在"科学家和……艺术家……之间的崇高位置"上。科学家"剥夺"现象在经验表面上的"虚假统一"，同时把现象聚集起来并通过概念区别来划分现象。

经验现实由以得到划分的概念，以及因此得到拆分和释放的元素，被艺术　　172
家重新整理为一种新的统一或者"构造"(1998：32－35)。现象的客观解
释——构造的建造——作为现象世界诸元素的安排或结合，终于把现象的
理念呈现了出来。在星座中，理念——现象元素的联想统一——不是被那
些集合在一起的各自分别的概念所沟通和意指的，而是在安排的无意图存
在中得到呈现的，[1]　真理终于呈现出自身(1998：29－30，35－38)。

　　阿多诺关于构造性社会学著作的沉思与本雅明的序言有着若干亲密
性。就像本雅明那样，阿多诺承认，对经验的解释依赖于那些没有充分表
达其所意指东西的概念。阿多诺拒绝了"操作性的"连续体，因为它们解释
性地使用概念，如本雅明"伪逻辑的"连续体。可供选择的构造性程序对阿
多诺1931年的唯物主义纲领和他的其余作品(例如1973c：3)来说是同样重
要的，阿多诺(1977：127)和本雅明一样把这种构造性程序标为"分析性孤
立元素……的结合"。最后，尽管阿多诺抨击本雅明有关理想真实性的"神
话学"教义是非历史的，但是他赞同本雅明的"宏伟的……构造概念"
(A&K 208－209)。构造意在使本雅明的科学家—艺术家能够呈现而不是
简单地意指理想的真理，它们使阿多诺的社会学家能够呈现和表现而不是
简单地同一化交换社会的社会现实。

　　更加值得注意的是，当本雅明试图在社会研究中实现构造性程序的时
候，阿多诺对他提出了异议。阿多诺的批判形成了著名的20世纪30年代
的争论以及阿多诺后来数十年评论的一部分。一直有所争议的是，阿多诺
的疑虑主要是由他的政治怀疑所促动的，即怀疑无产阶级在本雅明的计划
中作为革命主体的角色(布克-莫尔斯，1977：144－159；伦恩，1982：
166)。沃林(1982：163－212)的一本关于本雅明的书看起来更有说服力。
这本书强调，对于两位思想家之间的争论而言，方法论的和理论的不一致

---

　　[1]　有关联系阿多诺的描述对本雅明序言所做的更为详尽的讨论，可参见詹姆森(1990：
49－58)。

是核心的。事实上，正如我将要强调的，阿多诺对本雅明将构造用于社会研究中的企图进行了批判，而指导阿多诺做出这个批判的许多方法论的和"认识论的"（A&H1 73）考察专注于一个社会学的问题：构造如何能够满足说明资本主义社会的条件呢？

173　　阿多诺主要讨论了本雅明的这样一些计划，它们关涉到一种集中于巴黎拱廊街的 19 世纪历史编纂学。① 本雅明的目标为阿多诺所赞同，这就是通过星座原则构建"辩证的形象"。"当思想在充满张力的星座上突然停顿时，"本雅明写道，"它给予那个构造以一个震惊，借此思想得以结晶为一个单子"（2006：396）："辩证的形象出现了。"（1999：N10，3）本雅明试图呈现"经济在其文化中的表达（,）……一个作为可知觉原始现象的经济进程，② 从中开始了拱廊街上的所有生活表现（而且，相应地，在 19 世纪）"（1999：N1a，6）。这种"唯物主义的历史描述"旨在把"现在带入一种临界状态之中"（1999：N7a，5）。捕获辩证的形象意味着捕获"过去的形象，它在危险时刻出乎意料地出现在历史主体面前"——再次屈从于服务现状的危险（2006：391）。这个"可辨认性的现在"（1999：N18，4）将成为"唤醒对已存在之物的尚未有意识的认识"的契机（1999：N1，9）。该形象必须向集体历史主体表明，它就是过去世世代代被践踏者在期望中所转变成的冉冉旭日（2006：390—391）。"这样一种历史描述"努力"超……'越于思想的范围'"（1999：N10a，2）。

　　刚一接触到本雅明关于他计划的惯用技法的大纲，阿多诺就辨别出了他自己对构造性方法的解释和它在本雅明研究中的实现之间的差异。本雅明 1935 年的拱廊街报告把辩证的形象设想为集体欲求形象的呈现，它们叙述了克服不完善生产秩序的愿望，包含了新纪元的梦想，重新点燃了对无阶级社会的古老而集体无意识的经验。乌托邦梦想"把它的痕迹留在生活

---

① 有关本雅明的计划，可参见布克-莫尔斯，1991 和基洛赫，1997。
② 关于这个概念，可参见多德，2008。

的千般构造上"(1999：4—5)。本雅明建议提取和使用这些"梦想元素"以便促进当前时代的历史觉醒(1999：13)。阿多诺拒绝本雅明把辩证形象当作一种影响它们"真理内容"的"简化"而"转到意识之中"(A&B 105)。他坚持认为，构建辩证形象应当意味着构建"表达社会条件的客观星座"(A&B 110)。梦的主体是异化了的资产阶级个人，他的精神状态是被商品世界生产出来的，但是他的梦却不能够同时描绘它(A&B 105—107)。阿多诺竭力主张，梦需被批判地解释为一种"现实的星座"(A&B 106)。

循着这些争论，阿多诺写信给霍克海默说，本雅明的计划迫切需要对"辩证形象"进行"澄清"(A&H1 344)。但是，尽管本雅明修订了他的程序，他的提议还是一直搅扰着阿多诺，阿多诺继续强调对能够呈现资本主义社会条件的构造的需要。他认为，本雅明的形象还是没能实现。阿多诺的不断怀疑以他1935年起对本雅明构造性方法的解读的两个方面为转移。首先，他将一个意图归于本雅明，"这个意图……是仅仅通过材料的震惊般的蒙太奇使意义浮现出来"。本雅明的"代表作将仅仅由引文组成"(P 239)。这并不是说本雅明依靠经验的直接性。历史在经验上的透明秩序并不是它的真理，而是作为在"胜利的队列"(2006：391)中被展示出来的历史，通过当前统治者的"万花筒"被看到的历史。本雅明命令"粉碎"这个万花筒(2006：164)。只有一种"从其语境中撕下的历史客体"才能在辩证形象中得到呈现(1999：N11，3)。援引历史并不意味着列举事实，而是意味着解释历史材料，解释的方法就是把它的诸成分从它们的直接经验语境中召唤出来并重新构造它们，以便建造形象。① 阿多诺承认本雅明对社会的蒙蔽视角的反对(P 236)以及他在《拱廊街计划》(*Arcades Project*)中"将每个思想"从"妄想领域中扭转出来"的努力(A&B 381)。阿多诺强调的是，本雅明仅仅把作为材料解释的辩证形象的建造托付给材料的构造；他试图"放弃所

174

---

① 援引(Zitieren)也有传唤的意思[例如，人们被传唤(zitiert)到法庭上]。

有公开的解释"，与此同时把交换社会理论和明确清楚评论的概念排斥在构造之外；他追求"一种清除了论证的哲学的大胆冒险"（P 239，着重号为作者所加）。①

　　同时，密切相关的一个方面的浮现主要涉及本雅明 1938 年的"波德莱尔笔下第二帝国时期的巴黎"：分析"来自上层建筑领域的个体特征……是通过把它们直接，……也许甚至是因果性地，联系于……基础建筑的相应特征"（A&B 283）。阿多诺援引了本雅明（2006：7—8）直接联系法国政府酒税资料对波德莱尔（1972：155—156）"拾荒者之酒"（Le vin des chiffonniers）所做的解读。阿多诺声称，对于本雅明来说，"以唯物主义的方式解释现象……与其说意味着把它们阐释为社会整体的产品，不如说意味着……根据它们孤立的奇点把它们联系到物质倾向和社会斗争。本雅明因而试图避免……异化和物化"（P 236）。

　　阿多诺断然拒绝了两种使用构造的提议。在承认本雅明的解释目的的同时，阿多诺怀疑本雅明《拱廊街计划》中的"禁欲主义规训"——无须"理论解释"的材料构造——是否能够实现它们（A&B 281）。阿多诺甚至承认本雅明正在瞄准"最高等级的理论，它也许可以被称作哲学的或者社会的"，但是他质疑仅仅依靠构造"社会学上相关的材料"来实现"理论意图"的可能性（VSI 179，着重号为作者所加）。阿多诺在评论第一个方面时说道，本雅明所处理的现象是由资本主义社会整体所塑造的（PD 39）。人们没有指控本雅明相信这个维度是直接可辨识的。但是，阿多诺坚持认为，本雅明的模式是为"理论建造"而保留的，这种模式就是在解释上获得超出

---

　　① 一些《拱廊街计划》断片（1999：N1a，8，N7a，1）可以说证实了阿多诺的解读。不过，本雅明的"无序的建筑工地"（基洛赫，1997：94）属于一种异乎寻常的多面作品。作者意图的死后归属仍然是不稳定的。其他的本雅明学者们也专注于类似的问题，但却没有对它们给出一致的回答〔阿伦特，1968：59；布克-莫尔斯，1991：73—74；弗里斯比，1985：188—189；基洛赫，1997：100—115；汉德尔曼（Handelman），1991：143；米萨克（Missac），1995：144—145；梯德曼在本雅明，1991b：1072—1073；1999：1013n6〕。

材料的误导的直接性上的视角。通过把社会理论的概念和评论从构造中驱逐出去，本雅明摈弃了"通过全部社会进程"而带来的材料"中介"，并因而摈弃了对备受争论的社会决定现象的彻底说明(A&B 284)。

阿多诺继续说道，《拱廊街计划》的第二个方面——把材料同"社会历史……中的毗连特征"(A&B 282)联系起来——并未提供补救。在资本主义整合中，个别现象放弃了允许在某个具体情况上参考另一个具体情况而得出结论的"自发性、有形性和密集性"。"文化特性的唯物主义规定只有经过总体社会进程的中介才是可能的。"(A&B 283)此外，构造因而需要应对社会整体的概念。如果没有这样的概念，本雅明的星座就不能够根据交换社会来充分阐释和呈现材料。阿多诺指责说，本雅明对构造原则的使用使他的"理念……被监禁在材料的无法穿透的层面背后"，并以"反对……解释……的共谋"(A&B 281)而告终，尽管他有解释的目的。阿多诺把一个来自"第二帝国"的例子摆在本雅明面前。本雅明(2006：8)认为，拾荒者的悲惨境遇"迷住了……贫困状况的调查者们"，而反叛社会的波希米亚人看到他们也"面临着一个……极不稳定的未来"。对于阿多诺来说，这些相互关联并没有穷尽他就整合而言所标示的社会学解释的潜力："拾荒者的资本主义功能"就是"甚至使垃圾也服从于交换价值"。本雅明的星座暗示却未能"说明"这一点(A&B 284)。

尽管借鉴了本雅明的星座方法，但是阿多诺揭露主导性资本主义条件的进路使他不同意本雅明20世纪30年代研究中的构造的实现。阿多诺坚持认为，为了适当地穿透它的材料，构造性解释必须把它们同社会整体联系起来。这要求构造去吸收理论概念。阿多诺心中想着他的交换社会理论，对此我们在第一章做了介绍，并且从那以后一直是参考。既然本雅明的星座放弃了理论概念和评论，那么它们就不能够——虽然是解释的——满足它们的社会—分析的和呈现的目的。尽管本雅明的辩护(A&B 289－296)无法在这里得到讨论，但是必须强调的是，阿多诺的介入对挑战并无

176

免疫力，并且已经遇到了严重的反对。阿甘本（Agamben，2007：117—137）恰恰质疑了在阿多诺的批判中处于中心地位的有关方法论和目标的论证。不过，阿多诺的异议说明了他对构造性程序的具体想法，强调了他为它所设想的关键目的乃是密切关联于他的社会学计划：对交换社会的一个批判考察和道明。

（二）表现和模仿

对于阿多诺而言，表现社会现实的特征构成了构造性社会学著作的一个重要目的。不过，他在把表现概念化上有困难，因为表现与文本说明中的进行同一化的概念是背道而驰的。联系模仿来给出进一步的澄清是有可能的。类似于文本中的表现，模仿与认知领域中的同一化背道而驰。[①] 正是通过在著作中实现认知的模仿行为，社会学文本发展出了它的表现潜力。

模仿是一种无法化约到同一化的经验模式特征。在同一化中概念将现实的不同元素加以分类，反之，在模仿中主体"使自身"——它的精神的和身体的行为——"肖似于它的环境"（DE 154）。"模仿的行为"正意味着"彼此有机的紧贴"。原先阿多诺和霍克海默认为，模仿具体体现为"模拟"，体现为对外部危险的直接身体反应——"汗毛倒竖而心脏停博"——体现为"向着静止不动的自然的……同化"[DE 148；另见格默尔（Geml），2008]。这样惊恐万状的"死亡模拟"在惊呆者身上也是听得见的，如阿尔卑斯山土拨鼠"机械地"发出哨声（OL 326—327）。人类模仿行为的遗迹后来残存于部落社会的萨满教仪式中，这阐明了模仿和同一化之间的区别。萨满教徒与外部世界的接触使他们的举止同化于现实，例如，"恐吓或抚慰他们"的自然或精神，而不是把他的规整如一的构想强加给世界。此外，萨满的反

---

① 因此，模仿对于概念化来说就像表现那样是难以捉摸的，我完全是在构造中以同一化、认知和表现来处理模仿的。关于模仿，可参见卡恩（Cahn），1984；康奈尔（Connell），1998；杰伊，1997；舒尔茨，1990；尼科尔森，1997：137—180。

应随着所遇到的东西而变化，而不是使得"风、雨、蛇……病人体内的魔鬼"完全被替代为可区分种类的"样本"(DE 6)。"文明"的推进已经逐渐把模仿从人类生活中排挤出去了。"身体向着自然的同化"——使自己肖似于现实的过程——已经渐渐让路于"概念中的认识"(DE 148)，在社会生产的、主观设计的范畴之下对现实的不同方面的归类加以同一化。

然而，模仿尚未被根除。卡夫卡为艺术中的模仿提供了杰出的文学参考，他的同时代人普鲁斯特也是如此(NLII 30)。更为晚近地，贝克特的作品已经"变得像(咒语)一样了"：它"像人类关系那样抽象"(阿多诺，1999：31)。而"当一位德国占领军的军官访问(毕加索的)工作室并站在《格尔尼卡》前问他'是你创作了它吗?'时，毕加索据说回答道：'不，是你们。'"(NLII 89)

这里至关重要的是，阿多诺专注于为了认知而解救模仿行为。进行认知的主体——一个有机的、社会化的人——是物质的和社会的现实的一部分。主体和世界之间的这种亲和力乃是认知的一个前提条件(AE 143n)。如果主体同现实完全地分离开来，那么主体就不够把握现实。与此同时，"在只有同类才能(认知同类)这个论题中，所有认知里面无法擦去的模仿契机……被意识到了"(ND 153)。这是因为，如果主体只是把它自己的同一化的先入之见强加到现实上，而完全没有使自己肖似于它，那么认知就将只包含它自己的智性产品(ND 55)。"若无模仿，主体和客体之间的断裂就是绝对的，而认知就是不可能的"(AE 143n)。阿多诺认为，"只有同类才能认知同类"这个想法"在社会学中"也被证明是合理的。在那里，它甚至可能比在自然科学中更加没有问题，因为社会学的"客体……社会"以及它的"认识主体"都是"活生生的人"。但是这并没有使社会学免除对与其相应的模仿契机的培养。例如，社会学的方法必须"在与(它们的)素材的一种活生生的关系中"加以发展，正如第二章(IS 72)中所提及的那样。

与阿多诺的大多数计划相类似，为认知而解救模仿更为一般地来说并不是一个直截了当的计划。社会整合和僵化在这里造成了与它们一般给认

178

知所造成的相同的问题。与现实的直接遭遇一方面运用当代智性常规所提供的范畴，另一方面与社会化的客体相面对，但是主体不能够直接看穿范畴、客体以及映射在客体本身上的社会维度。[①]"同类无可挽回地从同类上撕开"；"主体和客体……彼此异化"。因此，对于现实的直接知觉——主要是身体的和心灵的反应——通常会产生误导。主体努力使自己忠实地肖似于现实的模仿，必须从早先的考察中采取一种更为复杂的常见路线："在对……外观……的否认中，失去的模仿得到保护，而不是在它的雏形的保存中。"(AE 143)批判的非同一性思维，对同一化图式的规定的否定，现在是把主观认知和客体紧密结合在一起的一个先决条件。只有思想不再坚持而是颠覆同一化硬塞到现实中去的概念，主体才能够仍然紧贴于客体本身："个人经验的客观内容的生产是……通过解除那阻止……经验……专心致力于客体……的东西……直到(主体)真正地渐融于由于它自己的客体存在(Objektseins)而与之类似的客体。"(CM 253—254)由于表现与说明领域中的同一化背道而驰，批判的理论分析的模仿方面因而就一直与认知领域中的同一化背道而驰。

阿多诺认为认知和语言是不可分割的。他应和着本雅明关于"说使思成真"(2005：723)的格言写道："只有通过语言的呈现……思想才会变得准确清楚。"(ND 29)实际上，当分析的思想试图肖似于现实的模仿努力出现在著作——在这里是构造性的著作——中时，文本本身就发展了模仿的本质。考虑到"概念有意义方面的首要性"，模仿在印刷语言中比在音乐中更加"受压制"(NLII 30)。然而，理论"在以下这点上与艺术结盟，这就是想179 要在概念的媒介中解救概念所抑制的模仿"(HTS 123)。

文本的模仿契机同时就是它的表现契机(ND 29，PTI 83)。由于使自

---

① 马尔库塞(1964：10；另见霍克海默，2004：79)警告说，结果作为主体"与……社会的……直接认同"就是模仿；尼采(1974：316)称为"模拟"的东西是一种能力，即能够"总是再次……适应于新的环境"。另见舒尔茨，1990：47—52。

身与现实相似，语言不再仅仅意指而且是使"事物和表现彼此更加接近以致达到无差异的程度"（ND 65—66）。"模仿的"和"表现的活动"属于相同的行为。阿多诺强调说，哲学必须"借助概念来恢复表现的契机、模仿的契机"（PTI 81）。在社会学文本中，这些"像不和谐音乐"那样回响着的元素透露了一种作为紧贴社会现实的写作程序，它"胜过单纯的意指并且最终肖似表现"（PD 35）。正是通过模仿，通过使自身肖似于社会现实，构造性的社会学著作使得表现适用于社会现实，尤其适用于进行同一化的概念所"切掉"的东西。

"呈现"的德文术语 Darstellung 阐明了这个观念。在阿多诺的作品中，Darstellung 实现了理论的"非概念模仿的""表现契机"（ND 29）。在美学中，Darstellung 同时指演员（德语中的 Darsteller）或者音乐家的表演，艺术作品的"动态曲线"（1999：125；另见尼科尔森，1997：149）的模仿效法。"正确地演奏音乐意味着……恰当地说它的语言。这需要仿造……音乐在模仿实践中公开自身。"（阿多诺，1998c：3—4）对于 Darstellung 来说，"饰演""表演"和"扮演"是更为有益的英文术语。它们揭示出，阿多诺的构造性呈现在它们模仿性地表演或者扮演现实的意义上表现了现实。① 阿多诺就社会学命题的复杂性必然起因于研究者的"混乱"或"浮夸"进行了争论："客体客观地决定社会定理必须是简单的抑或是复杂的"（PD 41）。对于复杂、费解、整合、僵化的社会世界的忠实表现将使自己肖似于世界。正如"怪相"——脸部表情——表演出"不愉快"（DE 150），阿多诺的社会学构造可以被说成是扮演以致表现社会现实的方方面面。

这种写作模式构成了阿多诺的一个长期兴趣（A&H1 55，175）。尽管

---

① 詹姆森（1990：67）在他对 Darstellung 的说明中强调了阿多诺句子的"模仿的""姿势的"性质：它们"把在它们之中被抽象地理解为哲学思考或论证的东西的内容表演了出来"。普拉斯（2007：37，另见 6，25）把阿多诺的文章称作"智性经验的……几乎戏剧性的事件"。在阿多诺关于模仿表现的观念专注于社会现实的扮演的地方，这些观念多么深地渗透于他的社会学工作中将立刻变得更加清楚。

"模仿"这个术语并未反映在他最早的作品里，但是他使他的著作与服务于表现目的的质料相类似的努力早在 1925 年就非常明显了。阿多诺打算写一篇关于贝尔格的歌剧《沃采克》(Wozzeck)的文章，当时那位作曲家不得不拜托说："千万别用一种难懂的方法来写！……请用一般的可理解的术语来表达你自己的意思。我确信这样将不会造成问题。"(阿多诺和贝尔格，2005：25)贝尔格很快就认识到这对于阿多诺来说是怎样大的一个问题(阿多诺和贝尔格，2005：44)。"勋伯格会……说，"阿多诺防御性地回答，"是否一个短耳朵的人要求……他……创作一个比他所听过的更简单的小节并且要求它必须被客观地听到？"文章需要被"质料而不是听众来度量"。如果争论中的音乐是容易的——对于《沃采克》而言的一个不恰当的形容词——那么他的难懂的"文章将属于火焰"(阿多诺和贝尔格，2005：37－38，另见A&K 235)。

阿多诺曾经强调过布洛赫不顾"主体和客体的异化"而联结"认知和表现"的努力(VSI 191)。不过，在 20 世纪 20 年代到 30 年代，阿多诺首先是在本雅明的影响下进行思考的，特别就结构性著作而言，人们也许会认为，本雅明的影响会延伸到阿多诺关于模仿性著作的想法。本雅明也怀有一种使自身与经验(1996：447－448)和转化(1996：260，449)相似的模仿观，它涉及人类行为(2005：720；2006：184)。此外，本雅明从 20 世纪 30年代开始的论模仿的著作把语言设想为是模仿的，即一种"非感官相似性"的档案，与以拟声词为中心的语言理论相反。在"词或句的意义语境"中，相似性"闪现出来"(2005：721－722)。本雅明在这里强调了他对构造性语言的关注。基洛赫(1997：94)写道，《拱廊街计划》不是"对城市生活的一种描述(关于城市的文本)，而是……相称的城市生活(作为城市的文本)"。尽管如此，阿多诺也许已经独立于本雅明而发展出了构造性语言和模仿之间的关联，因为本雅明在模仿性语言的可能性条件上所坚持的视角是阿多诺所不能接受的。在本雅明(1996：68－72)1916 年论语言的文章里，人类的名称语言和事物的无名语言之间的亲和力在上帝那里得到了建立。相比之下他 20 世纪 30 年代论模仿的断片，的确承载着一种更强的"历史—人类学的维度"[拉宾巴赫(Rabinbach)，1979：61]，而且仍然在唤起"神秘的或神学的语言理论"(本雅明，2005：696)。[①] 对于阿多诺来说，模仿性语言的可能性条件仅只是它试图认知的主体和现实之间的社会和物质的亲和力。[②] 阿多诺的模仿观念详细说明了构造性著作表现现实的潜力。通过扮演使自身相似于、肖似于有待说明的社会现实的方方面面，社会学中写成的星座就能够表现这些方方面面。

181

三、例证

对于说明在阿多诺社会学著作中起作用的呈现模式而言，就星座概念和模仿概念展开解释是不可或缺的。然而，这样的阐述一直保持不必要的抽象，直到它们同一种案例研究结合起来，这种研究与到目前为止所讨论的他的理论考察的背景相反，详细例证了阿多诺的呈现模式是如何在他的一个社会学断片中运作的。我想要从再次强调阿多诺写作社会学文本的目标开始，允许我这么做的乃是把注意力集中于对阿多诺由以呈现其思想的途径的某种典型批评。

(一)清晰性问题

阿多诺的著作众所周知地难读，所以它受到了许多批评，其中，"教授的夸夸其谈"(克拉科夫斯基，1978：368)和"令人不悦的""浮夸的风格"

---

① 汉德尔曼(1991：79—80)认为，20 世纪 30 年代模仿断片的人类学维度说明了本雅明的"唯物主义转向"，并且作为"(语言的)客观性和认知可能性的一点儿神学保证"为他服务。不过，与此同时，这些模仿断片看起来阐明了基洛赫(2002：20，25；另见摩西，1989：236)的一个确信，即确信本雅明的作品自始至终构造着一些主题，当然也是神学的和唯物主义的。

② 关于阿多诺模仿观和本雅明模仿观之间亲和力的讨论，可参见尼科尔森，1997：137—180。关于相反的观点，可参见詹姆森，1990：256n37。

（戈德斯坦，2004：270）是最直率的简洁陈述。在某个层面上，批评家们攻击阿多诺没有满足确定的文本标准。波普尔（1940：411）认为它"对于每个想要促进真理和启蒙的人来说，对于每个想要以明白无误表达事物的技术来训练自己的人来说，都是一个责任"。因此，他嘲笑包围在阿多诺"夸张语言"周围的"不可理解性的膜拜"（PD 294）。类似地，拉扎斯菲尔德痛斥阿多诺违反"受规训……呈现"（A&H2 446）的基准。从一个略微有些不同的角度出发，米勒（Miller）把阿多诺的著作归为"坏的"类别。他认为，阿多诺试图通过"放弃对广大普通听众说话的努力"（1999－2000：41）来逃避资本主义的齐一性。既然他的著作现在在许多"左翼知识分子"中很流行，那么它们就已经"失去了正相反的使用价值"，并且变得"陈腐老套和可以预料"（1999－2000：43）。

182 阿多诺坚持认为，"语言作为一种交流的手段和作为一种精确表现质料的手段之间是有差别的"（CM 28）。对于他而言，忠实地道明现实的标准优先于清晰性的准则。它也优先于非齐一性的准则。阿多诺通过表现一种值得的目标来坚持抵抗（参见 MM 80），这也许会使他的"流行"变得有问题。但是，著作的关键基准仍然是对现实的忠实道明。在承认这样的著作很有可能逃避公众的理解时，米勒的批判所意味的段落仍然主要是支持"精确的、有意识的、客观适当的"阐述，支持"关于客体"的"表现"（MM 101）。① 只有在表明他的文本首先符合清晰性标准或者低水平读者标准的条件下，那种关于阿多诺文本模糊晦涩并得到广泛阅读的评论才能在实际上成为一个针对他的难懂著作的有说服力的案例。

更有趣的批判在另一个层面上展开，它由米勒文章的标题指出："坏

---

① 米勒（1999－2000：35）把阿多诺的著作形象——"蜘蛛网：紧密的、同心的……编织妥当"——解读为表明阿多诺"希望以一张紧密编织的隐喻和观念之网来诱捕读者"。阿多诺的形象不是关涉读者，而是关涉文本呈现：关涉为了"穿透"和阐明现实的目的来汲取"隐喻""材料"和"引文"（MM 87）。

著作是必要的吗?"波普尔说不是必要的，为此他画了一个表格来呈现阿多诺社会学中的难懂段落，并且把它们翻译成简单的语言(PD 297)。拉扎斯菲尔德以一致的精神来回应阿多诺的一个桀骜不驯的无线电广播备忘录：

> 书页上满是拉丁词："乍看起来"，"反过来说"，"先决条件"，以及诸如此类。毫无疑问，"必要条件"一词表达了相应的拉丁词所能表达的一切。但是，如果你使用标志着你的教育的词，那么你就会如有魔法般地明显感觉到更加牢靠，尽管这些词对于速记员来说是一个麻烦，并且对于美国同事来说是一个隐蔽的冒犯；正因为美国的专业人士们并不无必要地使用拉丁词，所以我们尚未比他们更好。(A&H2 445)

卡尔科夫斯基也质问"谜一般地上演的思想本身"(1988：5)的不可或缺性，并把阿多诺的文本描述为"辩证法行话"的"审美上演"，它在"'客体'上并且投射向它们"(1988：2)。在这里，阿多诺的著作标准——"形成真正的……现实形象"(霍克海默，1985：287)——得到了含蓄的承认。而指责是，阿多诺的著作的晦涩是不必要的。既然在这一点上，没有哪位批评家争论阿多诺的社会现实理论——波普尔(PD 297)"并未断言"，阿多诺的社会整体理论"被弄错……只是……其内容的彻彻底底的琐碎平凡"；拉扎斯菲尔德"尊重您的想法……但是……非常反对你呈现它们的方式"(A&H2 436)——那么种种批评就暗示阿多诺试图道明的社会条件能够以更易接近、更不冷峻的语言得到道明。以下这些对在阿多诺社会学著作中运作的构造性程序的例证旨在阐明社会学的文本维度，阐明这个维度不可避免地意味着突出他社会学文本的特异性质。与此同时，阿多诺关于其写作方式的理由将变得更加清楚，并且支持对以下问题的明智回答，即他是否能够用更加简单的构想来取代他的构想，而又不是不能达到他的目标。

(二)理论—实践的构造

阿多诺在《标题词》(*Catchwords*)中发表的"理论和实践的旁注"充当了

例证的一个典型案例(尽管其他文本也将得到查考)。"旁注"由于两个理由
而格外有启发作用:首先,《批判的模式》诸卷包含了一些阿多诺对交换社
会的社会学考察;其次,阿多诺为了"星座"而偶尔使用"模式"这个术语。
第四章已经讨论了"旁注的"某项内容,它允许焦点转移到文本的形式属性
上。阿多诺的断片由十四个数字编号的节组成,每节约占一页半的长度,
处理交换社会中理论和实践之间关系的一个方面。在分析这个作为明确社
会学构造的文本之前,指出它如何实现早先略述的星座的更为一般的特征
是有用的:"旁注"召唤众多的概念,它使这些概念协调成为力图遵循逻辑
推理规则的平等级别。

在试图道明资本主义中的理论—实践关系时,"旁注"作为阿多诺的最
后文本之一,例证了他对他最早文本之一所陈述的一种进退两难的回答,
出自 1932 年的"关于哲学家的语言的论纲":"客观上可获得的词……是缺
乏存在的";理论的唯一"希望"在于"将词置于新的真理周围,结果它们的
构造本身产生新的真理"(2007:38)。它的唯一策略——概念——的限制迫
使分析召唤众多的关键范畴。理论和实践这两个概念并不能够单独表达资
本主义中的理论—实践关系。"旁注"必定集合和构造多个进一步的范畴,
包括主体、客体、合理性、价值无涉、脑力劳动、体力劳动、暴力、手段
和目的,以便揭开质料。

阿多诺的开场白已经召唤了主体和客体的概念:"理论和实践的问题
依赖于主体和客体的问题。"(CM 259)主体和客体的概念因为很多理由而与
理论—实践关系的处理密切相关,尤其是因为"实践的问题与认知的问题
彼此交织"(CM 260)。① 第一个有意识地经验到的"实践危机被经验为:不
知道一个人应当做什么"(CM 261)。在妨碍主体经验客体的条件中,实践

184

---

① 《标题词》的"后论"(CM 245—258)包含跟在"旁注"后面的"论主体和客体"。从形式上说,
这些文本非常相似,前者的实质性论证[参见伯恩斯坦,2001:287—301;马德(Marder),2003;
奥康纳,2004]在主体和客体方面包括理论—实践星座的许多对应物。

若无理论便遭破坏。

　　阿多诺继续说道，在社会学中，实践问题和理论问题的划分引起了合理性和价值无涉的问题。对于韦伯(1978：24－26)来说，如果一个行动遵循鉴于其目的的采用适当手段的评价，那么这个行动就是目标合理的，即使目的是基于价值的或者相反是由主观决定的。阿多诺认为，分离目的和合理性的可能性类似于把实践同贯穿在价值无涉教义中的理论分离开来。与霍克海默的《理性之蚀》(2004)相呼应，阿多诺猛烈地批判了韦伯。如果目标是数百万人的毁灭——与人类自我保存的合理目的相悖，那么哪怕一个行动的毁灭性手段最适合于这个目标，它也是不合理性的(CM 272－273)。理论—实践关系同这些问题的相互链接使得阿多诺把合理性和价值无涉概念集合起来以有助于呈现这种关系。理论—实践的星座包括几个进一步的关键范畴，阿多诺插入每个范畴中的理由经受得起更长的讨论。这里清楚地浮现出了一种途径，在该途径中，"旁注"召唤起除理论和实践之外的概念，并且以逻辑论证来安排它们，以便呈现资本主义中的理论—实践关系。

　　阿多诺的构造不包括负责解释的基本范畴、"咒语"。社会现实是通过平级概念的相协调来得到说明的，"旁注"关于实践问题(P)和主体—客体二分(S—O)的讨论例证了这一点。阿多诺将 P 和 S—O 现象呈现为有联系的，他的构造包括涉及 P 的实践概念(p)以及涉及 S—O 的主体和客体概念(s 和 o)。三个概念以某种方式放在两个现象周围，这种方式就是，每个现象都通过涉及另外一个现象的概念来加以阐明。阿多诺根据范畴 s 和 o 从探讨 P 开始。如果主体对客体的经验被扭曲，并且主体没有获得对经验转化所必需的物质条件的洞见，那么实践就会遭到破坏并降低为伪行动(CM 259－261，265　266)。阿多诺随后进一步讨论根据 p 来处理 S—O。如果实践不再转变现在的生活条件，那么这些条件将作为一种不变的、遥远的客体性与主体对峙。"连续重新露面的实践的不合理性……——它的美学

185

原始形象是突然的、任意的活动，哈姆雷特借此认识到计划并在实现上失败——不知疲倦地鼓舞主体和客体之间的绝对划分的外观。"(CM 261)

P 通过 s 和 o 得到解释，因而与 S—O 相关；S—O 通过 p 得到解释，因而与 P 相关。阿多诺没有把一个现象化约到另一个，而是把它们当作彼此相关的来加以讨论。现象没有被化约为任何一个范畴，没有哪个范畴或者哪套范畴比其他范畴承载更重的解释分量。对于阿多诺来说，考察这些问题意味着把 p、s 和 o 协调为平级，他的论证主要与推理规则保持一致。然而，反思并没有作为一种逻辑连续体单义地朝一个最终的解释概念前进。毋宁说，各个概念就像在地毯或者蛛网中那样彼此交织。

(三)社会学的理论—实践构造

当"旁注"在阿多诺的具体社会学著作中运作时，它也对构造性程序做出了阐明。根据阿多诺的思想来说，星座道明社会生活和交换社会的特征的社会学潜力是三重的：星座根据现象的社会维度呈现现象，表现社会现实的某些特征以及致力于揭示社会的历史特性。"旁注"构成了实现这三个目标的一种尝试。

1. 呈现整合的元素

出自"旁注"的两段话可以被解读为对社会整合的回应：

(A)"思想是一种行动，理论是一种实践形式"(CM 261)。

(B)"没有理论的实践……必定失败……虚假的实践不是实践"(CM 265)。

关于理论—实践关系的这些视角得到了如下确立。社会整合使得个别现象只有在与社会中其他现象的联系里才是可分析的。"旁注"星座集合并链接起众多概念——在这里，理论、实践、主体和客体——来呈现理论—实践关系，其着眼点是它在与社会整体中其他现象——主体和客体——的相互关系里面已经获得的那些属性。阿多诺由以出发的是这样一个想法："主体即哲学家的思想实体"乃是社会—物质的现实即"客体"的不可分离的部分。在这个方面，"思想"尽管是"内在地坚决的和严厉的"，但与此同时却又是"现实中间的一种真实行为模式"(CM 261)。这就是说，(A)：理论是实践。阿多诺从客体的角度来对此加以限定。真正的实践不仅再生产而且生产——即变革性地介入——客观的、社会—物质的生活条件(CM 262)。相应地，只有当理论超越仅仅重构所是的东西时，理论才能够是真正地实践的——严格地说，(A)能够适用。那么这应当是什么理论呢？社会现在决定着太阳底下的所有客体，包括那些为改变它们而必须采取的措施。因此，真正的实践取决于对客体的隐蔽社会维度的译解(CM 265)。理论能够担当识别"可能……超出……情境限制的方面的任务。这对于理论和实践的关系来说具有不可预见的重要意义"。这是因为，如果一种理论在真正变革性的实践中担任这一不可或缺的角色，那么这种理论就"变成了一种变革性的、实践性的生产力"本身：(A)(CM 264)。

　　"如果一个范畴……发生改变"，《否定的辩证法》警告说，"那么所有范畴的星座就都发生改变，并且因而是一个一个轮流来"(ND 169)。主体和理论的概念中的变化以及主体—客体和理论—实践的星座中的相应变化恰恰已经变得显而易见了。理论和实践现在联系在一起，这样的话，如果理论为了变革的目的而担当社会—分析的任务，那么它本身就是实践的。事实上，它们的关系甚至更紧密。如果真正的实践必须是变革的，那么非变革的实践就是虚假的(伪)实践。今天，实践只有在客体的社会维度被译解时才可能是变革的。这个维度并非直接通透的，它的解密需要理论。因此(B)：没有理论的实践根本不可能是真正的实践。

　　这些段落例证了阿多诺的一种努力，即努力采用构造性的著作以便实现社会学文本的一个主要目标。通过使理论、实践、主体和客体的概念在星座中彼此相关，他试图联系社会整体中的其他现象来调查理论和实践，并且避免它们的非法隔离。他的调查结果是(A)和(B)：着眼于它已经在社会整合中获得的特征来呈现理论—实践关系。

2. 扮演社会现实

但是，为什么阿多诺选择这样一些公式呢？为什么继续写（A），例如，"理论是一种实践形式"，而不是简单地让（A★）来概括讨论："如果理论担当对于变革来说是不可或缺的分析任务，那么它就是实践的一个必不可少的部分？"对，（A★）包含更加清楚界定的范畴，而且它更为明显地使用这些范畴。然而，在社会中介中呈现现象的时候，阿多诺的社会学文本也力图表现同一化所"切掉"的某种东西，尤其是充满于现象之中的社会整体的方方面面。社会学构造的这种表现潜力在前面已经根据语言的模仿契机做出了讨论，而现在它完全能够得到例证了。

187
与（A★）相比，（A）拉紧了理论—实践的星座，把理论和实践呈现为更为紧密的彼此交织。这种拉紧的公式构成了阿多诺对某些障碍的响应，这些障碍阻挠对理论或者实践进行独立于另一方的分析和呈现，它可以被读作对这些障碍的一种道明。通过拉紧理论—实践的星座，（A）传递了两种现象对孤立处理的抵抗，这种抵抗没有被同一化。毋宁说，（A）的拉紧扮演了元素分析的障碍：（A）的理论—实践的星座把两个概念安排得如此之紧密，以至于它们对分离的反抗最终肖似于现象本身对分离的反抗。通过模仿性地扮演这些障碍，（A）表现了它们。既然现象对分离的反抗由于它们在社会整合条件中的纠缠而得到加强，那么表现元素分析的障碍就等于表现理论和实践在这些条件中的紧密关系。通过使自身类似于拉紧的社会化网络，（A）表现了它独立于"整合"的同一化范畴之外的种种属性。阿多诺把（A）添加到"旁注"上，因为（A）把这个维度贡献给文本对社会现实的道明，这是（A）与（A★）的不同。

这种分析的轨迹产生了对阿多诺社会学文本（我称之为"不清楚的段落"，而他称之为"偏心率"）中许多令人迷惑的特点的洞见。"德国社会学中的实证主义争论导言"突出了他的社会学著作中引人注目的频繁的逻辑矛盾：

（a）"科学因而会是自主的，然而不会是自主的"（PD 4）。

(b)"社会的可理解和不可理解是合在一起的"(PD 15)。

(c)"相同的社会系统释放并且束缚生产力"(PD 24)。

(d)"作为主体的社会和作为客体的社会是相同的，然而却不是相同的"(PD 34)。

(e)"(记录语句)是真的又不是真的"(PD 54)。

"旁注"包含如下这个看上去明目张胆的矛盾：

(f)"理论是一种实践形式"(CM 261)；"理论和实践的直接统一简直是不可能的"(CM 265)。

第三章强调，阿多诺的许多社会学文本包含着对社会现实的几乎不谐调的、经常矛盾的主张——例如同时主张和否认德国文化唯一性——而不是肯定的结论。

可以争论的是，阿多诺认为，人们能够"把这样的矛盾翻译为仅仅是语义学的矛盾"，也就是说，"证明每个矛盾的句子都指涉不同的东西"(PD 24)。当然，(b)(c)和(d)道明了阿多诺在别处没有把矛盾公式化时所处理的问题。例如，(b)可以变成(b★)："就合理性以交换来运作而言，理性主体能够理解它；但是就诸如劳动力与它成本的等价交换产生不平等并因而违背逻辑而言，或者就社会过程在理性主体面前已经变得准自主和固化而言，理性主体不能够理解它。"(参见 PD 15，PETG 127)(e★)能够读作："记录语句是经验观察的真实记录，但是，当它们前后矛盾或者为了掩盖隐藏在经验表面之下的东西时，它们就是不真实的。"在翻译(f)时，(f★)将涉及关于为什么理论是实践的阐释，例如，我上面关于陈述(A)的阐释后面跟随着大量的限制，又例如，如果强迫理论提出实践的解决，理论就不能够完成它的分析任务。那么，为什么要坚持写出矛盾的公式？

"如果定理是矛盾的，"阿多诺阐释道，"那么这未必……总是定理的缺陷。"(PD 26)换言之，即使在它们违背排中律的地方，所提及的矛盾也不仅仅是逻辑的。例如，要是一个由人的合理性再生产出来并且因此能够被

188

理解的社会，却作为一个违背逻辑的进程而变成自主的，以致主体不够理解它，那么这个社会自身就承载着两种对立的倾向。这些倾向使得社会"自身就是矛盾的"(PETG 127)。(b)和(b★)道明了社会的对立倾向。但是，公式并不是可交换的，更为清楚明白的(b★)也并不必然是更为准确的。两个公式在它们如何传递社会因而产生的矛盾性上有所不同。(b★)将不得不添加上"矛盾的"这个同一化的概念，该概念只有对智性结构来说才是真正适合的，因此当它运用到社会—物质的生活中时就不可避免地要"切除"某些东西。(b)也回应了社会的矛盾性，并且可以被解读为一种道明，即道明"质料……本身是矛盾的"。然而，与(b★)截然相反，(b)借助于"悬置对非矛盾性的关注"(PETG 160)，对社会"从非矛盾的逻辑中撤退出来"(PETG 171)做出反应。(b)里面对社会矛盾性的回应是被写出的矛盾。(b)对社会的矛盾特性的传递是通过扮演特性，而不是把特性同一化。对于阿多诺来说，这使得(b)胜过了(b★)。(b)在它的模仿契机中，即在它肖似于社会的矛盾性的地方，表现了社会的矛盾性。(b)道明了(b★)这个同一化所意指的社会的相同矛盾性质，但是并未附加贯穿于(b★)的不甚适合的范畴，因而没有它的同一化的缩减。"(矛盾的句子)的形式……较之于某种程序来说更为敏锐地表现了客体的结构，这种程序通过避开认知的超科学客体中不令人满意的东西而获得了科学的满意。"(PD 24)"辩证矛盾表现了真正的对抗，这些对抗不会在思想的逻辑—科学系统中变得可见"(PD 26)。阿多诺反驳了波普尔的(1940：410)一个确信，即确信无矛盾的理论是"无用的"，因为它不传递"信息"。阿多诺认为写出矛盾是社会学文本对矛盾的社会现实的忠实道明所不可或缺的一部分。基于相同的理由，"以非矛盾性为其最高尺度的理论构思因而进入与质料的矛盾之中"(PETG 127)。通过"概念的差别和操控"来"否认……质料中的矛盾"是阿多诺(1991a：109)未曾准备要做的一个妥协。

　　矛盾看起来也实现了先前提出的社会学著作的另一个表现目的。例如

(f)，矛盾表明主体未能以逻辑一致——即未能服从指导分析的推理规则——的方式阐明现象，这里是指社会中介中的理论—实践关系。不过，对于阿多诺来说，在这里，"使自身显现为恐怖的"东西，用他在一个稍微有些不同的语境中所使用的术语来说，可能不甚关乎主体的无能，而更为关涉不能解决的东西的"真相"（HTS 146－147）。矛盾可以被解读为对出现在社会分析面前的真实障碍的回应，并因而是对它们的道明。（f）里逻辑一致性的崩溃似乎传递了社会生活的反抗，即反抗被主体的推理所阐明。这并不意味着社会分析的障碍在概念上被同一化了。毋宁说，（f）自己与推理规则的差异肖似于社会现实对被逻辑思考所阐明的违抗。换言之，矛盾与逻辑的对立扮演了并因而模仿性地表现了一种抵制，即抵制对被社会所纠缠的理论—实践关系本身进行理论分析。反过来说，社会在它的"自然"的"不自主"永存上是不服从的、"难分解的"，这也由涂尔干的事实（PD 12）而得到了道明。因此，通过写出(f)而非谅解(f★)来扮演社会对于主观逻辑思想而言的难以驾驭，相当于表现而非仅仅同一化交换社会的固化条件的不透明性。

　　阿多诺的另一个文本"偏心率"是他对外来词的使用。"旁注"以及"辩证的后论"（包含"旁注"的小节）这些标题分别是拉丁语和希腊语，而理论—实践构造本身包含了显著数量的外文术语和短语。阿多诺使用希腊语的伪义词（*Pseudo-*）和同义词（*Synonyma*），以及希腊语的派生词"反题"和"诡辩"，还有拉丁语的"永无此日"以及拉丁语的派生词"篡夺""免除""转让"和"复归"。他从现代外国语中借用了法语的"色调""不由自主""根本上"和"公意"，英语的"偶发事件""条件反射"和"拒绝购买"，以及匈牙利语的派生词"马嚼子"。阿多诺的读者对他文本的这个方面抱怨连连（NLI 185）。他们的烦乱也许会被误导，但是对于阿多诺的解释者来说这一点是幸运的，即促使他为外来词的使用进行辩护并阐释它们的社会学潜力。

　　阿多诺的辩护从一个明确的想法出发，这就是，文本中有些段落是德

190

文术语所无法表述的。本雅明(1996：476)把作家想象为外科医生："借助小心谨慎的笔迹线条，手术者切开刀口、置换内部口音、烧灼词的增生，并插入外来词当作银质肋骨。""银质肋骨，"阿多诺说，"帮助病人即思想继续活下去，因为它病起于有机肋骨。"(NLII 290)但是，对外来词的这个辩护还包含着一个更为复杂的论证。不仅外来词通常是更加准确的概念，而且"外来词和语言之间的差异可以用来服务于真理的表现"(NLI 189，着重号为作者所加)。阿多诺坚持认为，外来词对于表现的服务作用是不可替代的——即与拉扎斯菲尔德相反，一个熟悉的术语不能够"表现相应的拉丁词能够表现的一切"。

阿多诺就杜登的(1990：13)《外来词词典》进行了辩论，我在本书的研究中也一直在查阅这本词典。该词典对外来词进行一般性的介绍，只是为了设法避免"冗长和不完备的"德语，道明"内容上的逐渐相异""文体上的"变化或者句法上的拉紧。如果它们限制理解，那么它们应该是完全被避免的。阿多诺并没有声称外来词是无害的，他强调说，它们正是由于它们的外来性而具有重大的优势：人们不必"否认"它们的陌生性，"但是……使用它"(NLII 286)；"在它们情况最糟的时候，人们必须为它们辩护……在它们作为外来物纠缠语言的身体的时候"(NLII 288)。阿多诺解释说，外来词的不可理解性传递了现实和熟悉概念之间的巨大分歧(NLI 189－190)。外来词取代德语词不仅是被他的词汇表所迷住的知识分子的癖好，而且回应和道明了日益不熟悉的世界对熟悉的语言的抵抗。这种抵抗没有被同一化。毋宁说，在"纠缠"有机母语的"语言的身体"的时候，外来词逐渐模仿性地扮演了外来世界对主体自己的概念的挑衅。既然现实的外来性乃是社会整合的世界的外来性，那么"陌生词"就展现了交换社会的一个重要方面。这里是社会学家们可以从它们中所学到的东西：

191

它们的事物对于社会中的人来说越是变得陌生，词就必定越是以陌生的方式表示对它们的抵达，表示讽喻性地促使事物得到清楚说明。社会越是深地被它的准自然存在和它的合理性存在之间的矛盾所分开，外来词在语言的空间里就必定越是保持孤立。它们对于人类的某一部分而言是不可理解的，对于他者而言则是威胁，然而它们有着它们作为异化本身的一种表现的合法性。（NLII 289）

这也涉及社会批判。就像矛盾是逻辑的伤疤那样，外来词是"语言的生物性身体上的历史伤疤"（阿多诺，1989：35），它们作为异化的表现乃是这个不可理解的、充满威胁的物化世界中个体所受折磨的表现。"伤疤""身体"：这些不仅仅是隐喻。在阿多诺看来，所有的痛苦都是以身体来中介的。[①] 文本的伤疤展现了交换社会强加在主体上的创伤。通过矛盾和外来词，悲哀说："去吧"，这迫切要求人生产的事物得到清楚说明，并要求异化逐渐消退。只有在一个"连同事物来命名自身的社会"中，外来词才是可理解的，而文本的伤疤也才是可以得到治愈的（NLII 289－290）。同时，尽管拉扎斯菲尔德想要使他的速记员免于这一点，但是阿多诺的读者可以在身体上经验社会的异化：停顿，抬起他们困惑的头，展开他们的臂膀并伸手拿取词典。[②]

阿多诺社会学构造中的另一个频繁出现的样式是反叙法。修辞学把"双重否定"［科克罗夫特和科克罗夫特（Cockroft and Cockroft），1992：133］和"反面否认"［拉纳姆（Lanham），1968：63］命名为反叙法。阿多诺的"实证主义争论导言"就是以下面的双重否定和反面否认为特色的：

---

① 这强调了痛苦的身体在阿多诺社会学中的重要意义，他对表现社会痛苦的关注使他为他最为精心策划的公式之一"奥斯维辛之后写诗是野蛮的"（P 34）做出了一个修订："永恒痛苦所拥有的表现权利和殉难者所拥有的尖叫权利是同样多的，因此说奥斯维辛之后不再可能写诗也许是错的。"（ND 355）

② 排成斜体的外来术语的翻译（阿多诺，1999，CM）——阿多诺很少这么做（例如 ND 259）——向读者发出警告并且侵犯这种阅读经验。

（g）"如果强势的认知没有完全放弃艺术，那么它就没有转至非理性主义"（PD 34—35）。

（h）"辩证法不是一种独立于其对象的方法"（PD 9）。

"旁注"包含了这种令人眼花缭乱的反面否认：

192

（i）"实践并不独立于理论而进行，理论也不独立于实践而进行"（CM 276）。

（i）明确道出了阿多诺看待资本主义中理论—实践彼此关系的视角。[①] 此外，人们想知道，为什么他构想出的是这种含蓄的、否定的反叙法，而不是更为确定的、肯定的（i★）："实践依赖于理论而进行，理论依赖于实践而进行。"阿多诺没有明确地讨论反叙法，但是以下考察或许有助于阐明它在他的社会学文本中的作用。

"没有同一化人们就不能够思考，"阿多诺说，"任何一个规定都是同一化。"公然的同一化"理想"就是现实与它的概念的对应（ND 152）。对应被表述为"X 是 Y"，例如，为了分析的明晰性而得到修正的（i★）："实践依赖于理论。"不过目前，"对象并不进入它们的概念之中"（ND 17）。实践并没有被"依赖于理论"的概念详尽无遗地规定，而概念则意在实践所不具有的特征（参见 ND 153—154）。如果思考遇到这种一致性的或缺，那么写作就会撤销提供像"X 是 Y"这样确定的、肯定的公式。思想被迫即刻满足于一种反面否认：满足于否认非 Y 适用于 X，这个非 Y 与概念 Y 矛盾并且排除其对 X 的适用性。写作回应着现实的一种抵抗，即抵抗被"减少"所规定，这里就是较少确定的、含蓄的、否定的公式（i）："实践不是不依赖于理论。"这个不令人满意的公式促使分析继续下去，但并不是无须标示出一个潜在地富有成效的方向。（i）表明社会现实——在它们的社会维度中的理论和实践——是多么少地参与概念的规定。社会现实"减少"到否定性并为读

---

① 参见上述的（A）和（B）。

者提供极少可理解的内容，(i)甚至也许会被解读为扮演、肖似和模仿地表现社会现实对于主体的概念把握而言的难以捉摸，即它的不可预测。

阿多诺的反叙法的使用截然背离了对这种样式的修辞学功能的一般定义。科比特(Corbett)和康纳斯(Connors)的(1999：404)观点是反叙法用于"加强我们所说的东西给人的印象"，这个观点与阿多诺的努力是矛盾的，因为阿多诺努力想要驾驭——根据对应标准——表现今天给人印象不深的同一化思维能力的潜在可能性。同样地，科克罗夫特和科克罗夫特(1992：133)对反叙法的定义也是与阿多诺的努力直接矛盾的，这是因为，他们将反叙法定义为使读者能够推断出"要点"已经得到"无限更为坚决的"指明，并且"有力地传递了低调的信心"；而阿多诺则努力想要认识到一种可能和一种无能，即可能沉默地表现信心的缺乏，无能更加确定地指明要点。这里也能够更加明确地画出波普尔和阿多诺之间的分界线。波普尔的(PD 297)列表宣称阿多诺的某些公式——例如，"社会总体自身并不过着一种超出它所统一的东西之上的生活，也不过着一种超出它反过来由之组成的东西之上的生活"，与更加简单的公式，例如，"社会由社会关系组成"具有可替换性。波普尔的这种翻译捕捉到了原作的某些意义。但是，阿多诺也许会指控他裁剪了原作的表现维度。阿多诺的公式是难以把握的，它只是含蓄地暗示社会由个人之间的关系组成，亦即通过否定总体性高于这样的一些关系，这表现了社会现实对概念把握的抵抗。尤其是，社会现在几乎不向主体透露，社会的总体性仅仅由人与人之间的关系组成。波普尔的更简单的、更确定的肯定版本表明，社会是容易被译解的，而且它轻易地向主体展现它的人与人之间的构成关系。社会的整合——即整合到阿多诺的原初公式所详述的抵制澄清的网络之中——是完全沉默的。从这个角度出发，两个命题就不是等价的了：坏著作——如果人们想要这么称呼它的话——看起来是必要的。

这就是阿多诺的确信。他文本中的"某些偏心率"，他向他的出版商解释说，"并不在问题之外，而是（问题）本身所要求的"（阿多诺等人，2003：226）。阿多诺的社会学星座力图勇敢地面对它们那些受社会所影响的障碍，随后的公式协助社会学文本道明了这些障碍。通过引发语言的模仿契机，社会学著作试图超越它对"过度紧张的范畴"的依赖，并且试图发展表现以下两件事情的潜在可能，一是社会现象的具体方面，比如社会矛盾；二是交换社会中的主要倾向，尤其是它的整合的、僵化的条件。①

3. 理论—实践的再构造

我说过，有问题的段落把社会对澄清和显现的抵制表现为不透明的自然，这些段落既是有益的又是误导的。之所以有益是因为，它们表现了社会的异化的、紧密整合的刺激，否则这种刺激必定被"过度紧张的"同一化范畴所标示；之所以误导是因为，甚至在社会的僵化之中，社会也是一个人类的、历史的产物。例如，这种两难影响了"旁注"中像（f）这样的矛盾段落：理论是实践，但这两者不是一回事情。阿多诺要求这样的模糊段落必须在更加新的努力中得到再构造，即努力恰当地把现象——这里是社会中介中的理论—实践关系——解密和呈现为可被创造它们的人类所理解的历史现象。"逻辑……和方法……有义务把握……逻辑矛盾"，"保持同一的范畴对多样性材料的不适用"，并且有义务使得"非逻辑性……成为可理解的"（PETG 160—161）。②

为了促进对理论和实践的分离审查，阿多诺重新安排了两个概念并且把它们同两个历史范畴联系起来："理论和实践之间的分歧"必须"追溯到最为古老的体力劳动和脑力劳动之间的划分"。阿多诺认为，只要一种精

---

① 对阿多诺的社会学——包括他的可供选择的公式的使用——的阐释，要求我大量地使用过度紧张的范畴——"异化""整合"，等等。我承认已经屡次"切去"了一些东西。但是，评论者如果不能只是"把文本基质粘贴"到评论上，那么在某种程度上就要依靠这些范畴。

② 杰伊（1984b：266）写道，阿多诺"对传统逻辑的蔑视"，"允许他坚持……不相容的立场而无须同时担心它们的一致性"。然而，阿多诺只是反对波普尔的（1940：407）避免矛盾的命令，而不是波普尔对矛盾的"勉强接受"。矛盾具有表现的潜力，但是，作为社会现实的表现，它们就阿多诺的关注而言在使人受益和令人担忧的方面旗鼓相当。

神秩序指导人类的思想和行为——直到中世纪——那么理论—实践的分离很大程度上就一直是不被考虑的。一旦秩序和它的"实践方针"在文艺复兴中崩溃，有一点就变得明显了，即理论不为行动提供直接的教导。实践的启蒙理性的形式的、抽象的性质继续反思这一点(CM 262，着重号为作者所加)。今天，理论—实践的分离仍然具有至少三个真理元素。首先，试图自由地追求其社会—分析的目的的理论切不可强迫自己符合实践建议的要求(CM 276)。其次，实践仍然关联于生存斗争中体力劳动之苦苦努力的否定性内涵(CM 262)，而理论则关联于这样一些人的特权，他们免于"像尼采的(2005：9)查拉图斯特拉那样的……物质劳动，享受他们的智力的快乐"。最后，尽管任何"智力为了它自身的存在都预先假设了物质劳动"——特权靠着剥削性交换关系中的他人的劳动而过活，但是特权也鼓舞了一种乌托邦的观念。考虑到痛苦的、强制的实践负担，"正当实践的目标将是它自己的被废除"，尤其是既然"技术生产力处在这样一个阶段，亦即使物质劳动的普遍免除成为可预见的，使它向着极限值的化约成为可预见的"(CM 266—267)。①

　　阿多诺的理论—实践星座的再构造也旨在从历史上把理论阐释为实践。如果理论要译解社会—物质的现实并指出真正变革性实践的可能性，那么阿多诺上面所论述的理论就在实践中扮演了一个至关重要的部分——本身就是实践的。这适用于"原始人，原始人思考他如何能够保护他的小火苗免遭雨淋或者在哪里能够找到躲避风暴的处所"，并且也在同样程度上适用于"启蒙者，启蒙者分析人性如何能够通过它对自我保护的兴趣来逃避它自己所招致的被监护"(CM 264—265)。阿多诺在这里参考了康德，但是并非无须附加一点，即每当他自己的作品有助于破除意识形态并促进"某项向着……成熟的

195

① 劳动的"悲哀说：去吧"，阿多诺拒绝以无所不在的"充分就业的理想"来取代免于劳动困境的乌托邦理想(1999：319，另见1961：47)。他的乌托邦暗示与先前的暗示是一致的，即提出一种废除痛苦的先决条件。

运动"时，它也具有"某种实践的影响力"(CM 277—278)。

在这样一些再构造中，现象的矛盾性质以及完全译解凝固社会整体的困难从未被彻底克服，这要求社会转型粉碎社会对分析的抵制，因此，社会学著作中流行着一定程度的"不清楚"。"旁注"并未提供文本在稳定增长的澄清过程中所朝向的理论和实践的结论。阿多诺重新安排了两个包含在(f)中的矛盾陈述，并进一步阐明了理论—实践的关系。但是，矛盾没有得到完全的解决，作为问题的现实也没有得到彻底的译解。理论必须保持自主，而不能够被迫满足实践的目的。但是同时，"实践没有独立于理论而进行，理论也没有独立于实践而进行"。阿多诺既未反驳理论和实践是分离的，也未反驳理论是实践的一种形式，而是说："如果理论和实践既非直接一致也非绝对不同，那么它们的关系就是一种非连续性。"(CM 276)第三章所援引的阿多诺的社会学反思从未让调查到达最后的安息。相似地，"旁注"星座不能提供资本主义中有关理论—实践关系的结论，它在这样两个方面之间轮流交替：一个方面是一些不清楚的段落，这些段落表现了现象的矛盾性和破坏对它的思考的社会条件；另一个方面是再构造的企图，即企图从历史上来译解事件以抵制社会之物天生不可测这个观念。阿多诺警告他的社会学学生们说，面对分析和阐释像资本主义条件一样复杂而不驯的社会现实，这对于社会学著作来说乃是唯一可行的方式。

> 如果你问我，我在这里借助方法实际上了解了什么……我会说，方法确切地在于，一方面，人们当然……无法使得现实的彼此矛盾的非逻辑的和反逻辑的契机……井然有序，仿佛遵从形式逻辑的范畴……(但是)另一方面，(它也适合)人们……试图在他们思考这些与形式逻辑相矛盾或背离时所把握的(方法)……人们因此当然反过来被导向一种更高的非矛盾性。(PETG 161)

　　我注意到，阿多诺在艺术和理论语言之间进行比照。曾经对脑力劳动的划分持批评态度的社会学家在这里商讨——但愿是暂时的——艺术和社会科学之间的分界线。他对现代艺术作品中"模仿性"和"结构性契机"的讨论似乎同样适用于他社会学文本的双重努力，这就是努力使自己类似于固化的条件，但又把解释推向前进以避免误认。"表现是痛苦的否定性，而结构是一种企图，即企图通过超越未衰减的因而不再暴烈的合理性的视野（异化）来抵挡异化的痛苦。"（1999：257）这种社会学著作证明了该学科的双重性质。

第六章

社会学和非社会的东西

197　　在阿多诺看来，对交换社会进行检查、批判、转变和写作的可能性形成于由社会为社会学所创造的问题。社会整合已经证明了一种特别广泛的困境。社会化甚至影响了智性生活和物质生活的最为微小的方面。经验材料虽然为社会学不可或缺，但却不值得信赖，因为它在整合中所发展的社会维度不是直接可辨的。只有理论的反思才能译解材料，但是当它试图彻底解开将单个现象密封起来的完全社会化的社会的稠密网络时，它却面临巨大的障碍。概念和行动的社会化为社会批判和实践创造了问题，而社会的无所不在和呆板僵化对社会学著作造成了窘困。阿多诺听起来完全确信，交换社会中不再存在任何未被整合的东西。

　　当然，尽管如此，这实际上等于阿多诺视其为社会学范围之外的那些关于社会的明确裁决之一。事实上，可以证明他早先说过社会不让任何东西逃脱，但他的社会学讲演只是非常接近地确认这一点："'社会'……构成了某种缠结，这种缠结几乎（gewissermaßen）不遗漏任何东西。"Gewissermaßen——字面意思是：在一定程度上——发出了一个被官方翻译减弱的信号，该词已经从这种翻译中被删除了（IS 30）。阿多诺一时犹豫地向他的学生们宣称，他关于总体整合的想法是结论性的，就像它出现在他的许多社会学著作中那样。

阿多诺的犹豫受到了来自他作品的另一个区域的冲动的刺激，这些冲动迫使社会学拷问它有关完全社会化的深远论题。不是仍然存在已经躲掉交换社会的世界元素吗？还有可能去经验这样一些元素吗？贯穿在阿多诺对这些问题的回应中的概念和论证涉及他一些最为复杂的思考，并且强烈地抵制逐点的阐述。不管人们怎样努力去涵盖这个问题，有时候也将势必陈述一个观念而不对它加以推理，直到其他观念变得更加清楚，势必在突然转向不同的方向之前坚持某个要点，或者势必从多种多样的角度来重复思想。然而，阿多诺作品的这个维度也能够通过例证来阐明，尽管那因而突出的微小断片最初看起来不太可能是他对这里所提的重大问题的思考。阿多诺的回答——我不妨现在就说——并未产生最终确定的答案，它所涵盖的东西是关于交换社会的论证，以及其令人费解地加到目前所讨论的社会学诸方面的考察。

一、颜色，灰色

就像早先的主题那样，这项社会学研究的最后主题也不能够被涵盖在社会学的边界之内。阿多诺对这里所提问题的回应从他有关在传统上关注"最后之事"的学科——形而上学（MCP 1）——的工作中露出面来，并且在形而上学和社会学之间的接触点上达到顶峰。在这个轨迹可以被追溯之前，有必要根据阿多诺对形而上学的批判来引入形而上学经验的问题。关于形而上学的经验，阿多诺偶尔暗中提及不受交换社会制约的多彩生活痕迹，并设法解决经验它们的问题，但他没有经常坚持这些痕迹，社会学的论证也在这个语境中重新露出面来。当阿多诺对交换社会之外的现实的假定经验进行批判和否定时，他有关形而上学的工作以及他对交换社会的社会学考察在两个有趣的方面彼此交错。[①]

(一)形而上学批判

阿多诺将形而上学视为传统上关注个人所遭遇世界之外的一个本质而基本世界的学科（PTII 162－168）：关注"内在性"之外的"超越性"（MCP 2－3）。[②] 他认为，20世纪的种种事件已经使形而上学的诸核心计划变得不合法了，这些计划包括作为一种智性原则的超越性结构以及它的肯定主张。这里不可能公正地对待阿多诺有关"超越性"的诸观念，但是提出其中一些观念对于引入形而上学的经验问题来说是不可或缺的。

阿多诺的形而上学批判与他的许多哲学作品背道而驰，因为揭示哲学推论之内在缺陷的"方法"（MCP 99）——例如出自众所周知的胡塞尔批判——在这里并没有贯穿于他的进路，至少没有始终贯穿。重要的是，对痛苦的身体产生冲击的无法形容的大屠杀再一次野蛮地闯入饱受折磨的主体思想之中。阿多诺强调说，奥斯维辛已经突出表明了——形而上学意义上的决定性（MCP 4－5，98－99，120，PTII 163）——作为智性本质的先验真理与时空现实的分离的非法性，亦即它在纯粹思想中的结构的非法性。奥斯维辛推翻了现世的、历史的现实与超越性问题不相干这个观念。没有人（No*body*）——没有哪个其"物理感觉"能"等同于难以忍受的痛苦"的"受折磨的身体"——能够否认，社会—物质的现实对于探究绝对真理来说是非常重要的（MCP 100－102，116－117，ND 354）。"而那些继续从事旧式形而上学的人……把（已经发生的事情）视作在形而上学的尊严之下，就像

---

① 阿多诺有关形而上学的著作已经由其他评论家做了更为详尽的讨论［伯恩斯坦，1997，2001：371－456；芬克（Finke），1999；希尔菲尔德，2004：156－171；詹姆森，1990：111－120；罗谢克，2000；塔索内（Tassone），2004；韦尔默，2000：183－202；2005］。

② 通过唤起尼采的世界之后的人（Hinterwelter）——该词是对 Hinterwäldler（林区之后的人，边远之人，蛮荒之人）的一个构词游戏，正如该词的英译"backworld folk"是对美国的"backwoods folk"的一个构词游戏——阿多诺阐明了："这种思维模式描绘或者构建了世界之后的一个第二的、隐蔽的世界。"（PTII 162）尼采的查拉图斯特拉（2005：27－29）将这种天国式的世界之后痛斥为对尘世痛苦感到绝望的受蒙骗的人类的一种发明。

199

一切仅只是尘世的和人类的东西，……这些人证明他们自己是非人的。"
（MCP 101）物质存在的问题——奥斯维辛之后人们还能够活吗？——是至
关紧要的（MCP 110，ND 357－358）。

奥斯维辛的冲击破坏了根据彼此交织的两个原则来肯定地主张超越性
的形而上学努力，这两个原则是：形相（eidos），作为世界之基础的本质、
更高真理和意义的秩序（MCP 39，61－62，149n3），以及目的（telos），世
界的最后目标或者崇高命运，一切事件本质上所向往的最终的善的状态
（MCP 62－63，83－84，95－96）。一旦奥斯维辛得到考察——而它恰恰是
不能回避的——那么就不可能有正当理由来宣称一种世界形相。这是因
为，什么样的至高理念、什么样的更高真理能够持作牺牲者无尽痛苦的支
撑？对于"折磨"的"永恒制度"、集中营和核武器的投入而言，有什么样的
崇高意义可说？倘若宣称有一种主宰世界的华丽原则可以胜任这一切，坚
持认为痛苦必定可以变得有意义，那么这在最好的情况下等于它的意识形
态主张，在较差的情况下等于它的不经意的节制，而在更差的情况下等于
对数百万毫无知觉地被化为灰烬的人的嘲笑（MCP 101－105）。如果 1755
年的里斯本地震激发了伏尔泰的诗"我不再能够设想一切如何会变好"
（1911：4），那么最近"人类罪恶"的"真正地狱"以无限的回响确证了"形而
上学思想"和历史经验的势不两立（ND 354，另见 MCP 105－111）。

无论如何，关于目的的肯定主张，关于它处在通往至高命运途中的陈
述，现在同样是非法的（MCP 101－102）。这是因为，这样一种宣称会把所
发生的事情贬低为仅仅是世界通往善的清晰可辨路线上的一个阶段——一
个就像认为它有意义的想法那样站不住脚的立场。"数百万犹太人被谋杀
了，这被看作一个插曲而非灾祸本身"（MM 55，另见 HF 4）。当然，"奥斯
维辛已经无可辩驳地证明了文化的失败"（ND 359）。这也影响着"作为可计
算经济需要之一的历史总体性的观念"（ND 317）。连同对肯定目的的拒绝，
阿多诺也断然拒绝了马克思和恩格斯的一个论点，即经济在历史中的首要

200

性保证它的"幸福结局"成为未被证明正当的形而上学，一种"历史的神化"。人们可以追溯从"弹弓到……百万级炸弹"的普遍历史，但是无法预期从"野蛮到人性"的通路。"对于谋求改善的世界计划的主张在历史中显现出来并把它包围起来，这个主张在灾祸之后面对未来灾祸时将会变得愤世嫉俗。"(ND 314—315)

回想他的社会—批判计划以及新的道德的、社会学的和教育的命令，阿多诺的形而上学批判具有一个有影响力的身体维度，该维度被奥斯维辛严重地动摇了。奥斯维辛狂暴地剥夺所有构想先验真理的企图而无视它们合法性的社会—物质现实，并且禁止(MCP 114)任何有关超越性的肯定陈述——如果它是崇高的意义，如果它是一个谋求改善的世界计划。"远离意义的生者的身体层面是痛苦的现场，它在集中营里没有安慰，烧灼着精神(Geist)及其客观化即文化的一切安抚。"(ND 358)在其传统术语中追求形而上学意味着嘲笑灾难、冒犯真理以及最终疯狂的观念(MCP 121—123)。

尽管阿多诺的批判是严厉的，但是他也否定一种与他所拒绝的那些立场相反的立场：虚无主义的一种公然宣称，即宣称世界天生是没有意义的，主体简单来说必须克制自己不去思考超越性并与内在性和解，主张肯定的意义现在变得不正当了。"如果某个想要自杀的绝望之人问一个正在劝他放弃此念的人，生活的意义是什么，那么这位无助的帮助者连一个意义也无法向他说出。只要他试着说，他就会遭到驳斥。"但是，不可能陈述超越性并不必然使其从思想中被逐出。毋宁说，虚无主义本身是维持不下去的。回答"生活没有意义"的帮助者被一个反问弄得哑口无言，即那么为什么你还活着(ND 369—370)？此外，相信虚无是荒谬的："相信这个词所意味的……某样东西，根据它自己的意义，并非虚无。"(ND 372)"作为一个肯定论题，生活(没有意义)这个论题是愚蠢的，正如它的反面(生活意义的建造与坚持)是错误的。"(ND 370)

阿多诺拒绝禁止思考超越性以及它的可能经验。他挑战了康德关于人类被困在固定的认知限制和经验限制之中的断言，并认为经验能力能够在面对现实时发生改变。即使康德的"障碍"暗示了经验的限度以及它们对当前社会条件中的个体的显现，它们也不是固有的、不变的限度（ND 378—382）。① 类似地，阿多诺拒绝了实证主义的裁决，即形而上学是无意义的或者说空洞的，因为它的陈述逃避所有经验证实的企图。不久，阿多诺承认，内在性（这里意味着事实材料）看起来似乎是人们能够有所思和有所言的一切（MCP 114）。但是，实证主义错误地把经验的限制以及产生它们的历史条件当作不可变的东西来加以接受，资产阶级肯定了它自己的圈套（ND 375，另见 395）。

无论何时，只要形而上学反驳这样的肯定，并且试图——反维特根斯坦（1961：7）的立场——不只是思考"情况"如何，阿多诺就赞成形而上学。形而上学正确地拒斥了在经验上被给出的作为真理的内在性，并对超出它之外的东西进行研究（MCP 2—3，6，PTII 162—163，167—168）。超越性的建造与坚持现在遭到了禁止。然而，这并不意味着人们必须放弃所有思考超越性的企图，尽管这些企图在今天可能是微妙的。与他对有关固定经验界限的想法的干预相应和，阿多诺把超越性问题当作一种可能的形而上学经验的内容来加以探讨。

（二）对外在的东西的经验

通过拷问对于超越性的形而上学经验的可能性，阿多诺也开始回答本章的具体问题。还存在着一种非社会的世界的遗迹吗？以及即便如此，那些进行思考和经验的主体，包括关注社会的社会学家们，能够涉及这些遗迹吗？阿多诺的回答在这里看起来是肯定的——影射性的，但仍然是肯定的。

1. 颜色的踪迹

资本主义整合已经确保"内在性"——历史—物质的现实——现在成为

---

① 关于阿多诺的康德批判，可参见伯恩斯坦，1997：187—192；2001：431—437；罗谢克，2000：322—335；以及韦尔默，2000：183—191。

"社会化的社会"的"逃避不了的稠密网络"（ND 362）。由交换关系所主宰的社会正在以无所不在的灰色来覆盖世界，而这些交换关系使得所有单个东西都变成等价的并且取消生活的资格。社会始终如一地是灰色的（CM 260）。在他"虚无主义"批判的语境中，阿多诺断然拒绝他称为"总体决定论"的东西并说道："意识根本不可能对灰色绝望，倘若它不珍惜一种不同颜色的概念"，不珍惜它某天在一个不同于我们的世界中的再现的概念。不过，阿多诺还为这后一句加上了一个不同点，它无法被化约为一种有关想象潜在于未来的论证："（各种颜色）在否定的整体中丝毫没有缺失的分散踪迹"（ND 370，着重号为作者所加），该附录的意义很容易被忽视。它凭空出现并被掩埋在一个关系从句中，好像并未挑战一个充盈于阿多诺社会学著作最佳部分里面的论题。该关系从句看起来是指出那些尚未被归入社会的灰色之中的踪迹此时此地的在场。阿多诺在别处提到"生活的残余"（MCP 144），那是在"生活仅此一次显示与生活的相似而不是……仅仅为了生产和消费而继续"（ND 369）的时刻，"这个世界的存在之中的……满足时刻"（ND 371）。仍然还有"拆穿同一性谎言"（ND 396）的断裂。因此，整合和可替代性似乎并不是总体性的，一个逃避交换社会的灰色的世界的种种元素似乎还幸存着，并且在今天是一种现实。

此外，阿多诺有关超越性的想法并不在这里的讨论中，但是它有助于准确描述那些断裂和超越性之间的关系。[1] 阿多诺警告说，对颜色的踪迹的内在经验不能够保证"一种先验之物的在场"（ND 369）。然而，这一类的每次遭遇都给予虚无主义以打击，因为在一切被"经验为活着的"东西中——并且只有在那里——"超越于生活的某物"的承诺都将突然爆发（MCP 145）。对交换的灰色里的那些裂缝的种种短暂经验承诺了"他者"（ND 396）。

完全有可能对那些颜色遗迹的进一步特征给出具体说明。"意义的概

---

① 伯恩斯坦（2001：437－451）在他的道德哲学作品中，把阿多诺的摆脱"社会决定"的"逃亡者"的先验承诺当作"逃亡伦理事件"的承诺来加以讨论。

202

念,"阿多诺论证说,"包含超越于所有制造过程之外的客观性。作为某种被制造出来的东西,它已经是虚构,并且复制主体——如果它是极其集体性的话,另外还从它身上骗取了它似乎允许的东西。形而上学关涉于某种客观的东西。"(ND 369)类似地,倘若现实的要素躲开了现代人类活动的介入,那么它们就能够避开交换社会。既然人类活动独自地维系着交换社会,那么躲开当前人类介入的东西也就逃避了交换。而且,既然社会整体决定着所有人类活动,那么非社会的生活踪迹就必定是客观的,是逃脱了社会性复制的人类活动的。

203

　　这些简短的考察反映了阿多诺的让步的简短、罕见以及难以觉察,这里的让步是指,一种资本主义交换之外的现实的微小踪迹以及它的基本人类活动仍然幸存着。遵循前一章在模仿性著作上的线索,阿多诺的暗示的简短表现了那些踪迹本身的罕见和难以觉察。但是,他的暗示却强烈得足以对一种主张提出瞬间的怀疑,这种从他社会学著作中断然浮现出来的主张就是,"不容忍任何质上有差异的东西"的"社会"(PD 39)是总体性的:现在太阳底下没有什么东西不在交换中被社会化。

2. 个性化

　　因此,怎样才能经验非社会的现实踪迹的问题暂时压过了考察交换社会的问题,否则后者会是主要问题。在阿多诺的思考中,飞快瞥视这些踪迹的问题与形而上学经验的问题是不可分割的。这是因为,在形而上学的经验中,即在对真正活跃的、满足的瞬间的真实经验中,超越性的承诺闪出微光(ND 366—371)。只有一种对同一性中彩色裂缝的真实经验才能够作为形而上学的经验来接受超越性的承诺。阿多诺对得到承诺的超越性的"形而上学经验……的可能性条件"(MCP 141)来加以讨论的东西,同时就是对一种已经避开交换社会的现实的真实经验的可能性条件。后者能够从阿多诺对前者的前提条件的沉思中提取出来。

　　所谓"原始经验"(Urerlebnisse),即采用据称是纯粹的范畴来超越内在性的企图，并不构成形而上学经验的适当模式。阿多诺声称，原始的遭遇只是"否认了它们表面上纯粹的范畴与社会内容的关系"（ND 361）。它们的概念是以社会的方式来加以决定的（MCP 129－130，136－139）。所以，假定原始的经验并不能够超越社会以达成形而上学的经验。阿多诺对形而上学经验的另一种看法的特征——因而是对不可交换之物的真实经验的前提条件——在下面这个来自他童年时代的一次短暂遭遇的意象中得到加密：

> 形而上学经验所是的东西，对于不屑将它化约为据称原始的宗教经验的人来说，很可能就像它对普鲁斯特那样在幸福中得到表达，而这样的幸福或许是诸如水獭溪（Otterbach）、棉花溪（Watterbach）、后悔谷（Reuenthal）、月亮泉（Monbrunn）这样的村名所承诺的。人们相信，如果他们到了那里他们就会得到满足，仿佛它已经存在着了。（ND 366）

204 简言之，这次遭遇实现了一种个性化模式的经验：它放弃普遍适用的、同一化的、分类性的概念；拒绝把一切东西都变成相同的、等价的、可交换的（参见 ND 174）；并对被经验到的客观现实的特定元素保持一种高水平的开放。①

孩子"被迷在这一个地方，而不斜睨一下普遍性的东西"。对于他来说，"不言而喻的是，使他为他最喜爱的小镇而高兴的东西只能在那里被找到，独一无二"。经验的客体被"绝对地、不可解地个性化了"（ND 366）。这遭遇抗拒着交换社会的同一化程序，该同一化程序是指，将客体归入那些使其与他者相等价的普遍性概念之下。孩子公开地把注意力集中在独特奇点的特殊性上。阿多诺承认，在经验的公开性上放弃熟悉的同一性范畴

---

① 伯恩斯坦（2001：427－428）把阿多诺关于"形而上学经验"所需要的"个体化"的想法映射到他自己的"复杂概念"的想法中。村名"承诺了……一种凭借其自身……与感官特殊性的遭遇"。有关阿多诺的意象，也可参见塔索内，2004：361。

蕴含着一切认知保障的丧失。经验可能"完全没有打中目标"（MCP 141）。事实上，被欲求和渴望所征服的孩子错误地认为，沉迷只有在一个小镇上才是可能的。可是，他的"错误构成了经验的模式，即一种最终将成为事物本身概念的模式"（ND 366）。这是因为，只有以经验的"公开性为条件，由于它尚未被归入概念的同一性之下"，只有以凭借不妥协的个性化去冒"易于出错"之险为条件（MCP 141），才有可能去如实地经验独一无二的、不可替代的元素，而不是把它扭曲为某种可交换的东西。普鲁斯特的著作反映了这种经验模式。由于"抗拒……他自己思想的机械化"，忠实"信守童年时代对未受损经验的潜力"，他"以一种就像第一天那样未变形的方式来知觉世界"（NLII 315－316，另见 ND 371）。①

　　阿多诺根据"形而上学经验和幸福之间无限深的星座"（MCP 140）重申了经验非社会现实踪迹的前提条件。"在普遍的可替代性之中，"他论证说，"幸福毫无例外地紧贴非替代性的东西。"（MM 120）对非替代性东西的一种真正幸福的经验接触必定使其个性化："只有在一个特别的地方"——否则就不会告诉孩子——"人们才能够拥有对幸福的经验，对不可交换之物的经验"（OL 305）。这样的经验抛弃了熟悉的范畴，它们构成了"易于出错的意识的闪现"（MCP 142）。概念的闭合、同一和分类得以避免。"所有真理的幸福"都出自"非暴力的沉思"，而从来不是出自"思想统治权"的"不幸福的一般性"（MM 89－90）。

205

　　"没有哪个幸福的人能够知道他是这样……说自己是幸福的人……违背了（幸福）。"（MM 112，着重号为作者所加）对幸福的真实经验不能够把幸福同一化。意识能够专门从远处接近幸福（MM 90），"那个说：我曾是幸福……的人"是忠于幸福的（MM 112，着重号为作者所加）。类似地，孩子期待经验幸福：如果他去村庄，他将会处在"得到实现的东西之内"。反过来说，一旦他到了那儿，"被承诺的东西就像彩虹那样消退，他仍然不会

---

① 　关于阿多诺和普鲁斯特，可参见罗谢克，2000：337－340。

感到失望；他毋宁感到，现在他太近了因而看不到它"(ND 366)。回忆或者期待幸福的幸福，就像并未因没有抓住幸福而失望那样，表明一种真正的幸福经验只有在幸福未被固定的条件下才能得到持续。幸福的人无法拥有朝向幸福的"立足点"："幸福……是客体内部的东西，同时又是某种远离客体的东西。"(MCP 140)

这些观念可以根据以下想法得到进一步的阐明，该想法就是，不可交换的东西必定已经逃脱了纠缠于资本主义社会关系的人类活动。只有一个由人所创造的并且始终可以化约为人类活动的世界，才能够被人类的概念加以同一和决定。对人类的介入及其对交换社会的世界踪迹的如实经验将留下一种不可同一的、无法决定的、物性的(*dinghaft*)——不仅是指像物的，而且是指客观的、属物的——剩余，这使得这样一些经验变得"易于出错并且不可避免地成问题"(MCP 141－143)。可是，标志其真实经验的乃是一种拒绝，即拒绝像概念一样"并吞"不与人相似的"陌生"而"非同一"的东西。孩子以同一化的方式来决定经验客体的要求会成为敌视"他者"的标志。经验交换社会之外的要素意味着坚持人们对美丽的他者的"爱"，对"遥远而不同"的东西的"爱"，而不是以同一化的方式强迫它回到家中(ND 191－192)。"现象在其最具体的形式中……具有孩子们所集中关注的……颜色。"(HF 138)[①]

---

① 阿多诺有关对不可交换之物的经验的诸多观念形成了他有关形而上学经验的著作的一部分。留给形而上学经验的东西现在集中于彩色踪迹的个性化遭遇。但是，他立即警告说，形而上学经验正在变得"更加苍白"。与逃脱交换社会的生活"残余"的遭遇是转瞬即逝的，并且仅仅承诺超越性；这些残余不能被当作"绝对"，不能被看作意义的证明(ND 368，371，另见 MCP 144－145)。三个主题——阿多诺把它们聚集在一个句子里——划定了短暂经验的形而上学意义的界限：形而上学经验在"那真的就是全部吗?"中被否定性地保持下来，它最接近在徒劳等待中得到实现(ND 368，着重号为作者所加；另见 MCP 143－144)。对被承诺的超越性的经验是如此轻微地、"否定性地"得到传达，以至于它所提供的一切乃是对所有有关超越性的思想都必须被抛弃这个结论的否定。对承诺的经验激起了对以下这个观念的怀疑，即当下的内在性是人们可能思考到的全部，并允许拷问这是否真的就是全部。与那种有关得到完成的、无所不在的内在性的想法相反，对超越性的承诺的经验表明人们或许仍然在等待(*warten*)——尽管这样的等待仿佛是徒劳等待——因为人们不能够期待(*erwarten*)任何东西。

从孩子被引诱与村名遭遇的意象中所浮现出来的乃是阿多诺对一些前　　206
提条件（另见 MCP 142）的描绘，这些前提条件就是如实经验已经逃避交换
社会的世界的踪迹的前提条件。个性化是本质的：它把两样东西结合在一
起，一样是对智性的社会化和一般化的一定程度的蔑视——借助得到普遍
应用的分类，另一样是面对独特奇点的高水平经验开放。"在对可代替交
换世界的反抗中不能消灭的东西乃是眼睛的反抗，它不愿意世界的颜色被
毁灭"（ND 396－397），它拒绝在特殊的和差异的东西中仅仅看到等价。

（三）即将来临的闭合

这些思想背离了本书头几章所讨论的阿多诺最为经久不消的一些社会
学信念。他关于总体社会化的、被管理的世界的设想暂时动摇了，否则他
的这个设想是坚定不移的。的确，阿多诺很少且委婉但不可忽视地指出了
一种没有完全纠缠于生产和消费的现实的残余，并指出了经验那些残余的
可能性。似乎仍然存在着一个非社会的世界，主体可以以一种特殊的方式
与这个世界发生关系。然而，阿多诺的委婉暗示并没有穷尽他对这些问题
的讨论。再次引入他的某些社会学论证可以保证严肃的关注。资本主义使
对交换之外的现实的经验变得越加不可靠和不可能。思想日益需要批判性
的探查和否定与同一性之中的断裂的表面遭遇。阿多诺对本章问题的回答
来自对否定的委婉主张。

"将所有人都包含在内的盲目语境，"阿多诺强调说，"也参与到他们所
设想的由以撕碎面纱的东西之中。"（ND 364）交换社会制造出了越来越多的
阻碍，即阻碍如实经验不可交换之物的主观性前提条件的满足。社会整合
包括将意识社会化为同一性思想。经验对普遍合用的、一般化的范畴——　　207
这些范畴使异常的东西变得等价，使奇特的东西变得同一——的抵制日益
遭到破坏。像上面意象中那样敏感于其特殊性的接受现实的能力正在衰
退。"如果一个孩子的响应能力尚未从他最早的年岁中驱逐出来，那么任
一庇护他的某物都具有……无限的经验可能性……但是这种（普鲁斯特式

观察的)能力迷失了……强制性的适应禁止人们以这样的精确性来倾听现实、获得现实的声音。"由于容易受到思想的机械化的影响,"我们"——阿多诺作品中一个极其少见的词——"不再能够"有这样的反应(NLII 315－316)。"我们"突出了主体对得到集体认可的分类的诉诸,并强调阿多诺包括他自己。

资本主义的整合进一步耗尽了对那些由于抓住更加客观的现实而已避开交换社会的踪迹的假定经验。"交换社会"竭力"塞住商品世界仍然让其敞开的最后洞口"(ND 363)。客观现实的每个元素最终都纠缠到交换关系的网络之中,纠缠到总体社会化的社会的彼此可替代性中。等待我们的是"世界的彻底物化,那里没有留下任何不是由人所制造的东西"(NLI 245)。

因为社会化使得主体不能够拥有真实的经验并且消除了不可替代的奇点的世界,所以与社会之外的现实的遭遇越来越不大可能发生了。"形而上学经验的可能性正在变得……越发散漫杂乱"(MCP 143),越发跳跃、摇摆、不稳。因为这是"总体性中介"的曙光,在其中,"没有什么外在的东西向我显现为外在的",在其中,"外在的东西不再存在"(HF 121);在其中,太阳底下没有什么东西——主体中没有什么东西,客体中没有什么东西——能再逃脱资本主义的社会关系。

因此,假定真实的经验正在越来越向审查开放。"在形而上学如何可能这个康德认识论问题的位置上,迈步走出了一个历史—哲学的问题,即形而上学经验究竟是否仍然可能。"(ND 364－365)对逃避交换世界的表面经验被阻止达成个性化以及发现一个整合的、冻结的世界,对这样的经验的唯一回答就是否定。这一点是双重的。首先,否定如实地揭示出,经验不是而且也没有生产出它最初似乎是和生产出的东西。其次,非同一性思维可以被看作努力争取一种仍然尊敬真实经验之主观条件的智性操作。鉴于在资本主义整合中直接遭遇往往采用普遍的同一化概念,非同一性思维的存在理由就是把这样一些概念当作不值得信赖的东西来加以拆除。批判的思想努力争取经验的开放性（另见 MCP 68），即通过拆解阻止接近客体的分类框架。"绝对……由于形而上学记住了它，将成为非同一的东西，它只在同一性强迫减少之后才迈步向前。"（ND 398）

这些批判性否定的轨迹在阿多诺有关死亡经验的评论中是显而易见的。对于海德格尔（1962：277－311）来说，本真的"向死而在"——与那种日常的、非本真的同死亡的关系截然对立——在与存在在整体的联系中扮演着一个享有特权的角色。阿多诺拒绝了海德格尔的一个提议，即提议通过死亡经验来确定人的生存的本质（MCP 107）。海德格尔的计划既未成功地掩盖它对一些社会上合用的范畴的采用，也未成功地掩盖交换社会对垂死和死亡的影响。阿多诺的论证将立刻变得更加清楚。这里非常重要的是，既然社会整合已经抓住了对死亡的主观经验，从而阻止"本真的"遭遇，并且正在日益影响客体即死亡本身，那么对死亡的经验就不能够等同于对交换社会之外的一种现实的真实经验。海德格尔的提议被否定了："甚至对死亡的经验也不足以充当某种最终的和无疑的东西，不足以充当形而上学。（ND 361）

对于阿多诺来说，贝克特的戏剧作品是"第二次世界大战以来唯一真正有意义的形而上学的作品"（MCP 117）。贝克特令人难以忘怀地上演了"垂死的今日"和逃避社会的问题之间的关系。阿多诺认为，对贝克特许多剧中人物的不顾一切的渴望已经收缩为一个洞见："所有的向往都在努力争取……死亡——与死亡面对面，这不是别的而是无限的痛苦。"（阿多诺等人，1994：81，另见 NLI 269－270）。死亡被期望从难以忍受的条件中逃脱出来。"作为唯一的希望而露出曙光的乃是这样一点，即虚无不再存在。"但是，贝克特"也摒弃了这一点"（ND 373）。海德格尔的反对面引发了阿多诺对死亡经验的怀疑。对于贝克特来说，死亡是无路可逃。相反地，贝克特使舞台上充满"极端的……悲哀"，这种悲哀源于人们未能死于被渴望的死亡（阿多诺等人，1994：81－82；另见 NLI 269）。温尼（Winnie）

在《快乐的日子》(贝克特，1990：138)的开头宣告，"无尽的世界，阿门"。谈及死去，一天的结束或者过去是"以旧的风格来谈"(1990：145－147)。在《终局》落幕之前，克洛夫(Clov)宣布："这是我们称作离去的东西。"(1990：132)"仆人……希望……逃走"——"徒劳无用"(阿多诺，1999：82)。"穿好衣服上街。巴拿马(Panama)把粗花呢外套、雨衣、伞和包搭在手臂上。他在门边踌躇，漠然不动地站在那儿……"(贝克特，1990：132－133)

(四)社会学的交叉

《标题词》提及"尚未被交换残害的东西"只是为了立即缩回："没有留下任何未遭残害的东西。"(CM 253)阿多诺对本章问题——还存在一种避开社会化的现实吗？人们还能够经验它吗？——的回答遵循着一条从委婉肯定到否定的轨迹，他不与两者中的任一个和解。有些段落谈到了对不可交换之物的彩色元素的忠实瞥视。他者警告总体性中介的迫近，它使得与一种逃脱交换社会的现实的更为表面的遭遇易于受到批判。阿多诺批判和否定了对非社会之世界的踪迹的假定经验，在这个批判和否定的语境中，他有关形而上学的观念和他的社会学计划交叉在了一起。

1. 死亡和纠缠

阿多诺审查了对交换社会之外的世界的表面经验，并拷问这些经验是否满足早先所概述的条件。如果经验未能满足它们，那么它们作为与不可交换之物的真实遭遇的外观就遭到了否定。阿多诺警告说，总体性中介的迫近使得批判的考察成为必然。与这个警告一致，他的否定体现了他对阻挠这些遭遇的社会障碍物的承认，这样的障碍物也就是诱陷主观意识和客观世界并因而侵害主体与非社会化现实关系的社会条件。阿多诺对死亡经验的批判证明了这一点。他拒绝信任死亡经验，并认为，在目前的社会条件下，这种经验并未满足与不可替代之物发生真实遭遇的主观和客观前提条件。由于聚焦于这些妨碍性和否认性的社会条件，对交换社会之外的世界的假定经验的批判和否定就促成了对交换社会的社会学分析和批判。

　　阿多诺之所以摒弃死亡经验，部分是因为主体未能拥有真实的经验。这种未能是被社会整合所决定的，社会整合把一般化范畴强加到经验之上。这一点上的一个表现就是借助死亡统计或者作为保险案例对死亡所做的公式化处理：个体之事被归入大量的"事件"之下并变得可以交换以用于支出，而没有任何对"特殊情况"的关注（DE 66）。这种对作为"驯化"事件的死亡的冷静知觉也由流行文化中对死亡的"滑稽"描绘而得到阐明。这样的冷静知觉揭示出死亡经验被社会化了，并因而进入资本主义的同一化思想进程之中。倘若每个人在其社会功能的达成上都被当作——以及变成——可通约的和可替换的，那么主体所看到的就是可通约的人们的死亡，一系列可通约的死亡，以及每个死亡之中一种几乎不会使人悲伤的"职员的交换"（MM 232）。聚焦于奇点的标准不断地被违背。

210

　　在另一个段落，阿多诺注意到——看起来似乎相反——死亡通常被知觉为某种完全异在且无法忍受的东西。阿多诺承认，这也许是一个生物学的问题（MCP 131）。可是，随着再次强调他对死亡经验的怀疑，他也思索了社会因素的影响：对一种令人恐惧的死亡的经验至少部分地是由那些社会产生的、一般合用的概念来引导的。首先，"所有的人类关系越是彻底地被特性决定"，能够专门以特性术语来进行思考的主体就越是把死亡当作自我丧失来加以驱除（ND 362）。其次，已经使"普遍失败"成为每个人的"生活……法则"（1976：46）的资本主义，也已经使生活可能是什么与它们是什么之间的巨大差异变得不可否认了（MCP 132）。① 这些"社会转化"已经用死亡破坏了一种"圆满生活"的"史诗般的统一性"，并且使死亡变得不

---

　　① 阿多诺提到了布洛赫（2006：21）："没有哪个人是他所认为的那样，更不用说是他所呈现的那样；……他们习惯了……他们已经被嵌入其中的皮肤。"阿多诺："甚至那些采用'角色'概念的温和社会学家们也……承认……被社会强加在人们身上的存在与他们本身所是或者……可能是的那样并不是同一的。"（CM 167）皮克福德（CM 364n1）把"角色"解读为一种对戈夫曼（Goffman，1969）的暗示。

可接受(ND 362，另见 MCP 107，133)。因而对于阿多诺来说，把死亡当作
一个无法忍受的事件来加以知觉，好像就是在强调"对于死亡的经验……
无疑部分地是被社会所决定的"(MCP 131)，以及这种经验正在经历它的
"由社会所决定的衰落"(ND 363)。此外，经验被阻止以一种适于它的手段
与那已经逃脱交换社会的事实发生关系。

　　当阿多诺写看似"原始的经验"时，他写道，有关一种更加真实的死亡
经验的"死亡形而上学"①的提议，也不能避免智性的社会化。死亡经验的
"提升"只是一种企图，即企图或者把部分由社会所决定的死亡的陌生性当
作形而上学的一个切入点来加以使用，或者改善它的不可忍受性。面对自
我丧失，主体不顾一切地试图把死亡当作属性来加以深切感受(ND 361－
362)；面对它没能实现的生活的痛苦的结束，它试图掩饰这种恐惧。"死
亡的形而上学是如此深地……密切关联于历史。"(MCP 133)

　　对"死亡形而上学"——既然最为精致的经验也不能够克服这种障
碍——来说更加不利的是，死亡经验被当作一种对社会之外的现实的经验
而被否定了，因为它的经验对象即死亡并不是这样的现实。阿多诺承认，
"死亡……只是作为某种尚未被整合的东西进入社会和文化之中"，因为它
尚未被征服或者被置于掌控之下(MCP 131)。但是，人类是根据他们的文
化条件和社会条件来接近死亡的。因此，"死亡本身"作为一种"生物学的
原始现象"，并不能够同它的社会联结分开(ND 363－364)。阿多诺在1931
年就已经怀疑死亡是人的"本质"的标示，并猜测甚至人到死也还是"被封
闭在历史人物之中"(VSII 539)。20世纪40年代，他把死亡写成是"社会
在整个自然中所编织的网络里的无定形的东西"(MM 232)。20世纪60年
代，他把死去称作是一种"社会现象"。"通过人们的社会和国家而为人们
准备的"死亡(MCP 131)是阿多诺的20世纪所熟悉的，也是21世纪所熟悉

211

---

　　① 阿多诺的术语"死亡形而上学"(Todesmetaphysik，ND 362)只适合于他自己对该学科的解
读。海德格尔(1961：292)把"死亡形而上学"同他的分析区分开来。

的，这种死亡只是对此最为明显的表现。"死亡总是相同的这句话是……不正确的，意识由以努力对付死亡的形式随同某人如何死亡即肉体死亡的具体条件一起变化。"(ND 364)

在当前历史阶段，至关重要的是，人们对死亡的进路涉及根据交换社会的条件来处理死亡。他们与资本主义思维模式相符的对死亡的处理恰恰就是交换社会诸般努力的一部分，即努力"塞住商品世界仍然让其敞开的最后洞口"(ND 363)。正如已经指出的，各种后果可以从劳动力市场来加以辨别：死亡作为保险案例与成千权衡补偿的其他案例是等价的；职员们作为一批批从事分工越来越细的工作进程的商品化劳动力是可互换的，他们的死亡也是可互换的。阿多诺斥责道，海德格尔只不过是"被据称完全从普遍交换关系中移除出来的死亡弄得神魂颠倒"(JA 152)。

阿多诺的怀疑在因犯们的死亡中有着其最为根本的参照点，"集中营里的虐待狂们向他们的牺牲品宣布：明天你们将化作青烟从这个烟囱袅袅地飘入天空，这个宣布道出了历史正在趋向的每个个人生活是无关紧要的——他已经在他的形式自由中变得可替代和可置换了，就像随后在公司资产清算人的脚踢下那样"。集中营所展现的乃是已经在集中营之外与死亡经验相对峙的东西的畸形产物。经验把那些被诱入交换关系之中的可通约、均质化、平均化的人的可替代性死亡当作它的对象。"在集中营里，必定也对那些逃脱度量的人的死亡产生影响的不再是死去的个人，而是样本。"奥斯维辛的凶手们说明了资本主义的整合简单来说力图实施什么："非同一性的消灭"，每个或能避免可替代性的经验对象的消灭(ND 355)。"只有一种，对其来说死亡就像其成员那样已经变得无关紧要的人……才能以行政管理的方式把死亡加给无以计数的人们。"(MM 233)第一章中作为社会的反乌托邦而反复出现的赫胥黎的反乌托邦又转回到原来的地方，集中营之外不再有什么。"美丽新世界是一个独一无二的集中营……摆脱了它的对立面。"(GS10.1 99)

自始至终，阿多诺对死亡经验的否定都体现着他对某些社会障碍的承认，这些障碍阻挠人们去经验一种逃避交换社会的现实。死亡经验被部分地社会化，并且不再抗拒普遍合用的对分类范畴的使用，所以它被阻止与奇点保持一种真实的关系，而且甚至死亡的现实即经验的对象也不能被说成是完全逃避了交换关系。否定产生了一种看待资本主义中社会整合之巨大进展的毁灭性的——虽然对于交换社会的社会学而言是毁灭性地显著的——视角："死亡在历史的范围之内，而后者相反地可以在前者中得到把握。"(MM 231)

阿多诺对死亡的沉思几乎没有在当前研究死亡和将死的社会学中找到共鸣。在豪沃思(Howarth，2007：2—3)对该领域的广泛介绍中，她澄清道，死亡经验和"(道德)所采取的形式"都可以被看作"嵌在我们的文化及社会世界之中的"。社会学家们考察社会所决定的死亡经验，拷问社会如何健康管理，并且提出有关社会所建构的死亡本性自身的问题。此外，社会学家们还调查不同社会中对死亡的处理如何反映潜在的文化及社会语境。例如，瓦尔特(Walter，1994)众所周知的论"死亡复兴主义"的著作就关注西方社会看待死亡的视角由文化所引发的转变，关注死亡本性自身中的相应变化，并关注那些转变由以反映瓦尔特称作当代个人主义文化的东西。阿多诺论死亡的作品——在实质性和方法论上非常不同——处理了非常相似的问题。他拷问交换社会如何影响主体的死亡经验，它如何影响行将赴死者本身，以及社会生活的这些方面所揭示的有关资本主义主导性文化以及社会条件的东西。

在看似一个简短附录的东西里面，阿多诺根据社会对主体经验的影响强调了他对死亡经验的否定。阿多诺谈道，死亡之所以通常是令人恐惧的，并非因为经验提供了超出熟悉的永远相同东西之外的一瞥，而是因为行将赴死者怀疑他们以及他们的社会关系从未真的活着。"对死亡的恐惧今天本质上是对生者有多少像它的恐惧。"(MCP 136，ND 363)集中营也使这种情境激进化了："生与死之间的边界被消除了。"集中营"创造了一种居间的状态，即活的骨架"(P 260)。早前的社会学考察有助于阐明这些构想。

交换原则统治下的人们被当作、把他人当作并且把他们自己当作商品，尤其是当作可以出售的劳动力，当作生产资料，当作死的物。另外，广泛的整合衍推出，人类不再保有偏离社会规范的未来：他们行为的每个方面都变成现状之内的准自动反应，直到他们就像自然的机制那样运作（MM 228—231）。作为结果，社会关系像物和它们繁殖功能之间的关系那样过活，仿佛是由自然规律所主宰的。集中营加强了这种条件，因为它加强了把生活化约为可交换且折磨人的物，即化约为它们的适应以及制度的僵化。"对死亡的害怕已经让位于对……标志着生死之间状态的生活的害怕，这种生活就是一种植物似的生长，它发生在难以言表的身体和心理的折磨之下……在……那些曾被监禁于集中营里并且还被监禁在那里的人的生活中……得到极端的表达。"[阿多诺、霍克海默等人（1953），1989b：145]这使对死亡的经验成为一种要受到否定的对非社会现实的不值得信赖的经验。即使主体仍然遭遇到一种作为对象的真的逃避交换社会的死亡，它也不能够说明经验的对象究竟是死亡抑或仅仅是交换社会中生者的僵硬尸斑。阿多诺的否定体现了他对社会障碍物的否定：社会化的人以及由他们的集体行动所产生的社会不再显示他们的人的和社会的性质，并且变得无法从死的自然中区分出来。死亡经验被当作一种对非社会的现实踪迹的经验而遭到否定，这种否定使得当代社会生活的极端物化进入人们的视野之中。因此，否定也强调了主体与异化的社会世界的痛苦对峙，以及与社会学的分析维度和社会—批判维度的交叉。

事实上，阿多诺对交换社会之外的现实的假定所遭遇的批判通常和他的社会—批判计划交叉在一起。这使我们想起他的一个观点，即幸福紧贴着不可交换的东西。"商品社会的单调乏味看起来是难以忍受的，这样的社会不允许任何一种性质为它本身而存在，而是把所有一切都向下拉平为一种普遍交换的功能"（SDE 158）。"所存在的"，阿多诺重复道——这里参考了贝克特——"就好像是集中营"。贝克特的人物期待在死亡中逃脱，但是却被禁止

214 存在，困于生死间的折磨——他们既不准许生也不准许死——之中，并且被判处"终身死刑"（ND 373）。对逃脱的可能性的否定表达了他们痛苦的延续性，"他们仿佛是用已经流干泪水的眼睛从（贝克特）的判决中无言地往外看"（NLII 90）。更为明确的是，对作为假定出口的死亡经验的批判体现了一种承认，即承认作为逃脱死亡的社会障碍物。对逃避交换社会的现实的貌似真实的经验遭到了否定，这种否定强调了社会永存的痛苦。因此，否定反复地谴责社会并且强烈要求社会变革。在贝克特的不死者的"看似斯多葛式的携带物"中，"发出……无声的尖叫，即它应当有所不同"（ND 373—374），他们的悲哀说：去吧。"贝克特的戏剧……引起了……焦虑……作为外观的拆解……它们冷漠无情的强迫在行为模式中发生（一种）变化。"（NLII 90）

2. "只有在所是的东西能被改变的时候……"

然而，遍布于逃避交换社会的世界之中的诸般问题立即返回到焦点。奥斯维辛已经封锁了一种企图，即企图从理论上来建构以及肯定地宣称超越性。超越性只能被想象为一种承诺，这种承诺在对一个未被交换社会抓住的世界踪迹的"真实"经验中骤然爆发。社会的整合及其衍生物已经逐步破坏了对这样一些经验的主观能力以及对一种不可替代的客观现实的保存。贝克特的"有组织的无意义"道出了接踵而至的"意义……的激增"（NLI 242）。他的"就像日落之后以及世界末日般灰色的戏剧想要驱除马戏团的五彩缤纷"（1998：81）。在否定中，阿多诺又一次接近了对任何有关超越性的思考的虚无主义漠视。

但是，他的接近一直是渐近的。阿多诺上述对康德和实证主义的反对——现在被阻止的东西不必永远被阻止——也针对被误导的虚无主义绝望。阿多诺赞许地评论了"素朴意识"，根据这种意识，"人们尚不知道它，但毕竟有一天也许它会得到解答"（ND 379），废除"甲虫般的自然历史的操心"能改变"意识对真理的位置"（ND 382）。"形而上学的思辨结合了历史—哲学的思辨：它认为有可能拥有一种权利意识……最后才是拥有……一种没有生活紧迫性的未来。"(ND 390)类似地，人们也许可以靠着一个论证来避免被误导的虚无主义，即论证一种对非社会化现实的真实经验(比如孩子的)仍然能够发生，并论证经验也可能接受超越性的承诺，也就是说在改变了的、更有益的条件中。

　　至关重要的是，通过这个论证来避免，遭误导的虚无主义的绝望需要意识到社会变化的潜在可能。认真对待意识朝向真理的未来位置就是认真对待作为对交换之外现实的一种未来真实经验的内容的超越性的承诺，也就是认真对待目前侵害意识和经验的变革社会的可能性。"只有在所是的东西能被改变的时候，所是的东西才不是一切。"(ND 391)如果对与非社会现实踪迹的假定遭遇的否定没有收到作为回报的对交换社会的可变革性的暗示，那么思想就有陷入虚假的意气消沉之中的危险。

　　阿多诺以大家所熟悉的术语提出了他的诉求，即要求那看起来不变而客观的社会作为历史的以及易受人类活动影响的东西而被捕获。一旦整合把社会僵化到异化的程度，那么它就企图根据经验的目前限制摒弃所有关于超越性的思想，就像它难于正视社会变化那样。由于容留一种"对可能性关闭的意识"，人类已经失去了"把整体想象为某种可能会完全不同的东西……的能力"；"社会机构——这适用于整个地球——已经固化到这样一种程度……他们眼前的东西……作为表面的实现可能向他们呈现为完全不可能"[阿多诺和布洛赫，（1964）1988：4]。但是，"绝望是最后的意识形态，它以历史和社会为条件"(ND 366)。只有一种尚未从其条件自始至终不可改变的神话中屹立起来的人性——也许并不像本雅明的天才那样——才能坚持认为内在性是人们可能思考的一切。相应地，对意识形态的绝望的抗拒认为，有关一种客观不变的条件的观点必须得到挑战。尽管认为灾难是不可或缺的，但是甚至构成奥斯维辛基础的极端条件也可能和必须被设想为一种现实，这种现实"并不作为某种绝对陌生而……不同的东西与我面对"(MCP 125)，而作为某种由人类生产和再生产出的东西与我面对。当代社会表面上不可逾越的狱墙并非不可逾越。这是今天留给形而上学的唯一安慰，而且是它所要求的，如果它不想要拥抱虚假的虚无主义的话。

阿多诺看待形而上学和社会学视角在第二个重要方面交叉在一起。本书自始至终从不同角度所展现出的阿多诺社会学努力追求对社会的可变革性的窥探，这种社会学努力对于形而上学而言具有重要意义。如果超越性仍然可能被考虑为未来条件下一种对不服从交换社会的现实的真实经验的承诺，那么今天对形而上学经验的批判就没有理由永远放弃所有关于超越性的思考。但是，为了避免错误的放弃，对与非社会之物的假定遭遇的否定，目前要求展望社会变化的可能性。由于承认社会现实易受变革性行动的影响，社会学能够创造出这样一种展望。既然变革取决于人们对社会的可变革性的意识，那么社会学也许甚至有助于促成这种变革。

尽管阿多诺很少提及他的形而上学思想和社会学思想之间的交叉，但是这在他的社会学著作中是值得注意的。它甚至从一篇预兆"实证主义争论"的文章中浮现出来，否则这篇文章看起来几乎不会从他的形而上学问题中进一步移除出去：

> 思想的渴望——对于这种渴望来说，仅仅所是的东西的无意义一度是难以忍受的——已经在对祛魅的强烈要求中被世俗化了。它想要掀起一块石头，胡作非为（Unwesen）正在这块石头下孵化；唯有在（对胡作非为的）承认中，意义才为此而得到保存。（PD 68）

通过渗透到那看似一块不可穿透的花岗岩般的东西之中，通过揭示人类活动已经产生并且能够移除的社会性胡作非为，社会学支持思想的那种抗拒，即抗拒意识形态摒弃一切有关可能意义的想法。

二、缩影

阿多诺回应了一个问题，这就是，是否一个未被社会抓住的世界的诸元素已经幸存下来并且仍然能够被经验到？他的这个回应的弯弯曲曲的轨迹证明，重访和例证他的关键点是正当的。阿多诺对形而上学的批判提出了形而上学经验的问题。超越性被设想为一个承诺，这个承诺在对真正活着的东西的分散元素的真实经验中放出光芒，在对已经逃脱交换之网的微小的彩色踪迹的真实经验中放出光芒。在《否定的辩证法》结束部分，阿多诺写道，"形而上学漫游到显微学之中"，从而"躲开总体性（Totale）"（ND 399）。尽管它有科学的戒指，但是显微学（Mikrologie，Duden 1990 s. v.）只是小题大做（Kleinigkeitskrämerei）、"吹毛求疵（pettifogging）"或者——用阿多诺的话来说——"对细节的固执关注"（HTS 127）的一种古老表现："有的东西根据归类的属概念的尺度被无助地孤立起来了，显微学扫描粉碎了这样的东西的外壳，并且摧毁了它的同一性，即它仅仅只会是一个样本的假象。"（ND 400）在与客观现实之诸般细节的迷人的直接遭遇中，孩子仍然能够拥有个性化的坚持，而这种坚持是忠实地经验不可交换之物的元素所必需的，因此孩子的扫视与显微学密切相关。与此同时，阿多诺说，遭遇不可替代之物的可能性正在变得越发靠不住；并说，这样一些经验正在日益变得容易遭到否定。在此语境中例证阿多诺的推理并不会确认某个观点优于另一个，而是会根据他著作中的不同段落同时阐明两种视角。阿多诺1967年的一卷《无指导原则》包含了五篇游记，每篇由几个不加标题的断片——长度在几行和一页之间——组成，它们记录了有关他游访的地方的经验和细节。如果按照本章的引导问题来加以系统地探讨，那么这些游记可以被解读为阿多诺的某些观念的表现，这些观念关涉到非社会的世界以及主体与其关系的问题。既然这些文本是高度暗示性的，那么接下来的

217

讨论——再一次用邦斯的话来说——包含着"提供解释"。

(一)微光

阿多诺有关孩子沉迷于村名的意象详细说明了一点，即对一种逃避交换社会的现实的真实经验必须把两件事情结合在一起：一件是对以其特质独树一帜的东西保持高水平的开放性，另一件是拒绝采用那些会把独树一帜的东西变得等价的普遍适用的、同一化的范畴。他游记中的某些章节所报道的遭遇看起来已经结合了这些特征，甚至也已经瞥见了某些不可替代的东西。这表明这样一些经验仍然是偶尔可能的，并表明阿多诺已经拥有了这样一些经验。他有关这种遭遇的例证频频涉及他的童年时代："我……记得源出于乐谱的魔法，它确定乐器的名字并且精确地展示每件乐器所演奏的东西。长笛、单簧管、双簧管——这承诺不亚于彩色车票或村庄名字所做的承诺。"(1998a：3)事实上，如果有人能够以抗拒一般化的方式来面对现实，正如个性化所要求的那样，那么他就是"概念的新手"（伯恩斯坦，2001：427），他的智性的社会化仍然是不完全的。

阿多诺一家和他们的年轻人在巴伐利亚州的小镇阿莫尔巴赫(Amor-bach)度过了许多假期，他有关这个地方的一篇文章聚集了一系列令人回想起村名意象的经验。这些断片的主题的唯一性被若干文本特色所加强。关于"阿莫尔巴赫"，直接引起人注意的是阿多诺对第一人称单数的使用，这种使用是他通常所回避的（参见 A&H4 641，MM 50），而且这种使用在这里看起来好像传递了经验主体对采用社会上合用的概念的抵制。对一般化的相应反对由于对发生迷人遭遇的准确地点——只在此处不在别处——的详细描绘而得到突出。阿多诺详细描述了阿莫尔巴赫铁匠铺里"耀目燃烧的火焰"，这铁匠铺"在主街上，可爱的波斯特（旅馆）的拐角处"(OL 302)；墙上旧吉他"的旁边是有着莫扎特圆形浮雕的钢琴……在波斯特的客房中"；一条从阿莫尔巴赫到米尔滕贝格(Miltenberg)的小路先是经过"后悔谷，一个离开戈特哈德(Gotthard)的和缓山谷的村庄……途经极为僻静的月亮泉，它位于穿过似乎正在变得浓密的森林的一个大幅弯曲处"，再越过"各种各样的废墟"，便通往"一道门，这道门由于林木位置的阴冷而被人们称作施纳特尔洛赫（Schnatterloch，即啁啾洞）"，它——"突然地、生硬地，没有任何过渡，就像在梦中般"——向着米尔滕贝格"最美丽的中世纪集市广场"敞开（OL 305－306）。阿多诺的细腻描写表现了主体对特别之物的坚定不移的关注。他在他的遭遇中提及了身体的震颤，这些提及放大了他对经验对象的抽象和分类的拒绝："每天清晨很早的时候，（附近铁匠铺）浑厚的敲打声将我唤醒。而我从未对它们生气"（OL 302）。阿多诺以相似的强度回想起他"陶醉"于"震颤的""失调的"吉他琴弦的"黑暗不和谐音"（OL 306）以及"水上（美因河）渡船的声音"中："人们安静地倾听的"声音（OL 303），个人以温柔的坚持来追随奇特的对象。

阿多诺谈及阿莫尔巴赫修道院的断片时重新聚集起所有这些文本特色。"湖滨花园被散发着好闻味道、生活着条条鲤鱼的池塘艺术性地藏在一群树后，从这花园中的一处可以看到修道院的一个小小的、可观察的部分。"在这里，"美……安静地得到恢复，而我却在整体前徒劳地探问美的基础"（OL 302）。明白无误的个人调子表现了遭遇的个性化，地理上的详细描述再次强调了主体对奇特细节的非一般化的、开放的关注，经验的身体维度的重新创造强调了它对概念抽象的避免。阿多诺似乎认为，"阿莫尔巴赫"所描绘的经验把经验对象个性化了。

这就提出了一个问题，即他是否也相信他经验到了逃避交换社会的现实的诸种元素而没有被愚弄。人们也许会认为，他至少没有归结到这样一种现实对概念解析的抵制，尽管有点不确定。例如，经过施纳特尔洛赫到米尔滕贝格的道路被回顾性地描绘成一条通往"幸福"的道路。幸福紧贴不可交换的东西，紧贴同一性中的彩色断裂，这些断裂承载着"一个尚未被商业征用的知觉世界的最后踪迹"（1992a：55）。另外，阿多诺暗示了一些存在于他所遭遇的东西中的元素，这些元素已经逃脱了维持资本主义的人类活动：旧吉他缺少琴弦并且是失调的（OL 306）；阿莫尔巴赫渡船"有着它的独特表达，因为它作为古老的船只"，并不是"心甘情愿地保存传统服装俱乐部以及历史性的纪念物"；修道院摆脱了"精力充沛的系统安排"。最后，这些对象中有许多细节符合阿多诺所做的详细描述，即把生活的彩色踪迹描述成起源于往昔（ND 370），例如，从加油站之前的时代以来赫然耸现并且回荡着过往岁月的声音的铁匠铺（OL 302－303）。

219　　　"只有在一个特别的地方，"阿多诺补充说道，"一个人才能够拥有对幸福的经验，对不可交换的东西的经验，即使它随后证明（不可交换的东西）并不是唯一的。"（OL 305）这个句子允许两种解读（OL 304）。阿多诺似乎在暗示，对于孩子来说，对于他的个性化经验来说，阿莫尔巴赫看起来是无与伦比的和不可交换的，反之，后来的成年人则明白，甚至阿莫尔巴赫、米尔滕贝格、维尔特海姆（Wertheim）的建筑也已经多少有些是标准化和可替代的了。由于相信瞥见了一种已经逃避交换社会的现实，孩子被误导了。然而，貌似也有道理的是，阿多诺暗示，阿莫尔巴赫似乎后来在生活中不再是不可交换的了，因为暴露于标准化世界中的岁月蒙蔽了成年人对特别东西的经验。先前无与伦比的东西后来似乎不再是唯一的，这只是因为成年人不再能够个性化了。从这个角度来说，是成年人弄错了：有一种可能性仍然完好无损，这就是，孩子在阿莫尔巴赫所经验到的东西真的曾是一种逃避社会的现实。

　　　话虽如此，阿多诺并不认为真实经验的先决条件是未成年。他偶尔提到与"伦敦公交车上……许多彩色车票设计"的受诱惑遭遇（A&B 71）。孩子"眼睛的（感觉中枢）"尤其有助于遭遇"从日常灰色中闪耀出来的"颜色（1992a：55），但公交车票是被一个流亡于英国的还保留其感觉中枢的成年人经验到的。相应地，阿多诺有关他战后旅游的游记中所包含的一些段落与那些来自"阿莫尔巴赫"的段落非常相似。它们零星地暗示一些遭遇，他看似认为这些遭遇仍然成就着，要接触交换社会之外的踪迹就必须个性化坚持。远离日常灰色语境的旅游也许很好地加强了主体对常规经验模式的反抗。

人们所熟悉的来自"阿莫尔巴赫"的三个文本特色，在一篇有关漫步穿过卢卡（Lucca）的托斯卡纳（Tuscan）城的断片中再次露出面来。阿多诺使用第一人称单数，这标志着他对普遍合用的范畴的抵制，而他对地理上细节之处的坚持则表明了他对一般化所做的斗争："在来来回回无尽地询问方向之后，在圭尼基宫（Palazzo Guinigi）里，在我尚不知道的一刻钟里……高高的塔楼上有一棵冬青栎，城市的地标……花坛上塞满自行车和各种各样的残渣。"通过唤起一种体力的感觉，阿多诺道明了他经验的身体维度以及他与抽象概念相反的对特定客体的不懈追求：翻过花坛里拥塞的残渣，"我找到了通往有着蓬乱光彩的花园边缘的道路"（OL 397）。

阿多诺对幸福的评论看起来也把他选定的一些旅途遭遇表达为个性化，对幸福的真实经验拒绝用同一化的概念把它固定下来。孩子被证明只有隔开一段距离才能通过期望幸福而在村名中经验到幸福，这是在卢卡发生于阿多诺身上的事情："店里的展示，甚至是稀疏的展示，具有某些值得珍视的东西。它们对于仅仅只是路过它们的人来说也已经是合用的了。它们的诱惑便是该诱惑所承诺的幸福。"（OL 396）一旦阿多诺意象中的孩子进入村子里面，幸福就会像彩虹一样向后退去。可是，孩子并不感到失望，因为他们认识到真正的幸福经验并不能够以同一化来紧紧握住幸福。在斯美塔那（Smetana）《被出卖的新嫁娘》（Bartered Bride）的一场维也纳演出之后，阿多诺写道："装饰是自然主义的，我并不为已经喜欢上它们而感到羞耻。村庄的意象（原文如此！）知道作为形式的舞台装饰的秘密——把思慕中的遥远之物拉得如此之近，仿佛人们就在它里面，但却没有减少距离的气息。"（OL 425）两则断片都描绘了一种时空的距离，即真正幸福的经验坚守它所遭遇到的东西，它的开放以及它对那些得到普遍应用的概念的抵制与它在这样一些契机中的适当是程度相当的。

220

　　这些可能成为对一个逃避交换社会的世界的真实踪迹的经验吗？阿多诺与卢卡的两次遭遇引发了一种不确定的"是"。第一次，那里有"蓬乱光彩的花园"，阿多诺在经历许多麻烦之后找到了它。再向后翻几页，继详述他在卢卡的圣米凯莱教堂(San Michele church)前"深沉、清冷的暮色"中的位置之后，阿多诺描绘了这一景色：

　　　　空荡荡的四层楼教堂正面伸展到灰蓝色的天空之中，它毫无保护，仿佛随时就会倒塌。我突然明白为什么它没有任何功能且违背建筑智慧却如此美丽。它展示了它自己的无功能性，而并不要求它所是的装饰之外的别样东西。(OL 400)

　　阿多诺多次暗示，他在卢卡真的遭遇到了交换社会之外的现实。卢卡的花园被描绘为蓬乱的(被忽视的，不整洁的)，教堂正面被描绘为"毫无保护"。这意味着，它们已经有一段时间未被人类活动打扰了。用社会学的术语来说，花园和教堂正面已经逃脱了维持交换社会的人类活动的影响范围，并因而逃脱了社会本身的影响范围。阿多诺继续说道，卢卡的花园"产生了前庭的灰色所否认的东西"(OL 397)，教堂正面从天空的灰色中区分出来。这些段落和阿多诺对某种观点的时刻反对之间的相似性太过显著，以至于不可能是巧合，这就是，他根据逃避交换生活的彩色踪迹来反对社会的灰色无所不在这种观点。花园和教堂正面承载着颜色的踪迹，最终的线索由教堂正面的"无功能性"所提供。一个"被交换原则完全统治的……社会"实际上"自始至终都被功能化了"，它仅仅由那些强迫任何事物都履行社会功能的人类活动所维持。"无功能的东西"逃避了对这些活动的把捉，并且"不接受它们所维持的语境"(1976：41)。无功能的东西抗拒被化约为一种用以实现某种社会目的的可交换手段，因而也反对变得可与那些被迫替代该目的的其他手段彼此互换。"无论什么只要有功能就是可替换的，只有虚无有益的东西才是不可替换的"（1976：103）。"没有什么其他的东西……"违背以下状态，即在这种状态中，"任何存在之物"都只是一种"为他物的存在"——第一章中表明的阿多诺所描述的当代资本主义状态。阿多诺看似认为，他在卢卡遭遇到了某些元素，这些元素起源于在特定社会条件中运作的生产，它们自那以后就逃脱了人类的制造及其交换社会的语境。①

当阿多诺出版他的游记时——首先是在 1958 年起的报纸上，然后是在《无指导原则》中——它们被"当作'专栏副刊式的喋喋不休'而……受到冷落"（帕布斯特，2003：215）。在那期间，这些"缩影"（2003：10）鼓舞了一些传记性的研究。可是，它们既未提及童年时代的记忆也未提及它们的个人调子，未提及它们对微小身体反响的解释，未提及它们对游访地点的细腻描写，未提及它们私密的幸福报告，这使得阿多诺的游记主要是自传性的。所有这些对于他的作品来说非典型的特色传递了一种非典型的经验模式。游记看似报道了一些遭遇，这些遭遇把个性化当作真实经验的必要性加以突出，并且暗示性地例证它的实现。所援引的段落很大程度上放弃了理论的论证。否定显著地不在场，而否定正是阿多诺许多文本中的插入、断裂、转动、再构造和相互性的条件。拷问这些遭遇的既不是对经验主体的反思，也不是对客体的批判性审查。它们的理论节制表明了游记对于完善理解阿多诺社会理论的重要性。否定的沉默道出了这样一点，即阿多诺的某些遭遇也许甚至不明显且诚然不确定地提供了一些瞥视，即瞥视到阿多诺仍然认为可知觉的逃避交换社会现实的那些日益稀少的踪迹。米尔滕贝格的集市广场，卢卡的教堂正面、花园，这些也许是真正美丽的陌生者，而不仅仅是看似美丽（而实际只是可爱）的商品。举例来说，阿多诺认为他的"直接经验的松散序列……是非常微妙的（隐秘的、精微的、深奥

222

---

① 另见罗谢克（2002：401－409）的解释，即把"自然美"解释为鼓舞（建议、安慰），卢卡的断片看起来与它有着共鸣。

的)"[阿多诺和托比施(Tobisch)，2003：169]。游记似乎使得阿多诺的一个经常述及、经常读到的观点至少暂时不像他希望被读到的那样确凿无疑，这个观点就是，不再有什么东西不被资本主义社会所中介。

(二)否定和微观社会学

然而，切不可认为这些段落是阿多诺有关本章所讨论问题的最终定论。不可以忽视他的一个社会学插入，即资本主义整合的进展阻止主体拥有直接的个性化经验，并且总是把更多的客观现实加以社会化。甚至"无功能的东西"也有倾向地被"利润"抓住了(1976：41)。刚才所说的那种暗示性的遭遇——包括阿多诺自己的(记住他的"我们")——越来越不可能并且遭受到审查。游记例证了这个问题，在有些遭遇中，主体的瞥视看似已经超过或者越过了社会，但是这样的遭遇被否定了。阿多诺对真实经验的批判最终与他的社会学计划相交。他否定对一种非社会的现实的假定经验，这些否定始终体现着他对阻挠这样的遭遇的社会条件的承认。游记把这些无所不在的条件聚光为障碍和人类苦难的条件。

阿多诺在第二次世界大战后偶尔到锡尔斯·玛利亚(Sils Maria)的罗曼什—瑞士风格的村庄度假，他的一篇关于这个地方的文章写道：

> 从那里的屋顶上，我们不得不在傍晚观看人造卫星斯普特尼克(Sputnik)。如果它不在它的轨道上蹒跚而行，那么它就无法同一颗星星如金星区分开来。这是人类的胜利所系于的东西。他们由以支配宇宙的东西即那已经实现的梦想好像梦一般地被动摇了，变得昏倒无力(无力量且无意识)，就如同它试图颠覆的那样。(OL 326)

有种观察被期望在与一个逃脱地球交换之网的遥远世界的遭遇中达到顶点，这种观察立即被否定了。阿多诺的否定体现了他对侵害这样一些遭遇的社会语境的意识。占星师的经验并不是以彻底的个性化来回避社会化的经验模式，而毋宁是被迫分享（"不得不观看"）一种由社会所中介的乌托邦梦想的观念。此外，斯普特尼克例证了社会化如何迫近所有可能逃避社会的客观元素。阿多诺承认，"无数所谓乌托邦梦想……电视、抵达其他星球的可能、比声音更快的运动，已经得到了实现"。可是，瑞士的景色加强了他的怀疑，即"人们不再为它们感到高兴，这些梦想本身已经在它们的实现中假设了一种奇怪的……无聊性质"[阿多诺和布洛赫（1964），1988：1]。"无聊，"阿多诺强调说，"乃是对永远相同之物"的"客观灰色的反映。"（CM 171）人造卫星表明，"乌托邦的实现一般来说仅仅在于对永远相同的'今天'的重复"[阿多诺和布洛赫（1964），1988：2]。太空旅行非但不是使个体能够"爱陌生者"并关联于非社会化的世界，反而是以摇摇晃晃的胜利来并吞甚至地球之外的东西。社会的统治和整合延伸到甚至超越于世界，并直接破坏了与逃避社会的现实的遭遇。

　　阿多诺在另一则断片中回忆道，"二战"前，维也纳普拉特（Prater）公园的地面上仍然承载着"森林小径"，它"听从于人们的双脚"并"促成他们的幸福"（OL 423）。既然阿多诺于20世纪20年代生活于奥地利首都（缪勒-多姆，2009：82—94），那么当他在1967年重返此地时必定记得这些景象，但只会感到失望。普拉特"已经……失去了它的味道"并变成了一个谎言。这部分是由于公园的战争创伤，"虽然树木重新在成长"。更为重要的是，现在树木有了警告人们当心树枝坠落的指示牌，而且人们走在沥青路面上好像是在纽约的中央公园，那轻轻地刺激身体并激起幸福的森林小径已经被抹去了："我得到的解释是，铺沥青有助于节省成本，否则的话，就无法支付那些负责道路保洁的员工的费用。"（OL 423）阿多诺在对社会整合的承认中否定了他对幸福的期望，人类活动已经使公园屈服于他们的主宰性交换原则并抹除了它的彩色遗迹。社会化被揭示为使世界陷入商品交换关系之中的暴力，被谴责为永恒不幸福的引擎。

　　在瑞士恩加丁（Engadin）山谷的一次远足中，阿多诺记录了超出社会世界之外的风景的"距离悲怆","它不呼出……人性"。"超出树林线之外的未被触及的"东西反驳了"那种认为自然是……供人打算的某物的想法",并"揭示了它在宇宙中看起来相仿佛的东西"。"那处风景所特有的冰碛石,"阿多诺补充说,"肖似于工业的小附件、采矿的碎石堆。"这个附录主要旨在进一步破坏把自然当作"田径场"的资产阶级田园诗般的意象。不过,悖谬的是,阿多诺的附录也发出了一个挑战,即挑战对超出社会之外的世界的假定睥睨。这个挑战建基于对阻碍这些经验的诸般条件的令人不安的承认,并把它们带入批判的视角之中。更早的时候,阿多诺插入道,死亡经验无法同对物化社会生活的经验区分开来。而在这里,阿多诺瞥见了风景对那种认为一切现实都可以与人性和解的"文化哲学"的反对,因此看似将目光投向了人类制造之外。但是,这种经验直接援用"文明化的疤痕"以及它的"对自然的统治":和冰碛石相似,它们看起来同样不可与"历史上熟悉生活"的"区域"和解。阿多诺的意象因而可以被解读为社会僵化之一种,它如此之严重,以至于使得经验不能够区分以下两样东西:一样是第一自然,它逃避交换社会;另一样是社会的第二自然,它是人类创造出来的,但是表面上就好像从人类影响中被远远地移除出去了(OL 327,另见 1999:68)。

由于社会整合抓住了每个人和每件事,所以那对不可替代的细节的表面个性化经验越发容易受到否定。细节之前的坚持经过了否定并且再度出现,这种坚持是作为阿多诺关于交换社会的微观社会学、作为社会整体从单个——现在完完全全是社会的——现象出发的外推。"世界越是社会化,它的客体就越是密集地随一般性的决定而旋转,个体的实情(Sachverhalt)就……越是直接地通透于它的普遍性;人们能力越强,借助看它,越能通过对它的显微学观察而从它身上看出(aus ihm herausschauen)内容。"(ND 90)"辩证"社会学被迫连接"显微学"和"由总体性而来的中介"以作为彼此的"对位"(PD 39)。

阿多诺在形而上学和社会学上的观念分享着另一个交叉点。如果看似真实的经验由于那些会使人回想起原始而永恒的风景的社会关系而易于面对否定，那么彻底的绝望就当然是有诱惑力的。可是，它仍然是意识形态的：与接受交换社会之外的超越性承诺的现实遭遇在未来的适宜条件下仍然是有可能的。要支持这个反对被误导的绝望的见解，就要求否定必须得到回应，其方式就是指出冻结的条件会有融化的可能性。阿多诺的游记例证了他对以下两样东西的反对，一样是意识形态的意气消沉，另一样是阻挠和否认与不可交换之物遭遇的诸般条件固定不动的观点。接下来的段落强调了社会学在支持思想对误导顺从的抵抗中所能起的作用，而起作用的手段就是提供对社会现实的可变性的瞥视。

阿多诺的奥地利断片中有一条与他的朋友 L① 告诉他的逸事有关：

> 作为圣心学校（Sacré Coeur）②里一个七八岁的孩子，她正在乱涂 225
> 乱写，弄得笔记本上墨渍斑斑。执教的修女告诫她说："如果你继续
> 这样，那么亲爱的圣婴耶稣会感到受伤的。"她回答道："好吧，那也
> 没有办法"。因为这件事，她被这所虔诚的学校开除了。然而，她只
> 不过是以一种完美的应和表达了维也纳的形而上学。

这并不是说 L 直截了当地驳斥了超越性。她的形而上学既不怀疑上帝也不怀疑上帝对她的涂写的忧虑。

> 她只是在正视天主教秩序之上的一种更高秩序。顽固等级制度的
> 秩序，正视掌管冷漠的维也纳命运女神，任何东西都无助于反对她。

---

① 拉伯汀男爵夫人洛特·托比施（Lotte Tobisch Baroness von Labotýn），维也纳歌剧节的女演员和前任组织者。

② 一所维也纳天主教文法学校。

超出神性之外的宿命主宰着存在……世界的路线被认为是不可改变的，就像封闭的办公室，所有的一切都必须向它屈尊。（OL 423—424）

维也纳的形而上学想要给超越性的观念留出空间，但是却在无意中否定了超越性，因为它把超越性想象为从属于一种内在的社会秩序，而这种始终不渝地坚持其路线的社会秩序已经使它永远黯然失色了。由于不仅使她自己而且使上帝服从于这一秩序，L 表达了超越一个统治着全部生活并且像不妥协的命运那样运作的僵化社会的困难。然而，她的即席绝望也容易遭到批评。就人们能够想象到社会变革的可能性而言，人们也许仍然是把超越性的承诺当作未来条件中的经验内容来加以考虑。由于向作为命运的现状投降，并且把"怀疑论"本身"尊崇为绝对"，维也纳的形而上学错误地否认了这种可能性。阿多诺还根据维也纳人面对所爱者死亡时的那种声名狼藉的冷静对 L 的即席之举进行观察，这种即席之举把奥地利与他所熟悉的"德国的工作世界"区别开来。甚至，L 的即席之举揭示了它的阴暗面："对邪恶在某种程度上的认同……对不可避免的东西的顺从变成了它的可取之处。从这里开始，它离幸灾乐祸就不遥远了……不把它放在心上的人乐意让负担按其常规进行。"（OL 424）[1]这则 1967 年的断片和阿多诺 1953 年的社会学论文"个人与组织"之间的交叉并不是巧合。阿多诺在这篇文章里论证道，个人在介入社会形成上的"无能"使得他们的"进步"像是某种"形而上学造成的"东西，并且使得他们的现状像是某种"绝对的"东西（SSI 445）。社会学的任务是通过强调社会条件的可变性来支持思想对误导绝望的抵抗。"彻底的决定论"是"神话般的"（MCP 189n16）。

---

①　托比施将"那也没有办法"描述为一种"奥地利的特长"（阿多诺和托比施，2003：233）。阿多诺在赫胥黎那里认出了这个"资产阶级"短语，在那里，它"根据极权主义的美丽新世界来翻译背信弃义的'你必须调整'"（P 114）。

阿多诺以这种方式来努力挑战意气消沉，该努力构成了他巴黎游记中
的一个有趣段落的特点。这篇游记是他相比较而言为数不多的专门论及绘
画的陈述之一（参见 NLII 319），它写于一次法国国家影像美术馆参观之后
（阿多诺等人，2003：77）。阿多诺强调说，鉴于法国印象派的德国继承者
们旨在"不受扰乱地听从于自然"，法国印象派的主题包括了像"铁路桥"这
样的"现代性标记"。法国印象派正确拷问了直视过去社会化社会的当前可
能，而不是注意人类所生产的材料本身已经固化到看似不能触及的物化的
程度：现代的"人工制品……已经针对人类的身体和眼睛而变得自主起
来"，并且看起来"仿佛它们就是……自然"。可是，法国印象派在避免意
气消沉上同样是有教益的。通过它的描绘，阿多诺说道：

> 那公然违抗经验的东西却……应当被经验到，那被异化的东西却
> 应当变成亲密……绘画的实现想要使甚至被异化的东西与活着的东西
> 相似，与对生活的拯救相似……灰色事物有着它们彩色影子的……事
> 实……便是这样变形的感性外观。（OL 321—322）

在法国印象派绘画中，灰色内在性之上的意识形态的绝望面临着颜色
的踪迹——尽管不像阿莫尔巴赫或者卢卡，没有由已经逃避交换社会的现
实所产生的颜色，但却有社会自己灰色标记的彩色影子。恰恰就这一点而
论，颜色标志着一种对彻底绝望的适当干预。在当前的条件中，与交换之
外的现实直接遭遇的企图——例如德国绘画努力争取一种不受扰乱的与自
然的关系——常常会遭到否定。可是，屈从于灰色同样是错误的，因为经
验一种逃避灰色内在性的现实在未来也许是可能的。非直接浮现出来的作
为灰色社会现实——绘画通过指出这种现实是活人的产品来反对它的异
化——的影子的诸般颜色正确地标志着那种可能性：把人造社会转变为有
利于真实地经验一种不服从交换的生活的诸般颜色的潜在可能。

值得跟随阿多诺再次回到阿莫尔巴赫。这篇游记的第八个断片以童年时代的回忆开始。译解这个段落是困难的，但是如果我对它依赖的关键词的歧义性的预感是站得住脚的，那么这个断片在这里就是有启发性的。阿多诺回忆道，作为一个男孩，他过去经常在阿莫尔巴赫之外的巴伐利亚州和巴登—符腾堡州的界桩间玩。尽管有怀疑，但这个区域感觉起来就好像"不属于这两个州中的任何一个，它是自由的"。政治的边界，"正如我惊讶地发现的那样，恰恰并没有产生风景中的任何变化"。"他们圈起来的……土地……乃是无人之地。"进入其中感觉仿佛是"逃避"那些"限制"。通过暗示土地摆脱财产关系而来的自由，即它对把分界线强加给世界的人类活动领域的逃避，阿多诺看起来正是在暗指与一种逃脱的社会现实的假定遭遇。可是，历史的进程很快就激起了怀疑。"后来，在战争（第一次世界大战）中，这个词（无人之地）的出现用来指两方前线之间遭到毁灭的区域。"通过突出"无人之地"这个术语的歧义性，阿多诺再次强调了今天这样一些经验的可疑性。真正非社会的世界（第一自然）和被社会本身抓住并毁容①但现在看似不为人类介入所及的世界（第二自然）之间的区分已经变得很难划出了。

可是，这个断片的最后一句话陡然转离了彻底的绝望。"无人之地"这个词"然而（aber）却是"——请注意方向上的突然变化——"希腊词乌托邦的如实翻译……我对它了解得越多，就知道得越少"（OL 305）。阿多诺对意气消沉的抗拒利用了乌托邦一词的歧义性。总体社会化的社会已经使任何有关乌托邦的看法、任何对这个词在其原始意义上的理解变得困难重重——"没有地方""乌有之地"在这里是一种已经逃避社会的分裂性财产关系的现实。② 可是，这个词激励阿多诺"然而"藐视绝望，这是因为"乌托邦"也有一个第二的、固定的意义："变得完美的世界"，这由阿多诺有关

---

① 真是一种"暴力的意象……即世界将自己呈现给以暴力来对待它的人类"（ND 280）。

② "定性的东西的乌托邦：它凭借其差异性和唯一性而能够不被吸收到盛行的交换关系之中"（MM 120）。

它的原始意义日益生疏的评论所唤醒。阿多诺认为，在原始意义上抛弃乌托邦这个词将是草率的，因为人们也许仍然会在固定的意义上来考虑乌托邦。逃避交换社会的现实——原初构想的乌托邦——仍然能够在未来的有利条件下、在固定意义的乌托邦中作为潜在经验内容得到考虑。阿多诺对这种可通约状态所给出的构想正是在于，它将在"无人之地"上摆脱不幸福和失望。社会可以转变为由固定意义的"乌托邦"所意指的完美世界，这种可转变性足以拷问总体决定论的令人绝望的意识形态结论，这就是，原始意义的乌托邦即交换社会之外的"无人之地"永远不能再被经验到了。社会学的任务正是在于为对非社会化现实的经验的否定给出这样一些回应。阿多诺陈述道，任何一位"严肃认真地对待乌托邦及其实现"的思想家"都不是乌托邦式的，他只是如实地看待现实，以便不被它扰乱"。可是，这恰恰就是这位思想家如何来检查改变现实的可能性，他"想要把那些被封闭于其中的更好之物的诸元素从它的囚禁里面解放出来"（SSI 37）。

228

　　1954 年，阿多诺第一次乘飞机从洛杉矶前往纽约，这次旅行给他的另一篇文章以灵感，这篇文章在形式和主题上属于《无指导原则》（*Ohne Leitbild*）的游记集，但是在他去世后收于《杂集》之中。这个文本对这些反思中所出现的各关键点做出了一个说明性的总结。"飞行之梦"产生了对与常规知觉和认同相对抗的去语境化遭遇的期待——也许，对于初次乘飞机旅行的阿多诺来说，这要比借助其他方式来旅行的梦想更加强烈。"失重的自由"、气旋和晕机的预期激起了想象，即想象经验一个逃脱了维持社会统治的人类活动的控制的世界。可是对于阿多诺来说，他在空中所花费的十个小时主要说明，在资本主义的整合之中，这种经验也越来越有待审查和否定。"当梦想实现时，就与人们如何梦想迥然有别了。这也适用于飞行"："飞行的意象已经变得迟钝而单调"（VSII 549－550）。①

━━━━━━━━━━

　　①　这就是说，有时候阿多诺甚至对飞行感到兴奋（阿多诺和托比施，2003：39，77）。

阿多诺的批判性探究主要集中于乘客们的主观经验，即集中于对需要同非社会的现实相遭遇的个性化瞥视产生阻挠的社会障碍。飞机突出地表现了主体整合到主体的幸存所依赖的结构之中：

> 人们必须做的或者必须克制不做的事情……通过标语而被知晓。有时候它们传递的是人们应当系上安全带……人们怀疑靠安全带所能确保的是，万一发生灾难，没有人可以主动地逃脱……

相应地，经验的智力被全面地同化了，主体——在这个文本中不再是"我"，而是一以贯之的"人们"——对社会合用的同一化概念的反对崩溃了：

> 瞥视……最终……看到数百万人以前曾经看到过的东西，并且不由自主地重复他们的器官曾经执行过的东西……每个人看起来都完全习惯于那正在继续的东西，甚至谈论飞行也被认为是有失身份，人们……几乎不朝外看。

以通用程序来包围和排列经验的技术—制度之茧关闭了对特殊之物的公开聚焦：

229

> 人们从他们指望的印象中分离出来，这更多地不是因为高度，而是因为组织的隔离层。也许这对乘客的冷漠做出了某种解释。最令人兴奋的经验被如此地调控，以至于经验几乎不会发生。（VSII 548—549）

早期遭遇所特有的身体反应已经萎缩了：

没有什么东西会使人们从他们的座椅上站立起来……甚至长期以来对飞行犹豫不决的人也一直没有恐惧。在庞大的飞机中，气压被平衡了……晕机不再存在，荒诞故事中的气旋无法被注意到，甚至离开地面的瞬间也不能够确定无疑地获得特殊性。也许这被引擎的无度轰鸣淹没了，这些引擎事先发动起来，人们感到被交付给了它们，他们被剥夺了同自己身体的任何关系，以至于屈服下来而完全感觉不到害怕……着陆无非是一种温柔的撞击。

与阿多诺村庄意象形成的对比是惹人注意的。在这些条件下，甚至孩子们也不再被打动到意乱神迷的程度，"他们很少注意到什么正在发生……安静、游戏或者睡眠，仿佛他们已经随着它而长大了，甚至技术设备比如有着诸多装备的驾驶舱看起来也不令他们感兴趣"（VSII 549—550）。

然而，孩子们的无聊不仅是经验主体在社会整合中变形的一种迹象，而且也是对永远相同的客观灰色的一种太过合适的回应。阿多诺问他的学生，这难道不是因为飞行的标准化也凸显了所有客观现实的社会化，凸显了特殊的、非同一的、真正活跃和美丽的陌生者的所有客观踪迹的根除吗？

全世界的机场彼此相似……完全是喇叭、空姐以及一切与之相伴随的东西的事务，你真的会发现很难抗拒这样一种印象，即个别城镇和国家之间的其他差异很大程度上只在于驱使乘客们从它们中的一个旅行到另一个，从卡拉奇旅行到那不勒斯或者其他地方。然而，如果不是出于那种广告利益，机场如此令人难忘的象征的形式也将——我几乎要说——毫不留情地把这些城市埋在它自己下面。我们生存于其下的交换原则的基本平等（Egalität，也可作"无差异"）因而也以人类生

活的形式来表现自己，而这些形式仍然借着它们欺骗性的五彩缤纷与我们面对。(HF 109—110)

阿多诺分析了对真实地经验逃避交换社会的现实造成阻挠的社会障碍，这些分析再一次将他推到意识形态绝望的边缘，而他又一次避免了落下，但到如今已是千钧一发：

230

> 在飞行的冒险收缩中，地球作为一个减到最小的东西变成了天体，这个天体渴望它自身的图像就是诸星中的一星，并且为那些不与其肖似的星球产出希望。当地球停在我们后面并消失在我们下面时，一种谨慎的信任被唤醒了，即其他星球上或许居住着比我们更幸福的人。(VSII 551)

阿多诺是在犯傻吗？也许是的，但只是并且恰是在承受得起"可悲本体"对"愚蠢"契机的要求的范围内(ND 396)。这是因为，难道人们不是仍然可能认真考虑一个与人类及其社会相反而不是仅仅与它们相异化的世界，即使只是在将来存在有益于这样一种经验的条件下？对于阿多诺来说，忽视这种潜在可能将意味着让否定在人类所维持的对社会历史条件的一种歪曲中达到顶点，这些条件作为不变的、客观的自然，目前正在妨碍对它们之外的任何东西的经验。这种与总体性绝望分不开的歪曲是未来的暗示所力图避免的东西。从远处看，收缩的地球纠缠于稠密的交换之网中，该网对于网里的东西来说是不可穿透的。这在瞬间表明了一种可能性，即地球也许仍然会"消失在我们下面"并作为天堂而重新露面。地球目前只幻想着自己能成为这个天堂，但是这个天堂却一再地被阻止生成。如果一个世界的各种颜色模糊成在集中营的人间地狱中所实现的总体可交换性的同一灰色，那么在这个世界中，这样一种透视当然简直可以说是"冒险的"。阿多诺的这段文字不尽是科学，但它也不仅仅是虚构。它是"精确的幻想"，即对社会历史条件的理论透视的结果，该幻想苦苦支撑最后的脆弱街垒以对抗思想仍可支持的误导绝望。

同时，这段文字恰恰表明，阿多诺对把"我们的世界留在后面"而向一个不同"星球"的可能性的展望已经变得多么"谨慎"。他对考察、批判、改变和从文本上表达社会化世界的潜力的社会学关注已经在本书中得到了详述。看起来正是这些关注的不可避免性妨碍阿多诺相信"更幸福的人"的"居住"条件的安排，该安排有利于眼睛对那些"无须肖似于"当前灰色的诸颜色的狂喜，这是地球人中所专有的。思想曾经分析过这样一个世界的衍生物，在其中，太阳底下没有什么东西不是被社会所中介的——或者说几乎没有什么东西；阿多诺最终没有下定决心——主体对屈从的抵抗几乎不能够单单依靠对人力所改变的地球的希望而存活，而必须暂时借用一个来自太阳底下的不同世界的意象以便不被破坏。

结　语

231　　最后一章经由形而上学问题而来的迂回证明了下面这个拷问的合理性，即它究竟是不是有助于谈论阿多诺的社会学。他的作品当然包含着广泛的专门致力于社会学问题和潜力的反思：关于社会的概念、社会学研究现象的选择、经验研究、理论分析、社会学的社会—批判维度，以及它与政治实践还有社会学文本问题的关系。此外，阿多诺的全部作品还包括一系列实质性的社会学研究，这些研究涉及无线电广播内容、法西斯主义宣传、文化工业的产品、日常生活的细节、公众的以及非公众的意见，等等。阿多诺的社会学著作也从一些作为伙伴和对手的社会学家们那里汲取持久的灵感，特别是从涂尔干、韦伯和克拉考尔那里，但也从维布伦、齐美尔、拉扎斯菲尔德和里斯曼那里。

　　可是，阿多诺社会学著作的读者们几乎不会在无意中听到它们与他的其他感兴趣领域的对话。他的社会学体现了他对事实性知识的认识论批判、他对元素分析的抛弃以及他对支持集体行动主义的拒绝。相反地，他在经验社会研究和社会学文本上的视角是由美学考察所塑造的，尽管他关于理论分析、社会学的社会—批判成分及其对生死问题的处理的种种看法得到了他在不同哲学领域中工作的引导。此外，阿多诺的社会学受到了该学科直接领域之外的智性努力的强烈影响。本雅明的美学和历史编纂学、霍克海默的批判理论、马克思和卢卡奇的经济学思想以及社会和政治思想、康德和黑格尔以及胡塞尔的哲学、波普尔的和"实证主义的"科学理论、赫胥黎的文学和贝克特的作品作为重要的参考点而出现。最后，这样的一种看法是不合理的，即认为阿多诺对社会学的关注——虽然对他的全部计划来说是至关紧要的——在重要性上超过了他对哲学和美学的关注。

　　阿多诺追踪了严格的学科区分和同一化意识形态之间的密切关系。如果在会议期间人们"一拳捶在桌子上并宣布，'我们需要一种努力成为仅仅只是社会学的社会学'"，那么人们就"可以对某种程度的集体同意有把握"（IS 101）。因为"'小盒子'中的……思考是极其广泛的"（IS 124）。相对新的学科包括社会学遭遇到一种充满在涂尔干的作品中并且体现在齐美尔的思考中的额外的进退两难，这就是不得不征服一片领土以取得它们在"科学的……地图"上的身份，从而"证明……它们的存在的权利"（IS 125，另见SSI 514—515）。阿多诺不仅对同一性思维持批判态度，而且也提防这样一些建议，即建议社会学"使自身局限于意见和偏好或者……人际关系、社会形式、制度、权力关系和冲突"，因为这会使得社会学家们忽视像人类的自我保存或交换这样紧迫的经济问题（IS 141）。既然社会学取决于有待审查的诸现象的要求，那么它也许必定要依靠其他学科的帮助，尤其是哲学、心理学、经济学和历史学。诸如无线电广播音乐之类的现象只能够在它们的全部暗含之意中得到研究，并且通过"有分析头脑的音乐家、社会科学家以及无线电工程专家的紧密合作"（1979：110）。"各学科之间的分工……不是定位于它们的素材，而是……从外部强加到后者之上"，并因而得到批判性的反思（1972：127，另见 GS9. 2 356）。

　　尽管如此，阿多诺有关具体社会学工作的观念并不能够被简单地放弃掉。他认为，各学科之间的区分并不是科学家们用魔法召唤出来的。"科

232

学的分工……具有一种社会—经济学的模式，……它被物质生产中的分工
所中介，而后者首先出现在早期资产阶级的制造业阶段。"(IS 100)"每个街角
上互学科研究的讨论"表明，"由分工所划分的学科"无论如何都是"能够在实
际中解决……分工背后有问题的……合作的"(IS 109)。阿多诺的一个观念直
到最近仍然具有相对简单明了的意义，这就是，单靠知识分子并不能够消除
社会上所强制的学科界限。沃勒斯坦(2000：33)认为，社会科学中的学科划
分一直"在组织上非常牢靠"，但却缺乏"智性的理由"。如果社会科学果然是
有组织的，那么"教育部和大学管理部门"——"也许"是被"旨在降低成本的
合理化"所促动的——将比"社会学家们本身"更"有可能"决定这个进程。

　　阿多诺对那些阻挠消除某些学科界限的社会障碍的关注还贯穿着更为
复杂的论证。弗洛伊德的心理分析就贯穿在阿多诺的社会概念之中。不
233　过，用帕森斯(1964：336－337，339－342)的话来说，阿多诺反对提倡一
种其基本范畴储备可以为统一心理学和社会学提供基础的人文科学。就
"客观性出自(活的主体)"(SP1 69)而言，社会学和心理学的分离是误导性
的。但是，一种在概念上统一起来的人文科学会否认个人利益和社会利益
之间的裂隙(PETG 144－146，另见 PD 16－17)。个人的社会活动符合社
会的要求，这不是因为这些要求同个人利益相匹配，而是因为个人生活在
抑制他们利益的社会压迫之下并且承担社会的"功能"(PETG 150)。尤其
显著的是，个人之所以依照交换社会的经济合理性行动，不是由于天生的
心理倾向，而是因为他们已经把那些要求以恐惧的形式来行动的社会命令
内在化了，即恐惧越轨偏差将导致他们被社会排斥并衰落毁灭(SP1 71－
72)。社会压迫被交换社会的运作加强为一种物化的进程，这种看似独立
于个人的进程作为客观限制与他们对峙(PETG 151)。"心理学范畴"对于
"社会学"来说并不像社会学概念那样是"生产性的"(PETG 146)①。出于种

----

①　社会学范畴也不能够穷尽心理学的研究(PETG 146－149)。

种原因，阿多诺对赞同他那个时代互学科性的讨论感到犹豫不决，而且，他也许认为同样困难的是赞同当前的一种"后学科的社会/文化/政治科学"的计划。①

　　阿多诺坚持认为，社会学构成了一门以特定的问题和方法为特征的学科。这并不强迫社会学家们接受歧视性的同一性思维，后者追求一种得到净化的社会学。正如阿多诺自己有关社会学的著作以及对各种社会现象的研究所阐明的，社会学家们能够冲撞学科的界限，暂时跨越它们并且建立起不同领域之间的联系点：它们的问题、进路、概念上的策略和洞察。社会学能够创造出抵抗同一化和社会分工的空间。并不令人感到吃惊的是，"法兰克福学派"的作品适时地构成了一些社会学家的资源，这些社会学家坚持认为，"创新起因于……从他们学科的中心移动到边缘然后跨越其边界的学者"（尤里，2000b：210）。然而，与其他学科的对话并没有使得阿多诺把社会学混合为一种"在方法论上得到整合的"（IS 109）社会—科学的互动学科。尽管社会现象的历史分析对于阿多诺的社会学来说是至关重要的，但是他的社会学著作从来不像当前的某些提议那样走得如此之远，这些提议要求围绕同"处于方法论中心的……进程"相关联的"历史社会科学的……单一任务"重新统一 21 世纪的社会科学（沃勒斯坦，2000：34）。阿多诺利用了独立利益领域之间的交叉，它们出现在他社会学的具体方法论位置和实质性位置上。这些交叉并不总是达成一致，从不同竞技场出发的视角彼此促发和挑战。例如，艺术中的模仿理论可以支持社会学努力在写作中表现社会现实的方方面面，而认识论的考察则会破坏社会学对经验材

234

---

　　①　我从尤里（2000a：199－200）那里借用了这个措辞，他批判了该措辞所标示的发展："创新从原则上来说并不起因于……在其学科之中……严防死守的学者，而是起因于那些实践的……'互学科的'或'后学科的'研究。"在一项更近的研究中，尤里（2003：124）在探讨那些分析全球合理性的复杂性隐喻时，"把复杂性观念描述……为一种适合于当前蔓延全球的多种多样的物质世界的彻底后学科性的基础……这样的后学科性将把系统分析包括进来以便超越物理科学/社会科学的划分"。

料的信赖。巴赫曼-梅迪克(Bachmann-Medick)(2006：257)在她最近对文化学中文化转向的探究里面提出，要考察"各学科之间联系、重叠但也冲突的区域"。"与'更加光滑的'互学科范畴截然不同"，这样的一种考察可以突出"各学科和研究方向之间的……差别、张力和冲突"，并使它们运作起来。阿多诺对社会学学科界限的反思更多地与这种提议产生共鸣，而不是与净化社会学的观点或者互学科性和后学科性的概念产生共鸣。这些反思连同他对商讨研究实践中学科划分的广泛努力，继续提供对极具话题性的问题的非常规视角。

对于勘定阿多诺社会学工作界线的进一步支持出自一个乍看起来像是破坏这样一种勘界的论证。由于社会整合的缘故，阿多诺认为，除非根据交换社会来加以思考，否则太阳底下没有什么东西可以加以思考。严格说来，甚至一种"非社会的"现实——如果它的踪迹还存在的话——也是以它与社会的区别为特征的。既然交换社会因此影响全部不同研究领域(包括艺术作品和哲学问题)的客体，那么跨越学科光谱的科学家们就被迫在某种程度上蔑视学科界限并寻找"互学科的方法"(1972：127)："通过把学识的素材同整体即社会联系起来"，"社会学"构成了"一种……补救学者分工的企图"。然而，由于以上所列种种原因，这种企图"必然是有限的和局部的"(IS 108)。事实上，随着社会整合的向前进展，对不同现象的社会维度的反思本身就变成了一项非常重要的科学任务。对于阿多诺而言，这正是社会学的任务。交换社会——无所不在且难以捉摸，不是一个可以被勘定界线的实质性区域——并不规定社会学学科的边界。阿多诺不同意涂尔干(1982)的这样一个信念，即社会学能够着眼于作为被标示为研究客体的社会事实来加以构架。反之，首先，以下这些特别的是社会学的：考察交换社会对全部现象的影响问题，用于在不同的实质性领域中处理这些调查的方法策略和概念策略，以及这些策略于其中得到发展的更为宽广的主题域。其次，社会学对来自其他学科的灵感保持开放，反过来也给予其他学科以推动力。在这个严格明确的意义上，人们可以合法地谈论阿多诺的社会学以及他的社会的社会学。

　　阿多诺社会学工作既没有穷尽一种完整的社会学方法论，也没有涵盖于或建基于一套通用范畴或者说基本原则。反之，本书所探讨的关于各种社会学主题的概念构造包括一个反复重现的主旨，即社会学的双重性质。这个以不同外观显现于多个语境中的主旨，一直在对一个频频被打断的过程的种种讨论之中穿行。霍耐特（2005b：165－167）最近削弱了他早先对阿多诺的批判，他认为，只要阿多诺的社会理论被理解为资本主义的一种"解释性理论"，那么它就是可予以支持的。不过，阿多诺的理论必须被解读为资本主义的一种解释学。霍耐特（2005b：168，173）解释说，阿多诺承认，资本主义交换社会之所以对个人显现为不透明的第二自然，乃是因为社会关系被物化了。社会分析必须记录"社会之物向自然的反转变化（Rückverwandlung）"（2005b：169）。霍耐特（2005b：174）继续说道，根据阿多诺的观点，"一般化的……商品交换"乃是"理性变形"的条件。受到韦伯方法论的鼓舞，阿多诺打算以如下方式来阐释经验材料，这就是将经验材料的某些特征加以重新整理、强调突出、夸张扩大并使之风格化，以便构建起那些变形的思维模式和行为模式的理念型特征（2005b：166，171－172，176－179）。最后，霍耐特（2005b：167）强调，阿多诺为自己设定了一个"困难任务"，即始终意识到"僵化的、物化的现实拥有可变革性的可能"。社会理论的这种"自然—历史的"定位与社会学的双重性质是一致的。在下文中，我将再次集中于这个主旨，并认为正是它使得阿多诺的社会分析远比霍耐特的概述所指出的更有问题，同时我将从这些问题中得出结论。

　　阿多诺社会学的双重性质对交换社会的条件做出了回应。社会整合使得客体和人类适应于交换原则，并使得它们根据交换价值而均质化。由于被商品交换关系所统治，人类把劳动产品、他人和自己当作物来对待，并且生活在如同物物关系般的社会关系之中。社会条件被物化并呈现出自然

236

的外观。此外，作为总体适应的整合使得一切人类思想和行动都坚定不移地服务于社会的再生产。虽然社会只不过是由人类所维系的，但是社会逐渐自动地运行，就好像它是自主的，"宣称自己是凌驾于人类之上的一种盲目且不可避免的命运"（HF 27）。固化的社会整体像一个客观不变的机械装置那样运作："它具有历史客观性的本质，即人类所制造的东西比如广义上的制度……被制造得独立于人类并且逐渐形成一种第二自然。"（HF 161）资本主义的社会条件同个人异化，作为不透明的、不可变的权威与个人对峙。社会分析必须抓住社会异化以及潜在的物化和社会关系及机制的刺激。

然而，不管被同化的生活行动造成了怎样的一个如物般的社会，僵化的整体都恰恰是由执行历史进程的人类活动所维持的。"固化的制度，如生产关系，乃是……甚至人类所制造的那些大约无所不能的制度，可废除的东西。"（HF 162）因此，社会学必须努力否定客观不变的自然的有益视角，同时找出办法把社会译解为它是历史地产生的、人力再生产的现实。"只有一种经验能够对它的逾期理论的进路有所帮助，这种经验虽不借助现存定理匆忙地确保和欺瞒自身，但仍成功地知觉到了社会相面术中的变化。"（SSI 194）

与他在不同主题语境中阐述这个双重任务相应，阿多诺的社会学以各种各样的表现形式发展了它的双重性质。第一章和第三章可以看到阿多诺社会学所针对的双重视角，一方面是社会的异化的、僵化的性质，另一方面是它的历史的、人力维持的现实。他企图满足这种客观的东西，这些企图贯穿于他对特定现象的社会维度的分析中，以及他对经验社会研究和理论社会研究的问题和潜力的方法论调查中。社会学的双重性质也反映在它的社会—批判维度中。记录凝固条件中的异化构成了一种方法，这就是承认社会的苦难、谴责社会并促使它变革的方法。反过来，就那些独自就能造成社会变化的人而言，把社会当作一种可废除的现实对于抵制屈服来说是至关重要的。引导阿多诺对社会学著作进行反思的问题之一是，社会学家们怎样才能道明他们看待交换社会的双重视角。由于不满意概念的同一化，阿多诺用刺激现状的模仿性表现来进行实验。他想要如愿以偿地写作他从弗洛伊德那里观察到的东西：“使他自己变成像僵化条件那样的固体”——但总是“为了打破它们”（SSI 37；另见库克，2004a：44—45）。对于僵化的每次道明也都吁求着它的再构造，以期将社会关系呈现为容易受到人类介入的历史现象。

237

很难避免这样一种印象：对于阿多诺的社会学来说，社会学双重任务的第一元素——识别、描绘、谴责僵化的整体——比它的第二元素更容易达成。阿多诺把大量智力行为和体力行为的经验例子——从追赶一辆公交车到淹没公众意见，从阅读占星术到害怕死亡——部分地解释为是对一个不透明的社会世界的反作用，这个世界作为自主的、客观的、不变的权威与个人对峙。他也把许多社会学的、哲学的和美学的概念——涂尔干的社会事实、卢卡奇的“第二自然”、马克思的“自然规律”、胡塞尔的“本质”、本雅明的“命运”和“神话”——译解为是对受刺激社会里（在许多其他方面中间）的异化的道明。此外，这些条件在某些否定中进入视野里，即否定对交换社会之外的现实的一些由社会所决定的经验观察和假定经验。阿多诺突出了从文本上呈现——特别是表现，考虑到各自概念的萎缩——异化和物化的方式。而且，尽管直接观察通常是不值得信赖的，但是他指出，甚至与社会“在要害处”的直接面对也获得了凝固而费解之整体的虚弱而扭曲的征兆。

在确立和呈现那些看待社会之人的、历史的、可变的现实的综合视角上，阿多诺看似有着更大的困难。有一种说法是，阿多诺凭借一种“具体的和唯物的历史”来挑战纯粹抽象的历史概念，例如海德格尔（1962：424—455）的“非历史的”历史主义，但最终让具体的历史“蒸发”为与海德格尔相似的抽象（克拉尔，1974：166），这种说法公平吗？阿多诺的社会学难道只能提

供一种"超负荷的""拜物化的"历史概念的"词语巫术"（阿尔伯特，在 PD
177）吗？阿多诺的社会学难道容易遭到他自己对涂尔干学派的批评，即批
评其因为"集体—普遍和个人—特殊的辩证法在社会中被忽视"而没有"从
历史上确定……意识和制度的种种集体形式"（SSI 251）吗？

　　这些批评当然是笼统的。阿多诺的社会学工作包含对经验材料的理论
解释，这些解释力图强调社会的历史进程并表明人类活动是如何再生产社
会的。人们一丝不苟地计算现在，个人喜好从财务上来加以安排，移民女
238 孩们用其面容换取优待，同事们发出有效率的"哈喽"，海滩游客们躺在太
阳下面，雇员们由占星术开出快乐处方，在这些地方，阿多诺看到了人们
以社会关系过活之诸般方式的具体表现，这样的社会关系仿佛是物与物之
间的关系，并且顺从地支持和扩展交换原则对社会现实和物质现实的统
治。人类在他们的生活行动中把社会物化和固化了。然而，这些企图所取
得的成功似乎常常是有限的，即企图把社会译解为人的、历史的、可变
的。阿多诺的许多文本给人以这样的印象：这里所讨论的人类只能在服务
于社会再生产的时候执行那些行动，他们是被迫这么做的，甚至社会的假
定历史维度也只有少得几乎没有变化的潜力。某种社会世界的可能性常常
只是得到暗示——在这个社会世界中，讣告不把死者当作物来谈及，失去
了他们之所爱的个人不感到被迫要抓住下一个极好的机会，没有花在雇佣
劳动上的时间并未偷偷地贡献给资本主义生产。另外，阿多诺对社会的历
史可变性的说明经常局限于指出支持社会的人类思维可以发生改变并因此
而具有一种社会变革的冲击力，阿多诺论性禁忌的文章、他的哲学应试者
们以及他反对野蛮的教育计划就是这种倾向的例证。当然，对于阿多诺来
说，思想尤其是同一性思想在社会再生产的生活行动中起着主要作用，所
以他对物化意识感兴趣。但是，思想本身并不再生产社会。霍耐特
（2005b：166）正确地强调了阿多诺的一个意图，即意图洞悉"历史现实的第
二即物化的自然"，而洞悉的手段就是揭露支撑它的"行动和意识的形象"。

可是，面对这个分析要求，阿多诺大部分社会学对社会再生产思想特点的聚焦是有问题的。只要改变人类思维的潜力得以明确，社会的可变性就可仅从一个重要角度来呈现。最后，社会学思考本身的历史维度通常只是得到部分的解码。[①]　相应地，虽然阿多诺的社会理论拥有一个供其使用的广泛光谱——在这个光谱中，概念能突出异化和僵化——智性过程能识别异化和僵化，构造能表现异化和僵化，但是这个光谱对于社会的历史现实而言却是较为狭窄的。许多段落要么勉强否定社会的各种外观是本质、自然或客体——"不是物""不是不变的"，要么勉强定期抽象地再保证社会是历史的——"生成出来的""由人类所创造出来的""被个人所再生产出来的"以及"具有变化的潜力"。

239

　　如果这些困境印证了前面所援引的批评，那么它们将严重质疑今天重新研究阿多诺社会学思想的要求或者益处。阿多诺社会学的缺陷可看作能化约为社会学家及其思想的理论的也许是心理学的困境。社会学家们将配备一种惊人的论证，以便把阿多诺对该学科的不驯服的展望贬黜到博物馆里。虽然与阿多诺社会学双重性质联系在一起的种种问题是无可否认的，但是它们看起来促使得出不同的结论。

　　对于阿多诺来说，资本主义是社会整合的一个条件。社会条件物化和固化到仿佛是不变的客观性的程度，这样一种社会条件主宰着现实的越来越多的方方面面。它把它的标记留在越来越多的物质现象和智性现象上，越来越多地烦扰思想进程和实践，强烈要求从数量渐增的文本段落之下来表现，因而现在几乎不能够借助那分析其周围环境的主体来加以避免。社会化日益妨碍主体对其社会环境的客观外表进行洞察，日益妨碍努力澄清其历史进程是由人类所执行的。阿多诺阐述道，从贝克特角色的"彻底异化的立场"（阿多诺等人，1994：108）出发，"历史被省略了，因为它已经使

---

　　①　第三章和第四章突出了障碍的含义，这些障碍阻挠对用于理论分析和社会批判的社会学的经验性重构和规范性范畴进行译解。

意识思考历史的力量变得枯竭了"(NLI 247)。关键是，社会学家及其学科不能够完全避免这种社会气候：社会学既关注社会，又发生在社会之中；交换社会作为一种有待考察的事实出现在社会学面前，并且充满社会学研究的每一个方面，包括它的问题、观察、概念、实践和表述。阿多诺对一种得到整合、无所不在和受到刺激的条件的困境进行了诊断，这个困境就是"客观规律性在社会中不容置疑地起着根本的作用"；无论什么地方，"社会的客观的、制度的方面都已脱离了组成社会的人们，并且在与他们的关系上发生了固化"(IS 151)。正是这个社会困境在社会学据称纯然智性的缺陷中找到了表达方式：一方面是社会学准备从其外观上将社会把握为客观性，另一方面是社会学恰巧难以将社会译解为人的和历史的。贝克特剧中人物的思维模式——"我被如此地异化，以至于除此之外我不能够以任何其他方式说话"（阿多诺等人，1994：109）——对于交换社会的社会学家来说并不陌生，而他之所以有别于那些人物，乃是因为他同把社会当作自然和本质的神秘化做斗争。

240　　　　"主体的……某种条件，"阿多诺提醒他的社会学学生们说，"是需要的，以便社会能够以其现存形式幸存。如果主体是不同的……那么社会或许就不能够如其所为般地幸存。""主体是潜力……靠着这潜力，这个社会能够发生改变"，因此"对社会的物化的识别不应该被……物化"。社会学也必须"关注体制和人类之间的关系"(IS 151-152)。可是，这种关系进一步侵害了社会学研究。在当前条件下，生产社会关系的个人面对着一个僵化的社会，这个社会决定个人的幸存并作为不让步的自然向他们显现。因此，除服从和维持现存条件之外，个人看不到其他选项。这使得他们去从事社会再生产，仿佛他们不能够做别的，仿佛他们天生就被迫循规蹈矩，仿佛他们并无社会由以可能发生改变的潜力。正是由于这种社会困境，社会学想要把社会译解为活人的一种历史的、可变的产品的努力遭到了进一步折中：社会学对维持社会的人类实践的描绘以把这些实践描述为无可避免和客观决定而告终，甚至社会学对社会的表面历史维度的阐述也很少等于对变化的可能性的有说服力的概述。

社会学的双重性质反映了一个更加宽广的问题语境。阿多诺的社会学著作是不令人满意的，哪怕它们在社会学对社会的双重视角上保持最低限度的不平衡。社会就其主要方面而言呈现为两样东西：一是让社会的僵化闪闪发光的一种不变客体，二是理应指出其可变性的一种人的、历史的产物，这样的呈现保持着两个相冲突的视角。"主张自己凌驾于人类之上的东西恰恰是借助人类来主张的"，这是一个"矛盾"。然而，对于阿多诺来说，这种表面上的"逻辑矛盾"并非"仅仅是一个不充分的构想的产物"，亦即不是纯然逻辑的。"矛盾……是从情境中产生出来的。"(HF 27)由社会分析所保持的矛盾本身并不是一种智性缺陷，而是与社会的两个基本特征进行持续交涉所不可或缺的部分，这种交涉深刻地影响着它的科学检查。在阿多诺看来，借助其在交换社会上彼此挑战的视角而得到表现的社会学双重性质，乃是该学科对一个被紧紧地整合的社会的最忠实回应。这个被紧紧地整合的社会尽管由人类在历史上造成并维持，但却受刺激到像一个客观机械装置般运作的程度。

阿多诺的许多论交换社会的文本已被证明反映了社会对概念把握的不断逃避。社会学解释为在事实外观背后运转的社会机制和条件提供了视角，但是这些视角常常很难和谐一致。阿多诺不断限定和修正他对社会所中介的现象而做出理论主张，与此同时定期地使一些不相容的陈述处于悬而未决之中。可是，再一次地，这些社会学窘困并不是纯然社会学的。就阿多诺而言，它们也还具有一种决定性的社会维度：社会本身的整合倾向于支持它对社会学考察进行抵制。这一情况并不仅仅是因为社会化造就了一个固化的社会世界，该世界的历史现实越来越难以译解，并且它的矛盾倾向无法在概念上得到解决。阿多诺作品中的一些段落分外指出，社会化的推进把人类越来越多的智性现实和物质现实诱入陷阱之中，与此同时把

241

世界紧紧包裹在一张复杂纠缠的密集之网中，组成这张网的是经济和社会关系，意识形态，以及生产、分配和操控的机构。

不可否认的是，阿多诺的社会学很少能够完全达成它为自己设定的目标，在它身上搭乘着种种不充分性、冲突甚至矛盾。无论从哪个方面来看，阿多诺的工作都把更大的重点置于社会学的每个领域中与其对峙的那些问题上，而不是置于社会学成功考察社会的潜力上。甚至阿多诺对社会学潜力的提及也无法同更深问题的指出分开。把对社会学困境的这种坚定不移的关注当作平淡无奇和强迫限制而打发掉，把阿多诺交换社会的社会学中的褶皱和断裂化约为一种有瑕疵的社会学构想，把他的社会学著作当作与该学科最近构想的步伐失调而存档：所有这些都会帮助社会学家们证明，移除他的作品为该学科前进到 21 世纪所设置的智性障碍是合理的。

然而，这样的姿态不能够避免给人以不舒服的印象。在阿多诺看来，困扰社会学的问题无法被化约为一种自主的主体及其推理的瑕疵。由于受到社会的制约，这些困境不是作为社会学不足之处的结果在社会学思想的表面爆发，而是在一种彻底社会学的视角的形成过程中爆发，这种视角观察到，社会学所力图考察的社会现实既与社会学对峙又对其加以中介。阿多诺社会学展望的反抗以及他有关分析交换社会中社会生活的大量企图的窘困，讲述了对社会学所关注并发生于其中的社会的一种受到折磨的回应（另见 SoI 184）。因此出现了一种危险，这就是继续错误地把阿多诺社会学的智性差异的移除当作对根本障碍的克服，阿多诺社会学及其对时间过程的敌意被解除了，一旦这样的智性差异被移除，思想就立即不知不觉地进入为流行的社会条件服务当中。克服社会妨碍社会学分析的可能性取决于准确地处理阿多诺留给社会学的任务：对交换社会的一种使其能够发生变革的批判性考察。

242

附录

阿多诺社会学年表

本年表信息采集自缪勒-多姆(2009)、许特(2003)、威格斯豪斯(1987，1994)以及梯德曼在阿多诺《全集》(*Gesammelte Schriften*，2003b)中的编辑述评。

1903　西奥多·路德维希·威森格伦德-阿多诺(Theodor Ludwig Wiesengrund-Adorno)9 月 11 日出生于美因河畔的法兰克福。

　　　父母：父亲奥斯卡·威森格伦德(Oscar Wiesengrund)，是一位酒商；母亲玛丽亚(Maria)，娘家姓氏为卡尔维利-阿多诺·德拉·皮亚纳(Calvelli-Adorno della Piana)，是一位歌手。

1913－1921 在法兰克福的威廉皇帝高级中学接受中等教育。在霍赫音乐学院学习作曲和钢琴。开始发表音乐和文学批评。开始作曲。①比他年长 14 岁的齐格弗里德·克拉考尔(Siegfried Kracauer)成为阿多诺的朋友和指导者。

1921－1924 在法兰克福大学学习哲学、社会学、音乐学。与列奥·洛义塔

---

① 参见缪勒-多姆，2003：951－958 上的曲作列表。

尔(Leo Löwenthal)建立友谊。

1922   与马克斯·霍克海默建立友谊。

1923   与瓦尔特·本雅明建立友谊。社会研究所创立。

1923—1966 与克拉考尔通信。

1924   论胡塞尔的博士论文[导师为汉斯·科内琉斯(Hans Cornel-
              ius)](GS 1)。

1925   在维也纳与阿尔班·贝尔格(Alban Berg)研究作曲。与阿诺
              德·勋伯格小组接触。

1925—1935 与贝尔格通信。

1926—1931 在法兰克福研究哲学。

1927—1969 与霍克海默通信。

1928—1940 与本雅明通信。

1931   霍克海默成为社会研究所主任。阿多诺完成论克尔凯郭尔的任
244   教资格论文[导师为保罗·蒂利希(Paul Tillich)]。法兰克福大
              学就职讲演"哲学的实际情况"。"无词之歌"(VSII)。

1931—1933 教授哲学和美学。关于本雅明的《德国悲悼剧的起源》的研
              讨班。

1932   "自然—历史的观念"的讲演(去世后出版)。"论音乐的社会情
              境"(GS 18)。

1933   国家社会主义者们在德国掌权。社会研究所关闭,最后在纽约
              重启。阿多诺失去了他的教师执照。盖世太保搜查他的房子。
              《克尔凯郭尔:审美对象的建构》。

1934   移居伦敦。

1935—1938 牛津大学进修生(哲学)。

1936   "论爵士乐"(GS 17)。

1936—1969 与阿尔弗雷德·松-勒泰尔(Alfred Sohn-Rethel)通信。

1937　　　与玛格丽特·卡普拉斯(Margarethe Karplus)结婚。"新价值无涉社会学"[VSI，论卡尔·曼海姆；修订版发表于 1953(P)]。"论胡塞尔的哲学"(VSI，去世后出版)。

1938　　　移居纽约。加入社会研究所。"论音乐中的物神性质和倾听中的退化"。

1938—1940 保罗·拉扎斯菲尔德普林斯顿无线电广播研究计划的音乐研究室主任。

1939　　　准备社会研究所关于反犹主义的研究。

1940　　　社会研究所正式成员。"没有冒险"(VSII，去世后出版)。

1941　　　在洛杉矶与霍克海默会合。"论流行音乐""广播交响乐""维布伦对文化的攻击""没落之后的斯宾格勒"(基于 1938 年的一次讲演)。

1942　　　"对阶级理论的反思"(去世后出版)。"关于需求的提纲"("Theses on Need"，SSI，去世后出版)。

1943　　　"马丁·路德·托马斯广播演说的心理技术"(去世后出版)。

1943—1950 导致《权威主义人格》的合作研究[与埃尔斯·弗伦克尔-布伦斯维克(Else Frenkel-Brunswick)、丹尼尔·J·莱文森(Daniel J. Levinson)、R·内维特·桑福德(R. Nevitt Sanford)一起]。

1944　　　《启蒙辩证法》(与霍克海默合著)。

1945　　　在洛杉矶犹太人俱乐部发表讲演"知识分子移民的问题"(VSI)(去世后出版)。"广播音乐的社会批判"。

1946　　　"反犹主义和法西斯主义的宣传"。

1949　　　暂时返回法兰克福。在法兰克福大学任教。"文化批评与社会"(1951 年出版)。"面对卢卡奇"(VSI)(去世后出版)。"民主领导与大众操纵"(VSI)。《新音乐哲学》。

1950　　　参与社会研究所在法兰克福的重启。开始本雅明作品的集中编

245

辑工作。"本雅明的肖像。"

1950—1955 用于《群体实践》的合作研究。

1951　　　提升德国的经验社会学。《最低限度的道德》(主要写于 20 世纪
　　　　　40 年代)。"弗洛伊德理论与法西斯主义宣传的范型。""奥尔德
　　　　　斯·赫胥黎和乌托邦。"[基于 1942 年的一个研讨班]"几乎太严
　　　　　肃。"(VSII)

1952　　　"修订的心理分析。"(SSI,基于旧金山的一次讲演)"论德国经
　　　　　验社会研究的当前位置。"(SSI)"公众意见与意见研究"(VSI),
　　　　　去世后出版。《寻找瓦格纳》。

1952—1953 暂时回到美国。哈克基金会研究室主任。"坠地之星。"(1957
　　　　　年出版)

1953　　　返回德国。法兰克福大学哲学和社会学特别教授。"作为意识
　　　　　形态的电视。"(CM)"个人与组织。"(SSI)"论技术和人文主义。"
　　　　　(VSI)

1954　　　用于《社会科学简明词典》的教学论文"经验社会研究。"
　　　　　(GS9.2,与多位合著者一起)"如何看待电视。""对政治学和神
　　　　　经症的评论。"(SSI)"对意识形态研究的贡献。"(SSI)"空中的瞥
　　　　　视。"(VSII)

1954—1969 几乎每个学期都开设社会学研讨班:导论、基本概念、社会学
　　　　　理论和社会理论、认识论问题和方法论问题、经验的方法、定
　　　　　性的研究、研究实践、个人和社会、社会冲突、权威主义人
　　　　　格、结构主义、意识形态社会学、艺术社会学、音乐社会学、
　　　　　教育社会学。[1]

1955　　　《棱镜》。"社会学和心理学"(SSI)。"'企业气候'与异化"

———————————

① 参见缪勒-多姆,2003:944—950 上阿多诺的教学一览表。

（VSII，去世后出版）。"本雅明《著作集》导论。"社会研究所出版曼内斯曼研究。

1955—1968 编辑《法兰克福对社会学的贡献》[与瓦尔特·德克斯（Walter Dirks）、路德维希·冯·弗里德堡（Ludwig von Friedeburg）一起]

1956 给阿姆斯特丹社会学会议的投稿产生了"作为社会学范畴的'静态'和'动态'"（1956 年、1961 年以不同版本出版）一文。《反对认识论》（部分基于牛津的研究）。

246

1957 法兰克福大学哲学和社会学正教授。"社会学和经验研究。"（PD）"社会研究中的团队合作。"（SSI，去世后出版）

1958 霍克海默退休。社会研究所副主任阿多诺成为主任。开始深入研究萨缪尔·贝克特的作品。《文学笔记》第 1 卷（包括"作为形式的散文"）。"网球场美术馆中的涂鸦。"（OL）

1959 "论德国社会学的当前状态。"（SSI）"伪文化理论。""通过过去来工作的意义。"

1960 "文化与行政管理。"《马勒：一种音乐相面术》。

1961 在图宾根会议发表讲演"论社会科学的逻辑"（1962 年出版）以答复卡尔·波普尔的"社会科学的逻辑"，该讲演引发了德国社会学中的实证主义争论。"意见妄想社会。"《文学笔记》第 2 卷（包括"尝试理解《终局》"）。

1962 《音乐社会学导论》。"承诺。""哲学与教师。"（基于 1961 年的广播讲演）《社会学》II（与霍克海默一起）。"那些 20 多岁的人。""论今日与反犹主义的战斗。"（VSI）

1963 "今日之性禁忌与法。"《介入：九种批判模式》（CM）。《黑格尔：三个研究》。"文化工业之再考察。"（OL）"卢卡纪念物。"（OL）

1963—1968 德国社会学协会主席[由拉尔夫·达伦多夫（Ralf Dahrendorf）

继任]。

1963—1969 参加关于教育、去野蛮化、成熟的四场广播谈话。

1964　　共同组织第 15 届德国社会学会议。《社会理论之哲学元素》的
　　　　系列讲演（PETG）。《历史与自由》的系列讲演。"意见研究与
　　　　公众领域。"（SSI，去世后出版）"好奇的现实主义者：论齐格弗
　　　　里德·克拉考尔。""进步。"（基于 1962 年的讲演）《真实性的行
　　　　话》。

1965　　与阿诺德·盖伦（Arnold Gehlen）广播辩论，"社会学是一门人
　　　　的科学吗？"（ISW）（去世后出版）。《形而上学》的系列讲演。
　　　　"关于社会—科学的客观性的笔记。"（SSI）"论这个问题'何为德
　　　　国人？'。"《文学笔记》第 3 卷。

1966　　《否定的辩证法》。百科全书条目"社会"。"阿莫尔巴赫。"（OL）
　　　　"来自锡尔斯·玛利亚。"（OL）"书信家本雅明。"

247　1967　　埃米尔·涂尔干《社会学与哲学》（德译本）的导论（SSI）。《无指
　　　　导原则》（《美学理论》的前导）。"关于艺术社会学的提纲。"（基
　　　　于 1965 年的讲演）"奥斯维辛之后的教育。"（基于 1967 年的广
　　　　播讲演）"乌若咪。"（VSII）

1967—1969 反复与学生行动主义者们发生冲突，常常是在讲演过程中。

1968　　参加反对"紧急状态法"的抗议。共同组织第 16 届德国社会学
　　　　会议；"后期资本主义或者工业社会？"的入门性讲演；编辑会
　　　　议记录（1969 年出版）。《社会学导论》的系列讲演。关于笑和
　　　　社会冲突的研讨班的结果作为"关于今日社会冲突的笔记。"[与
　　　　乌苏拉·耶里什（Ursula Jaerisch）一起，SSI]出版"一位欧洲学
　　　　者在美国的科学经验。"《阿尔班·贝尔格：最小链接的大师》
　　　　（部分写于前几十年）。

1969　　"自由时间"的广播讲演。《德国社会学中的实证主义争论》[与

汉斯·阿尔伯特（Hans Albert）、拉尔夫·达伦多夫、于尔根·哈贝马斯（Jürgen Habermas）、哈拉尔德·皮洛特（Harald Pilot）、卡尔·波普尔一起］。"社会理论与经验研究。"（SSI，去世后出版）"理论和实践的旁注。"《标题词：批判模式 II》（CM）。《批判》。《辞呈》。8 月 6 日于瑞士菲斯普去世。

1970　《美学理论》。

1974　《文学笔记》第 4 卷。

参考文献

248   Adorno, T. W. 1938. "Music in Radio", unpublished memorandum, Princeton Radio Research Project, School of Public and International Affairs, Princeton University.

"Husserl and the Problem of Idealism", *Journal of Philosophy*, 1940, 37(1): 5—18.

"On Popular Music", *Studies in Philosophy and Social Science* 1941, 9(1): 17—48.

"A Social Critique of Radio Music", *Kenyon Review*, 1945, 7(2): 208—217.

1954, "How to Look at Television", *Quarterly of Film, Radio and Television*, 3: 213—235.

"Große Blochmusik", *Neue Deutsche* Hefte, 69: 14—26.

1961. "'Static' and 'Dynamic' as Sociological Categories", trans. H. Kaal, *Diogenes*, 9 (33): 28—49.

1967. "Sociology and Psychology", trans. I. N. Wohlfarth, *New Left Review*, 46: 67—80.

1968. "Sociology and Psychology II", trans. I. N. Wohlfarth, *New Left Review*, 47: 79—97.

1969a. "Society", trans. F. Jameson, *Salmagundi*, 10 11: 144—153.

(ed.) 1969b. *Spätkapitalismus oder Industriegesellschaft? Verhandlungen des 16. deutschen Soziologentages*, Stuttgart: Ferdinand Enke Verlag.

1971. *Erziehung zur Mündigkeit*, Frankfurt am Main: Suhrkamp.

1972. "Theses on the Sociology of Art", trans. B. Trench, *Working Papers in Cultural Studies*, 2: 121—128.

1973a. *The Jargon of Authenticity*, trans. K. Ranowski and F. Will, London: Routledge & Kegan Paul.

1973b. *Philosophische Terminologie. Zur Einleitung*, Vol. I, Frankfurt am Main: Suhrkamp.

1973c. *Philosophy of Modern Music*, trans. A. G. Mitchell and W. V. Bloomster, London: Sheed & Ward.

1974. *Philosophische Terminologie. Zur Einleitung*, Vol. II, Frankfurt am Main: Suhrkamp.

1976. *Introduction to the Sociology of Music*, trans. E. B. Ashton, New York: Seabury Press.

1977. "The Actuality of Philosophy", *Telos*, 31: 120—133.

1978. *Minima Moralia: Reflections from Damaged Life*, trans. E. F. Jephcott, London: Verso.

1979. "The Radio Symphony", in P. F. Lazarsfeld and F. N. Stanton (eds.) *Radio Research 1941*, New York: Arno Press, 110—139.

1982. *Against Epistemology: A Metacritique. Studies in Husserl and the Phenomenological Antinomies*, trans. W. Domingo, Oxford: Blackwell.

1983. *Prisms*, trans. S. Weber and S. Weber, Cambridge, MA: MIT Press.

1989. *Kierkegaard: Construction of the Aesthetic*, trans. R. Hullot Kentor, Minneapolis: University of Minnesota Press.

1991a. *The Culture Industry: Selected Essays on Mass Culture*, London: Routledge.

1991b. *Notes to Literature*, Vol. I, trans. S. W. Nicholsen, New York: Columbia University Press.

1992a. *Mahler: A Musical Physiognomy*, trans. E. Jephcott, University of Chicago Press.

1992b. *Notes to Literature*, Vol. II, trans. S. W. Nicholsen, New York: Columbia University Press.

1993a. "Der Begriff der Philosophie, Vorlesung Wintersemester 1951/1952. Mitschrift von Kraft Bretschneider", in *Frankfurter Adorno Bläter*, Vol. II, ed. Theodor W. Adorno Archiv, Munich: edition text + kritik, 9—90.

1993b. *Hegel: Three Studies*, trans. S. W. Nicholsen, Cambridge, MA: MIT Press.

249

1993c. "Theory of Pseudo Culture", trans. D. Cook, *Telos*, 95: 15—38.

1994. "Elf Nachträge zu den Gesammelten Schriften", in *Frankfurter Adorno Bläter*, Vol. III, ed. Theodor W. Adorno Archiv. Munich: edition text + kritik, 135—47.

1995. "Adornos Seminar vom Sommersemester 1932 üer Benjamins *Ursprung des deutschen Trauerspiels*", in *Frankfurter Adorno Bläter*. Vol. IV, ed. Theodor W. Adorno Archiv, Munich: edition text + kritik, 52—77.

1996. *Negative Dialektik. Jargon der Eigentlichkeit*, Vol. 6 of *Gesammelte Schriften*, ed. Rolf Tiedemann, Frankfurt am Main: Suhrkamp.

1998a. *Beethoven: Philosophy of Music*, trans. E. Jephcott, Stanford University Press.

1998b. *Critical Models: Interventions and Catchwords*, trans. H. Pickford, New York: Columbia University Press.

1998c. *Quasi una Fantasia: Essays on Modern Music*, trans. R. Livingstone, London: Verso.

1999. *Aesthetic Theory*, trans. R. Hullot Kentor, London: Athlone Press.

2000a. *Introduction to Sociology*, trans. E. Jephcott, Stanford University Press.

2000b. *Metaphysics: Concept and Problems*, trans. E. Jephcott, Cambridge, UK: Polity Press.

2001. *Negative Dialectics*, trans. D. Redmond, URL: www. efn. org/~ dredmond/ ndtrans. html. Last accessed: 11 November 2010.

2002a. *Essays on Music*, trans. S. Gillespie, Berkeley: University of California Press.

2002b. *The Stars Down to Earth and Other Essays on the Irrational in Culture*, London: Routledge.

2002c. "Who's Afraid of the Ivory Tower?", trans. G. Richter, *Monatshefte*,94(1): 10—23.

2003a. *Can One Live after Auschwitz? A Philosophical Reader*, trans. R. Livingstone *et al*. Stanford University Press.

2003b. *Gesammelte Schriften*, Vols. 1—20, ed. Rolf Tiedemann, Frankfurt am Main: Suhrkamp.

2004. *Beethoven. Philosophie der Musik. Fragmente und Texte*. In *Nachgelassene Schriften*. Pt I: *Fragment gebliebene Schriften*, Vol. 1, ed. Rolf Tiedemann, Frankfurt am Main: Suhrkamp.

2006a. *History and Freedom: Lectures 1964 — 1965*, trans. R. Livingstone, Cambridge,

UK: Polity Press.

2006b. "The Idea of Natural History", trans. R. Hullot Kentor, in Hullot Kentor, 2006: 252—270.

2006c. *Letters to His Parents 1939 — 1951*. Cambridge, UK: Polity Press.

2007. "Theses on the Language of the Philosopher", trans. S. Gandesha and M. K, Palamarek, in Burke *et al.* 2007: 35—42.

2008. *Philosophische Elemente einer Theorie der Gesellschaft*. In *Nachgelassene Schriften*, Pt IV: *Vorlesungen*. Vol. 12, ed. Tobias ten Brink and Marc Phillip Nogueira, Frankfurt am Main: Suhrkamp.

2009a. *Current of Music*, trans. R. Hullot Kentor, Cambridge, UK: Polity Press.

2009b. "*Kultur* and Culture", trans. M. Kalbus, *Social Text* 27(2): 145—158.

Adorno, T. W. and Benjamin, W. 1994, *The Complete Correspondence* 1928—1940, trans. N. Walker, Cambridge, UK: Polity Press.

Adorno, T. W. and Berg, A. 2005, *Correspondence* 1925—1935, trans. W. Hoban, Cambridge, UK: Polity Press.

Adorno, T. W. and Bloch, E. [1964] 1988. "Something's Missing: A Discussion between Ernst Bloch and Theodor W. Adorno on the Contradictions of Utopian Longing", trans. J. Zipes and F. Mecklenburg, in E. Bloch, *The Utopian Function of Art and Literature*, Cambridge, MA: MIT Press.

Adorno, T. W. and Dirks, W. (eds.) 1955, *Gruppenexperiment. Ein Studienbericht*. Frankfurter Beiträge zur Soziologie, Vol. II, Frankfurt am Main: Europäische Verlagsanstalt.

Adorno, T. W. and Gehlen, A. [1965] 1974. "Ist Soziologie eine Wissenschaft vom Menschen? Ein Streitgespräch"(Radio debate), in F. Grenz, *Adornos Philosophie in Grundbegriffen*, *Auflösung einiger Deutungsprobleme*, Frankfurt am Main: Suhrkamp, 225—251.

Adorno, T. W. and Horkheimer, M. 2002, *Dialectic of Enlightenment: Philosophical Fragments*, trans. E. Jephcott, Stanford University Press.

2003. Briefwechsel, 1927—1969, Vol. I: 1927—1937, In *Theodor W. Adorno Briefe und Briefwechsel*, Vol. 4, ed. Christoph Gödde and Henri Lonitz, Frankfurt am Main: Suhrkamp.

2004. Briefwechsel 1927—1969, Vol. II: 1938—1944, In *Theodor W. Adorno Briefe und*

Briefwechsel, Vol. 4, ed. Christoph Gödde and Henri Lonitz, Frankfurt am Main: Su-hrkamp.

2006. Briefwechsel 1927 — 1969. Vol. IV: 1950 — 1969, In *Theodor W. Adorno Briefe und Briefwechsel*. Vol. 4, ed. Christoph Gödde and Henri Lonitz, Frankfurt am Main: Suhrkamp.

Adorno, T. W. and Kracauer, S. 2008. , *Der Riß der Welt geht auch durch mich . . . ' Briefwechsel 1923 — 1966*, In *Theodor W. Adorno Briefe und Briefwechsel*. Vol. 7, ed. Wolfgang Schopf, Frankfurt am Main: Suhrkamp.

Adorno, T. W. and Sohn-Rethel, A. 1991. *Briefwechsel 1936 — 1969*, ed. Christoph Gödde, Munich: edition text + kritik.

251   Adorno, T. W. and Tobisch, L. 2003. *Der private Briefwechsel*, ed. Bernhard Kraller and Heinz Steinert, Vienna: Droschl.

Adorno, T. W. and von Haselberg, P. 1965. "Über die geschichtliche Angemessenheit des Bewusstseins" *Akzente, Zeitschrift für Dichtung*,12(6): 487—497.

Adorno, T. W. , Albert, H. , Dahrendorf, R. , Habermas, J. , Pilot, H. and Popper, K. R. 1976. *The Positivist Dispute in German Sociology*, trans. G. Adey and D. Frisby, London: Heinemann.

1989. *Der Positivismusstreit in der deutschen Soziologie*, Frankfurt am Main: Luchter-hand.

Adorno, T. W. , Boehlich, W. , Esslin, M. , Falkenberg H. and Fischer, E. 1994. "'Opti-mistisch zu denken ist kriminell', Eine Fernsehdiskussion über Samuel Beckett", in *Frankfurter Adorno Blätter*. Vol. III, ed. Theodor W. Adorno Archiv, Munich: edition text + kritik, 78—122.

Adorno, T. W. , Frenkel Brunswick, E. , Levinson, D. and Sanford, E. N. 1950. *The Authoritarian Personality*. New York: Harper & Row.

Adorno, T. W. , Horkheimer, M. and Kogon, E. [1950] 1989a. "Die verwaltete Welt oder: Die Krisis des Individuums", in Horkheimer 1989: 121—142.

[1953] 1989b. "Die Menschen und der Terror", in Horkheimer, 1989: 143—151.

Adorno, T. W. , Suhrkamp, P. and Unseld, S. 2003. , "So müßte ich ein Engel und kein Autor sein", *Adorno und seine Frankfurter Verleger. Der Briefwechsel mit Peter Su-hrkamp und Siegfried Unseld*, ed. Wolfgang Schopf, Frankfurt am Main: Suhrkamp.

Agamben, G. 2007. *Infancy and History: The Destruction of Experience*, trans. L. Heron, London: Verso.

Aguigah, R. 2003. "Intellektueller in Bravissimo Version", *Literaturen* 6: 18—23.

Apostolidis, P. 2000. *Stations of the Cross: Adorno and Christian Right Radio*. Durham, NC: Duke University Press.

Arendt, H. 1968. "Walter Benjamin", *Merkur* 22: 50—65.

Auer, D. , Bonacker, T. and Müller Doohm, S. (eds.) 1998, *Die Gesellschaftstheorie Adornos. Themen und Grunbegriffe*, Darmstadt: Primus.

Bachmann Medick, D. 2006, *Cultural Turns. Neuorientierungen in den Kulturwissenschaften*, Reinbeck bei Hamburg: Rowohlts Enzyklopädie.

Baudelaire, C. 1972, *Les fleurs du mal*, Paris: Le Livre de Poche.

Bauer, M. W. 2000. "Classical Content Analysis", in M. W. Bauer and G. Gaskell, *Qualitative Researching with Text, Image and Sound: A Practical Handbook*. London: Sage, 131—151.

Bauman, Z. 2000, *Modernity and the Holocaust*, Cambridge, UK: Polity Press.

Beck, U. 2000. "The Cosmopolitan Perspective: Sociology of the Second Age of Modernity", *British Journal of Sociology*, 51(1): 79—105.

Becker, J. and Brakemeier, H. (eds.) 2004, *Vereinigung freier Individuen. Kritik der Tauschgesellschaft und gesellschaftliches Gesamtsubjekt bei Theodor W. Adorno*, Hamburg: VSA.

Becker Schmidt, R. 1999, "Critical Theory as a Critique of Society: Theodor W. Adorno's Significance for a Feminist Sociology' in O'Neill, 1999: 104—118.

Beckett, S. 1990, *The Complete Dramatic Works*, London: Faber &. Faber.

Benjamin, J. 1977. "The End of Internalization: Adorno's Social Psychology", *Telos* 32: 42—64.

Benjamin, W. 1991a, *Abhandlungen. Gesammelte Schriften*. Vol. I. 3, ed. Rolf Tiedemann and Hermann Schweppenhäuser, Frankfurt am Main: Suhrkamp.

　1991b. *Das Passagenwerk. Gesammelte Schriften*. Vol. V. 2, eds. Hermann Schweppenhäuser and Rolf Tiedemann, Frankfurt am Main: Suhrkamp.

　1996. *Selected Writings*. Vol. I: *1913 — 1926*, Cambridge, MA: The Belknap Press of Harvard University Press.

　1998. *The Origin of German Tragic Drama*, trans. J. Osborne, London: Verso.

　1999. *Arcades Project*, trans. H. Eiland and K. McLaughlin, Cambridge, MA: The

Belknap Press of Harvard University Press.

2005. *Selected Writings*. Vol. II, pt 2: *1931 — 1934*, trans. R. Livingstone *et al*, Cambridge, MA: The Belknap Press of Harvard University Press.

2006. *Selected Writings*. Vol. IV: 1939 — 1940, trans. E. Jephcott, H. Eiland *et al*. Cambridge, MA: The Belknap Press of Harvard University Press.

Benzer, M. 2011. "Social Critique in the Totally Socialised Society'. *Philosophy & Social Criticism* 37(5).

Berman, R. 2002. "Adorno's Politics", in Gibson and Rubin, 2002: 110—131.

Bernard, A. and Raulff, U. (eds.) 2003. *Theodor W. Adorno. "Minima Moralia" Neu Gelesen*, Frankfurt am Main: Suhrkamp.

Bernstein, J. M. "Why Rescue Semblance? Metaphysical Experience and the Possibility of Ethics", in Huhn and Zuidervaart 1997: 177—212.

Adorno: Disenchantment and Ethics, Cambridge University Press,2001.

Bloch, E. 1937. "Jubiläum der Renegaten", *Die Neue Weltbühne. Wochenschrift für Politik, Kunst, Wirtschaft* 33(46): 1437—142.

The Spirit of Utopia, trans. A. Nassar, Stanford University Press,2000.

Traces, trans. A. Nassar, Stanford University Press,2006.

Bonß, W. 1983. "Empirie und Dechiffrierung der Wirklichkeit. Zur Methodologie bei Adorno", in L. von Friedeburg and J. Habermas (eds.) *Adorno Konferenz* 1983, Frankfurt am Main: Suhrkamp, 201—225.

Brunkhorst, H. *Adorno and Critical Theory*, Cardiff: University of Wales Press,1999.

Buck Morss, S. *The Origin of Negative Dialectics: Theodor W. Adorno, Walter Benjamin, and the Frankfurt Institute*, Hassocks, UK: Harvester Press,1977.

1991. *The Dialectics of Seeing: Walter Benjamin and the Arcades Project*. Cambridge, MA: MIT Press.

Burawoy, M. 2005. "2004 American Sociological Association Presidential Address: For Public Sociology", *British Journal of Sociology*,56(2): 259—294.

Burke, D. A., Campbell, C. J., Kiloh, K., Palamarek, M. K. and Short, J. (eds.).

Adorno and the Need in Thinking: New Critical Essays, University of Toronto Press,2007.

Cahn, M. "Subversive Mimesis: Theodor W. Adorno and the Modern Impasse of Critique", in M. Spariosu (ed.) *Mimesis in Contemporary Theory: An Interdisciplinary Approach*.

Vol. I: *The Literary and Philosophical Debate*, Amsterdam: John Benjamins, 1984, 27—55.

Calhoun, C. "The Promise of Public Sociology", *British Journal of Sociology*, 2005. 56(3): 355—363.

Canetti, E. *Crowds and Power*, trans. C. Stewart, Harmondsworth: Penguin, 1992.

Carnap, R. "Die physikalische Sprache als Universalsprache der Wissenschaft", *Erkenntnis*, 1931,2: 432—465. *253*

Carrier, J. *Gifts and Commodities: Exchange and Western Capitalism Since 1700*, London: Routledge, 1995.

Cavalletto, G. *Crossing the Psycho-Social Divide: Freud, Weber, Adorno and Elias*. Aldershot: Ashgate, 2007.

Christie, R. and Jahoda, M. (eds.) *Studies in the Scope and Method of "The Authoritarian Personality"*, Continuities in Social Research, Glencoe, IL: Free Press, 1954.

Claussen, D. *Theodor W. Adorno. Ein letztes Genie*, Frankfurt am Main: S. Fischer, 2003a.

"Was Ich Hier Tue, Kannst Du Auch. Adorno Biograph Detlev Claussen über die pädagogische Verführungskunst des Philosophen", 2003b, *Der Spiegel* 57(34) (18 August): 140.

Theodor W. Adorno: One Last Genius, trans. R. Livingstone, Cambridge, MA: The Belknap Press of Harvard University Press, 2008.

Cockcroft, R. and Cockcroft, S. M. *Persuading People: An Introduction to Rhetoric*, Basingstoke: Macmillan, 1992.

Connell, M. F. "Adorno, Kafka and Freud", *Body & Society*, 1998, 4(4): 67—89.

Cook, D. *The Culture Industry Revisited: Theodor W. Adorno on Mass Culture*, London: Rowman & Littlefield, 1996.

"Adorno on Late Capitalism: Totalitarianism and the Welfare State", *Radical Philosophy*, 1998, 89: 16—26.

"Adorno, Ideology and Ideology Critique", *Philosophy & Social Criticism*, 2001, 27(1): 1—20.

Adorno, Habermas, and the Search for a Rational Society. London: Routledge, 2004a.

2004b. "Adorno on Mass Societies", in Delanty 2004c: 295—315.

"From the Actual to the Possible: Non-identity Thinking", in Burke *et al*, 2007: 163—180.

Corbett, E. P. J. and Connors, R. J. *Classical Rhetoric for the Modern Student*, 4th edn,

Oxford University Press,1999.

Cornell, D. 2006. "An Interview with Drucilla Cornell"(by R. Heberle), in Heberle 2006: 21—40.

Coser, L. A. *The Functions of Social Conflict*, New York: Free Press,1956.

Cunningham, D. and Mapp, N. (eds.)*Adorno and Literature*, London: Continuum, 2006.

Dahrendorf, R. *Gesellschaft und Freiheit. Zur soziologischen Analyse der Gegenwart*, Munich: Piper,1961.

Delanty, G. (ed.) *Theodor W. Adorno*. Vol. I, London: Sage,2004a.

　Theodor W. Adorno. Vol. II, London: Sage,2004b.

　Theodor W. Adorno. Vol. III,London: Sage,2004c.

DeNora, T. *After Adorno: Rethinking Music Sociology*, Cambridge University Press,2003.

Descartes, R. 1960. *Discourse on Method*, trans. A. Wollaston, Harmondsworth: Penguin.

　Principles of Philosophy, trans. V. R. Miller and R. P. Miller, Dordrecht: Reidel,1983.

254 Dodd, N. 2008. "Goethe in Palermo: *Urphänomen* and Analogical Reasoning in Simmel and Benjamin", *Journal of Classical Sociology* 8(4): 411—445.

Drake, R. "Objectivity and Insecurity: Adorno and Empirical Social Research", in Delanty, 2004a: 303—316.

Dubislav, W. *Die Definition*, 3rd fully rev., expanded edn, Leipzig: Meiner,1931.

Duden 1990. *Das Fremdwörterbuch*, 5th new, rev., expanded edn., Mannheim: Bibliographisches Institut & F. A. Brockhaus.

Durkheim, E. 1953. *Sociology and Philosophy*, trans. D. F. Pocock. London: Cohen & West.

　The Rules of Sociological Method. And Selected Texts on Sociology and Its Method, trans. W. D. Halls, London: Macmillan,1982.

　Pragmatism and Sociology, trans. J. C. Whitehouse, Cambridge University Press,1983.

　The Elementary Forms of Religious Life, trans. K. E. Fields, New York: Free Press,1995.

Durkheim, E. and Mauss, M. *Primitive Classification*, trans. R. Need, Chicago University Press,1963.

Finke, S. R. S. "Adorno and the Experience of Metaphysics"(Review essay) *Philosophy & Social Criticism*,1999, 25(6): 105—126.

Franks, M. A. "An Aesthetic Theory: Adorno, Sexuality, and Memory", in Heberle, 2006:

193—216.

Franzosi, R. P. "Content Analysis", in M. Hardy and A. Bryman (eds.) *Handbook of Data Analysis*. London: Sage, 2004,547—565.

Freud, S. *Beyond the Pleasure Principle*. In *Group Psychology and Other Works*. Vol. XVIII of *The Complete Psychological Works of Sigmund Freud*, trans. J. Strachey, London: Hogarth Press,1955.

On the History of the Psycho analytical Movement, In *Papers on Metapsychology and Other Works*. Vol. XIV of *The Complete Psychological Works of Sigmund Freud*, trans. J. Strachey, London: The Hogarth Press,1957.

The Ego and the Id and Other Works. Vol. XIX of *The Complete Psychological Works of Sigmund Freud*, trans. J. Strachey, London: The Hogarth Press,1961.

Three Essays on the Theory of Sexuality, trans. J. Strachey, London: The Hogarth Press,1974.

Introductory Lectures to Psychoanalysis, trans. J. Strachey, London: Penguin,1991.

Frisby, D. *Sociological Impressionism: A Reassessment of Georg Simmel's Social Theory*, London: Heinemann,1981.

Fragments of Modernity. Cambridge, UK: Polity Press,1985.

"The Popper Adorno Controversy: The Methodological Dispute in German Sociology", in Delanty 2004a: 253—268.

Geml, G. 2008 "Wie ein Naturlaut". Mimikry als Mytho Logik bei Theodor W. Adorno, in A. Becker, M. Doll, S. Wiemer and A. Zechner (eds.) *Mimikry. Gefährlicher Luxus zwischen Natur und Kultur*, Schliengen: Edition Argus, 189—211.

Geuss, R. 2005. "Leiden und Erkennen (bei Adorno)", in Honneth 2005a: 41—52.

Geulen, E. 2001. "Mega Melancholia: Adorno's Minima Moralia" in P. U. Hohendahl and J. Fisher (eds.) *Critical Theory: Current State and Future Prospects*, Oxford: Berghahn, 49—68.

Gibson, N. and Rubin, A. (eds.) 2002. *Adorno: A Critical Reader*, Oxford: Blackwell.   *255*

Gill, R. 2000. "Discourse Analysis", in M. W. Bauer and G. Gaskell (eds.) *Qualitative Researching with Text, Image and Sound. A Practical Handbook*, London: Sage, 172—190.

Gillespie, S. "Translating Adorno: Language, Music, and Performance", *Musical Quarterly*, 1995,79(1): 55—65.

Gilloch, G. *Myth and Metropolis*: *Walter Benjamin and the City*, Cambridge, UK: Polity Press,1997.

　Walter Benjamin: *Critical Constellations*. *Cambridge*, UK: Polity Press,2002.

Goffman, E. *The Presentation of Self in Everyday Life*, Harmondsworth: Penguin,1969.

Goldstein, L. "To Question Foundations", in Delanty 2004a: 269－282.

Grace, V. *Baudrillard's Challenge*, London: Routledge,2000.

Groys, B. *The Total Art of Stalinism*: *Avant Garde*, *Aesthetic Dictatorship*, *and Beyond*, trans. C. Rougle, Princeton University Press,1992.

Hagens, T. G. "Conscience Collective or False Consciousness? Adorno's Critique of Durkheim's Sociology of Morals", *Journal of Classical Sociology*, 2006, 6 （2）: 215－237.

Hall, T. "Adorno's Aesthetic Theory and Lukacs's Theory of The Novel' in Cunningham and Mapp 2006: 145－158.

Hammer, E. 2006. *Adorno and the Political*, London: Routledge.

Hammersley, M. and Atkinson, *Ethnography*: *Principles in Practice*, 3rd edn. London: Routledge,P. 2007.

Handelman, S. A. *Fragments of Redemption*: *Jewish Thought and Literary Theory in Benjamin*, *Scholem*, *and Levinas*. Bloomington, IN: Indiana University Press,1991.

Hearfield, C. *Adorno and the Modern Ethos of Freedom*, Aldershot: Ashgate,2004.

Heberle, R. （ed. ） *Feminist Interpretations of Theodor Adorno*, University Park, PA: Pennsylvania State University Press,2006.

Heidegger, M. *Being and Time*, trans. J. Macquarrie and E. Robinson, Oxford: Blackwell, 1962.

Held, D. *Introduction to Critical Theory*: *Horkheimer to Habermas*, Cambridge, UK: Polity Press,1980.

Hewitt, A. "Stumbling Into Modernity: Body and Soma in Adorno", in P. U. Hohendahl and J. Fisher （eds. ） *Critical Theory*: *Current State and Future Prospects*, Oxford: Berghahn, 2001,69－93.

Hohendahl, P. U. *Prismatic Thought*: *Theodor W. Adorno*, Lincoln: University of Nebraska Press,1995.

Honneth, A. *The Critique of Power*: *Reflective Stages in a Critical Social Theory*, trans. K. Baynes, Cambridge, MA: MIT Press,1991.

Dialektik der Freiheit. *Adorno Konferenz* 2003. Frankfurt am Main: Suhrkamp,2005a.

2005b. "Eine Physiognomie der kapitalistischen Lebensform", in Honneth, 2005a: 165—187.

Horkheimer, M. *Vorträge und Aufzeichnungen* 1949—1973. Vol. 7 of *Gesammelte Schriften*, ed. by Gunzelin Schmid Noerr, Frankfurt am Main: S. Fischer,1985.

Nachgelassene Schriften 1949—1972. Vol. 13 of *Gesammelte Schriften*, ed. by Gunzelin   *256* Schmid Noerr, Frankfurt am Main: S. Fischer,1989.

Traditionelle und kritische Theorie. Fünf Aufsätze, Frankfurt am Main: Fischer Taschenbuch,1992.

Critical Theory: Selected Essays, trans. M. J. O'Connell *et al*, New York: Continuum,1995.

Eclipse of Reason, London: Continuum,2004.

Howarth, G. *Death and Dying: An Introduction*, Cambridge, UK: Polity Press,2007.

Huhn, T. (ed.) *The Cambridge Companion to Adorno*, Cambridge University Press,2004.

Huhn, T. and Zuidervaart, L. (eds.) *The Semblance of Subjectivity: Essays in Adorno's Aesthetic Theory*, Cambridge, MA: MIT Press,1997.

Hullot Kentor, R. *Things Beyond Resemblance. Collected Essays on Theodor W. Adorno*, New York: Columbia University Press,2006.

Husserl, E. *Logical Investigations*. Vol. I, trans. J. N. Findlay, London: Routledge & Kegan Paul,1970a.

Logical Investigations. Vol. II, trans. J. N. Findlay, London: Routledge & Kegan Paul, 1970b.

Ideas Pertaining to a Pure Phenomenology and to a Phenomenological Philosophy. Bk I: *General Introduction to a Pure Phenomenology*, trans. J. F. Kersten, Dordrecht: Martinus Nijhoff,1983.

Huyssen, A. "Adorno in Reverse: From Hollywood to Richard Wagner", in Gibson and Rubin,2002: 29—58.

Hyman, H. H. and Sheatsley, P. B. "'The Authoritarian Personality' A Methodological Critique", in Christie and Jahoda,1954: 50—122.

Jäger, L. *Adorno: A Political Biography*, trans. S. Spencer, New Haven, CT: Yale University Press,2004.

Jahoda, M. "Introduction", in Christie and Jahoda,1954: 11—23.

Jahoda, M. , Lazarsfeld, P. F. and Zeisel, H. *Die Arbeitslosen von Marienthal. Ein soziographischer Versuch*, Frankfurt am Main: Suhrkamp,1975.

Jameson, F. "Introduction to T. W. Adorno", *Salmagundi*,1969,10 11: 140—143.

Late Marxism: Adorno, or, the Persistence of the Dialectic, London: Verso,1990.

Jarvis, S. *Adorno: A Critical Introduction*, Cambridge, UK: Polity Press,1998.

Theodor W. Adorno: Critical Evaluations in Cultural Theory. Vol. II. , London: Routledge,2007.

Jay, M. *Adorno*, London: Fontana,1984a.

Marxism and Totality : The Adventures of a Concept from Lukács to Habermas, Cambridge, UK: Polity Press,1984b.

The Dialectical Imagination: A History of the Frankfurt School and the Institute of Social Research, 1923—1950, Berkeley: University of California Press,1996.

"Mimesis and Mimetology: Adorno and Lacoue Labarthe", in Huhn and Zuidervaart, 1997: 29—53.

Jenemann, D. *Adorno in America*, Minneapolis: University of Minnesota Press,2007.

Kalkowski, P. *Adornos Erfahrung. Zur Kritik der kritischen Theorie*, Europäische Hochschulschriften. Series XX. Vol. 243, Frankfurt am Main: Peter Lang,1988.

Kant, I. *Political Writings*, 2nd, enlarged edn, trans. H. B. Nisbet, Cambridge University Press,1991.

Critique of Pure Reason, trans P. Guyer and A. W. Wood, Cambridge University Press,1999.

Groundwork for the Metaphysics of Morals, trans. A. Zweig, Oxford University Press,2002.

Kellner, D. *Critical Theory, Marxism and Modernity*, Cambridge, UK: Polity Press,1989.

"Theodor W. Adorno and the Dialectics of Mass Culture", in Gibson and Rubin,2002: 86—109.

Kogon, E. *Der SS Staat*, Düsseldorf: Schwann,1946.

Kołakowski, L. *Main Currents of Marxism*. Vol. III: *The Breakdown*, trans. P. S. Falla, Oxford: Clarendon Press,1978.

König, H. *Neue Versuche, Becketts Endspiel zu verstehen. Sozialwissenschaftliches Interpretieren nach Adorno*, Frankfurt am Main: Suhrkamp,1996.

Kracauer, S. 1952—1953. "The Challenge of Qualitative Content Analysis", *Public Opinion*

Quarterly 16(4): 631—642.

The Mass Ornament: Weimar Essays, trans, C. Levin. Cambridge, MA: Harvard University Press, 1995.

The Salaried Masses: Duty and Distraction in Weimar Germany, trans. Q. Hoare, London: Verso, 1998.

Krahl, H. J. "The Political Contradictions in Adorno's Critical Theory", *Telos*, 1974, 21: 164—167.

Krippendorff, K. *Content Analysis: An Introduction to its Methodology*, London: Sage, 2004.

Lanham, R. A. 1*A Handlist of Rhetorical Terms : A Guide for Students of English Literature*, Berkeley: University of California Press, 968.

Lazarsfeld, P. F. "Remarks on Administrative and Critical Communications Research", *Studies in Philosophy and Social Science*, 1941, 9(1): 2—16.

"An Episode in the History of Social Research: A Memoir", *Perspectives in American History*, 1968, 2: 270—334.

Qualitative Analysis: Historical and Critical Essays. Boston, MA: Allyn & Bacon, 1972.

Lee, L. Y. 2005. *Dialectics of the Body: Corporeality in the Philosophy of T. W. Adorno*. London: Routledge. 2006. "The Bared Breast Incident", in Heberle, 2006: 113—140.

Lenk, E. "Ausgrabung", in Bernard and Raulff, 2003: 49—51.

Lindkvist, K. 1981. "Approaches to Textual Analysis", in K. E. Rosengren (ed.) *Advances in Content Analysis*, London: Sage, 23—41.

Löwy, M. and Varikas, E. 1995. "'The World Spirit on the Fins of a Rocket', Adorno's Critique of Progress", *Radical Philosophy* 70: 9—15.

Lukács, G. 1949. "Heidegger Redivivus", *Sinn und Form* 3: 37—62.

History and Class Consciousness: Studies in Marxist Dialectics, trans. R. Livingstone. London: Merlin Press, 1971a.

The Theory of the Novel, trans. A. Bostock, London: Merlin Press, 1971b.

Lunn, E. *Marxism and Modernism: An Historical Study of Lukács, Brecht, Benjamin, and Adorno*, Berkeley: University of California Press, 1982.

Mannheim, K. *Man and Society in an Age of Reconstruction*, trans. E. Shils, London: Kegan Paul, 1940.

Marcuse, H. *One Dimensional Man: Studies in the Ideology of Advanced Industrial Society*,

London: Routledge & Kegan Paul,1964.

An Essay on Liberation, London: Allen Lane, Penguin Press,1969a.

"Repressive Tolerance", in Wolff, R. P. , Moore, B. and Marcuse, H. *A Critique of Pure Tolerance* , London: Jonathan Cape,1969b,93—137.

Five Lectures: Psychoanalysis, Politics, and Utopia , trans. J. J. Shapiro and S. M. Weber, London: Allen Lane, Penguin Press,1970.

Marder, M. "On Adorno's 'subject and Object'", *Telos* ,2003,126: 41—52.

Marx, K. *Critique of Hegel's 'Philosophy of Right'* ,trans. A. Jolin and J. O'Malley, Cambridge University Press,1970.

"Economic and Philosophic Manuscripts of 1844", trans. M. Milligan and D. J. Struik, in K. Marx and F. Engels, *Collected Works*. Vol. III, London: Lawrence & Wishart, 1975,229—346.

Capital. Vol. I, trans. B. Fowkes, Harmondsworth: Penguin,1976.

"Critique of the Gotha Programme", trans. T. Carver, in *Later Political Writings* , ed. T. Carver. Cambridge University Press, 1996,208—226.

Mauss, M. *The Gift*, trans. W. D. Halls, London: Routledge,1990.

A *General Theory of Magic* , trans. R. Brain, London: Routledge,2001.

Menke, C. 2004. "Genealogy and Critique: Two Forms of Ethical Questioning of Morality", in Huhn 2004: 302—327.

Miller, J. 1999—2000. "Is Bad Writing Necessary?", *Lingua franca* 9(9): 34—43.

Missac, P. *Walter Benjamin's Passages* , trans. S. W. Nicholsen, Cambridge, MA: MIT Press,1995.

Morgan, A. *Adorno's Concept of Life* , London: Continuum,2007.

Morgan, W. J. "Adorno on Sport: The Case of the Fractured Dialectic", *Theory and Society* , 1988,17(6): 813—838.

Morrison, D. E. "Kultur and Culture: The Case of Theodor W. Adorno and Paul F. Lazarsfeld", *Social Research* ,1978,45(2): 331—355.

Moses, S. "Walter Benjamin and Franz Rosenzweig", in G. Smith (ed.) *Benjamin: Philosophy, Aesthetics, History*, University of Chicago Press, 1989,228—246.

Müller Doohm, S. *Die Soziologie Theodor W. Adornos. Eine Einführung*. Frankfurt am Main: Campus Verlag,1996.

Adorno. Eine Biographie. Frankfurt am Main: Suhrkamp,2003.

"The Critical Theory of Society as Reflexive Sociology", in Huhn 2004: 279—301.

Adorno: A Biography. Cambridge, UK: Polity Press,2009.

Neckel, S. "Die Verwilderung der Selbstbehauptung", in Honneth 2005a: 188—204.

Negt, O. 1995. "Der Soziologe Adorno", in Schweppenhäser,1995: 3—26.

Neurath, O. "Protokollsätze", *Erkenntnis*,1932—1933,3: 204—214.

Nicholsen, S. W. *Exact Imagination, Late Work: On Adorno's Aesthetics.* Cambridge, MA:
MIT Press,1997.

Nietzsche, F. *The Gay Science*, trans. W. Kaufmann. New York: Vintage 2005. *Thus Spoke*   *259*
Zarathustra, trans. G. Parkes, Oxford University Press,1974.

O'Connor, B. *Adorno's Negative Dialectic*, Cambridge, MA: MIT Press,2004.

Oesterle, K. "Die heimliche deutsche Hymne", *Schwäbisches Tagblatt*,1997,264 (15 Novem-
ber). URL: www. bdzv. de/kurt oesterle. html ♯ c2535. Last accessed: 11
November 2010.

Offe, C. *Reflections on America: Tocqueville, Weber and Adorno in the United States*, Cam-
bridge, UK: Polity Press,2005.

O'Neill, M. *Adorno: Culture and Feminism*, London: Sage,1999.

Outhwaite, W. *The Future of Society*, Oxford: Blackwell,2006.

Pabst, R. *Theodor W. Adorno. Kindheit in Amorbach. Bilder und Erinnerungen*, Frankfurt
am Main: Insel Verlag,2003.

Paddison, M. *Adorno's Aesthetic of Music*, Cambridge University Press,1993.

Adorno, Modernism and Mass Culture. Essays on Critical Theory and Music, rev. edn,
London: Kahn & Averill,2004.

Parsons, T. *Essays in Sociological Theory*, rev. edn, London: Collier Macmillan,1964.

Pensky, M. *The Actuality of Adorno: Critical Essays on Adorno and the Postmodern*, Alba-
ny, NY: State University of New York Press,1997.

"Natural History: The Life and Afterlife of a Concept in Adorno", *Critical Horizons*,2004,
5(1): 227—258.

Pickford, H. W. "The Dialectic of Theory and Praxis: On Late Adorno", in Gibson and Rubin
2002: 312 —340.

Pizer, J. "Jameson's Adorno, or, the Persistence of the Utopian", *New German Critique*,
1993,58: 127—151.

Plass, U. *Language and History in Theodor W. Adorno's 'Notes to Literature'*, London:

Routledge,2007.

Popper, K. R. "What Is Dialectic?", *Mind*, n. s. , 1940,49(196): 403—426.

1944. "The Poverty of Historicism II: A Criticism of Historicist Methods", *Economica* 11 (43): 119—137.

Potter, J. "Discourse Analysis", in M. Hardy and A. Bryman (eds.) *Handbook of Data Analysis*, London: Sage, 2004:607—624.

Pritchard, E. A. "*Bilderverbot* Meets Body in Theodor W. Adorno's Inverse Theology", in Delanty 2004a: 183—212.

Rabinbach, A. "Introduction to Walter Benjamin's 'Doctrine of the Similar'", *New German Critique*,1979,17: 60—64.

Riesman, D. *The Lonely Crowd*. Garden City, NY: Doubleday Anchor,1953.

Ritsert, J. "Indizienparadigma und Totalitätsempirie", in L. von Friedeburg and J. Habermas (eds.) *Adorno Konferenz* 1983. Frankfurt am Main: Suhrkamp,1983:226—233.

Rose, G. *The Melancholy Science: An Introduction to the Thought of Theodor W. Adorno*, London: Macmillan Press,1978.

Rosiek, J. *Maintaining the Sublime: Adorno and Heidegger*. Oxford: Peter Lang,2000.

Rubin, A. "The Adorno Files", in Gibson and Rubin, 2002: 172—190.

Rycenga, J. "Queerly Amiss: Sexuality and the Logic of Adorno's Dialectic", in Gibson and Rubin, 2002: 361—378.

260   Sartre, J. P. *Existentialism and Humanism*, trans. P. Mairet. London: Methuen, 2001. *Huis clos*, *suivi de Les Mouches*, Paris: Gallimard,1973.

Scheuch, E. K. 1969. "Methodische Probleme gesamtgesellschaftlicher Analysen",in Adorno 1969b: 154—182.

Schmidt, J. *Theodor Adorno: International Library of Essays in the History of Social and Political Thought*, Aldershot: Ashgate,2007.

Schultz, K. L. *Mimesis on the Move: Theodor W. Adorno's Concept of Imitation*. New York University Ottendorfer Series, Neue Folge. Vol. XXXVI, Berne: Peter Lang,1990.

Schütte,W. *Adorno in Frankfurt. Ein Kaleidoskop mit Texten und Bildern*. Frankfurt am Main: Suhrkamp,2003.

Schütz, A. *The Phenomenology of the Social World*, trans. G. Walsh and F. Lehnert, Chicago, IL: Northwestern University Press,1967.

Schweppenhäuser, G. *Soziologie im Spätkapitalismus. Zur Gesellschaftstheorie Theodor W. Adornos*. Darmstadt: Wissenschaftliche Buchgesellschaft,1995.

"Adorno's Negative Moral Philosophy", in Huhn, 2004: 328—353.

Sherman, D. *Sartre and Adorno: The Dialectics of Subjectivity*, Albany, NY: State University of New York Press, 2007.

Sherratt, Y. *Adorno's Positive Dialectic*, Cambridge University Press, 2002.

Simmel, G. *The Sociology of Georg Simmel*, trans. K. H. Wolff. Glencoe, IL: Free Press, 1950.

"Conflict" and "The Web of Group Affiliations", trans. K. H. Wolff and R. Bendix. New York: Free Press, 1964.

Der Krieg und die geistigen Entscheidungen. Grundfragen der Soziologie. Vom Wesen des historischen Verstehens. Der Konflikt der modernen Kultur. Lebensanschauung, In *Gesamtausgabe*. Vol. XVI, ed. Otthein Rammstedt, Frankfurt am Main: Suhrkamp, 1999.

Slater, P. *Origin and Significance of the Frankfurt School: A Marxist Perspective*, London: Routledge & Kegan Paul, 1977.

Spencer, H. *The Principles of Sociology*, Vol. I, 3rd edn, rev. and enlarged. London: Williams and Norgate, 1885.

The Principles of Sociology. Vol. III, London: Williams and Norgate, 1896.

Steinert, H. *Adorno in Wien. Über die (Un) Möglichkeit von Kunst, Kultur und Befreiung*, Münster: Westfälisches Dampfboot, 2003.

Tar, Z. *The Frankfurt School: The Critical Theories of Max Horkheimer and Theodor W. Adorno*, New York: John Wiley & Sons, 1977.

Tassone, G. "The Politics of Metaphysics: Adorno and Bloch on Utopia and Immortality", *European Legacy*, 2004, 9(3): 357—367.

Thomson, A. *Adorno: A Guide for the Perplexed*, London: Continuum, 2006.

Tiedemann, R. *Studien zur Philosophie Walter Benjamins*, Frankfurt am Main: Suhrkamp, 1973.

"Begriff, Bild, Name. Über Adornos Utopie der Erkenntnis", in *Frankfurter Adorno Blätter*. Vol. II, ed. Theodor W. Adorno Archiv, Munich: edition text + kritik, 1993: 92—111.

"'Gegen den Trug der Frage nach dem Sinn'. Eine Dokumentation zu Adornos Beckett Lektüre" in *Frankfurter Adorno Blätter*. Vol. III, ed. Theodor W. Adorno Archiv. Munich: edition text + kritik, 1994:18—77.

Turner, L. "Demythologizing the Authoritarian Personality. Reconnoitering Adorno's Retreat From Marx", in Gibson and Rubin, 2002: 150—171.

Urry, J. "Mobile Sociology", *British Journal of Sociology* 2000a,51(1): 185—203.

Sociology Beyond Societies: Mobilities for the Twenty-First Century. London: Routledge, 2000b.

Global Complexity, Cambridge, UK: Polity Press,2003.

Veblen, T. *The Instinct of Workmanship*, In *The Collected Works of Thorstein Veblen*. Vol. III. London: Routledge,1994a.

Theory of the Leisure Class: An Economic Study of Institutions, New York: Dover,1994b.

Voltaire *Selected Works of Voltaire*, trans. J. McCabe, London: Watts & Co,1911.

Wallerstein, I. "From Sociology to Historical Social Science: Prospects and Obstacles", *British Journal of Sociology*,2000,51(1): 25—35.

Walter, T. *The Revival of Death*, London: Routledge,1994.

Weber, M. *Wirtschaft und Gesellschaft. Studienausgabe*, ed. J. Winckelmann, 5th rev. edn, Tübingen: J. C. B. Mohr (Paul Siebeck),1972.

Economy and Society. Vol. I. , Berkeley: University of California Press,1978.

Wellmer, A. *Endgames: The Irreconcilable Nature of Modernity: Essays and Lectures*, trans. D. Midgley, Cambridge, MA: MIT Press,2000.

"Über Negativität und Autonomie der Kunst", in Honneth 2005: 237—278.

Wiggershaus, R. *Theodor W. Adorno*. Munich: Carl Hanser Verlag,1987.

The Frankfurt School: Its History, Theories and Political Significance, trans. M. Robertson. Cambridge, UK: Polity Press,1994.

Wilcock, E. "Adorno's Uncle: Dr. Bernhard Wingfield and the English Exile of Theodor W. Adorno", *German Life and Letters*,1996,49(3): 324—338.

"Alban Berg's Appeal to Edward Dent on Behalf of Theodor Adorno, 18 November 1933" *German Life and Letters*,1997,50(3): 365—368.

Wilson, R. *Theodor Adorno*. London: Routledge,2007.

Witkin, R. W. *Adorno on Music*. London: Routledge,1998.

Adorno on Popular Culture. London: Routledge,2003.

Wittgenstein L. *Tractatus Logico-Philosophicus*, trans. D. F. Pears and B. F. McGuinness, London: Routledge & Kegan Paul,1961.

Wolfenstein, M. and Leites, N. *Movies: A Psychological Study*, Glencoe, IL: Free Press,1950.

Wolin, R. *Walter Benjamin: An Aesthetic of Redemption*. New York: Columbia University

Press，1982.

Zuidervaart，L. *Adorno's Aesthetic Theory*：*The Redemption of Illusion*. Cambridge，MA：MIT Press，1991.

Social Philosophy after Adorno，Cambridge University Press，2007.

索 引[*]

---

　　*　所用页码为英文原版书页码。

264

F

267

图书在版编目(CIP)数据

阿多诺的社会学/(英)马蒂亚斯·本泽尔著,孙斌译. —北京:
北京师范大学出版社,2020.4
　(现代社会政治理论译丛)
　ISBN 978-7-303-25492-7

　Ⅰ.①阿⋯　Ⅱ.①马⋯ ②孙⋯　Ⅲ.①阿多诺(Adorno,Theodor
Wiesengrund 1903－1969)－社会学－研究　Ⅳ.①B516.59 ②C91

　中国版本图书馆 CIP 数据核字(2020)第 020329 号

北京市版权局著作权合同登记号:图字 01-2019-4994

营　销　中　心　电　话　　010-58805385
北师大出版社主题出版与重大项目策划部　　http://xueda.bnup.com

ADUONUO DE SHEHUIXUE
出版发行:北京师范大学出版社　www.bnupg.com
　　　　　北京市西城区新街口外大街 12-3 号
　　　　　邮政编码:100088
印　　刷:北京盛通印刷股份有限公司
经　　销:全国新华书店
开　　本:730 mm×980 mm　　1/16
印　　张:21.5
字　　数:315 千字
版　　次:2020 年 4 月第 1 版
印　　次:2020 年 4 月第 1 次印刷
定　　价:98.00 元

策划编辑:祁传华　　　　　　　责任编辑:张　爽
美术编辑:李向昕　　　　　　　装帧设计:李向昕
责任校对:段立超　丁念慈　　　责任印制:陈　涛